Kate Murphy

Immer auf Sendung … nie auf Empfang

mosaik

Kate Murphy

IMMER AUF SENDUNG
•••
NIE AUF EMPFANG

Warum wir einander endlich zuhören müssen

Aus dem amerikanischen Englisch
von Nikolaus de Palézieux

mosaik

Die amerikanische Originalausgabe erschien 2020
unter dem Titel »You're Not Listening: What You're Missing and Why It Matters«
bei Celadon Books, New York.

MIX
Papier aus verantwortungsvollen Quellen
FSC® C014496

Penguin Random House Verlagsgruppe FSC® N001967

Dieses Buch ist auch als E-Book erhältlich.

1. Auflage
Deutsche Erstausgabe März 2021

Umschlag: *zeichenpool, München
Umschlagmotive: shutterstock/Levchenko Ilia (Kopfhörer);
shutterstock/Elena Barenbaum (Illustration Klappe hinten)
Redaktion: Eckard Schuster
Satz: Uhl + Massopust, Aalen
Druck und Bindung: GGP Media GmbH, Pößneck
Printed in Germany
GS/EB · Herstellung: IH
ISBN 978-3-442-39354-1
www.mosaik-verlag.de

Besuchen Sie den Mosaik Verlag im Netz

Für alle, die etwas missverstanden haben
oder sich missverstanden fühlen

Inhalt

Einführung

Wann haben Sie zum letzten Mal jemandem zugehört? Wirklich zugehört, ohne darüber nachzudenken, was Sie selbst als Nächstes sagen wollten, als Sie Ihr Smartphone angestarrt oder den anderen unterbrochen haben, um Ihre eigene Meinung kundzutun? Und wann hat Ihnen jemand das letzte Mal *wirklich* zugehört? Hat auf das geachtet, was Sie sagten, und hat auf eine Weise reagiert, dass Sie sich wirklich verstanden fühlten?

Heutzutage sagt man uns, wir sollten auf unser Herz hören und unser Bauchgefühl spüren. Aber nur selten werden wir aufgefordert, aufmerksam und mit Bedacht anderen Menschen zuzuhören. Stattdessen lassen wir uns oft auf einen Dialog mit Gehörlosen ein, reden bei Cocktailpartys gern übereinander, auch bei Arbeitsbesprechungen und sogar bei Familienessen. So wie wir eingestellt sind, wollen wir die Unterhaltung lieber selbst bestimmen, als ihr nur zu folgen. Ganz gleich, ob wir online sind oder einem Menschen persönlich gegenüberstehen: Es geht offenbar immer darum, sich selbst zu definieren, das Gespräch zu gestalten und auf Sendung zu bleiben. Wichtig ist, was man selber vorhat; nicht das, was man im Gespräch aufnimmt.

Dennoch, Zuhören ist offensichtlich wertvoller als Reden. Kriege wurden geführt, Vermögen verloren und Freundschaften zerstört, ganz einfach, weil man nicht richtig zugehört hat. Calvin Coolidge [Präsident der USA von 1923 bis 1929, Anm. d. Ü.], hat das einmal auf so schöne Weise ausgedrückt: »Kein Mensch hat sich je aus dem Job gehört.«[1] Nur durch das Zuhören engagieren wir uns, verstehen, verbinden und entwickeln wir uns als Menschen und haben Mitgefühl füreinander. Zuhören ist fundamental für jede erfolgreiche Beziehung – persönlich, beruflich, politisch. So sagt schon der antike griechische Philosoph Epiktet: »Die Natur selbst hat den Menschen eine Zunge, aber zwei Ohren gegeben, damit wir von den anderen doppelt so viel hören, wie wir selbst reden.«[2]

Es ist auffällig, dass Highschools und Colleges zwar Diskussionsclubs und Kurse in Rhetorik und Überzeugungsarbeit anbieten, selten aber, wenn überhaupt, Kurse beziehungsweise Aktivitäten, die das sorgfältige Zuhören vermitteln. Man kann einen Doktortitel in Sprachkommunikation erwerben und Clubs wie den Toastmasters [auch in Deutschland zu finden; in diesen Clubs wird die freie Rede geübt, Anm. d. Ü.] beitreten, um das Sprechen vor Publikum zu vervollkommnen, es gibt aber keinen vergleichbaren Abschluss oder auch nur ein Training, welches das Zuhören in den Vordergrund stellt oder dazu ermutigt. Das Bild von Erfolg und Macht ist heutzutage oft damit verbunden, dass man verkabelt ist, auf einer Bühne steht oder von einem Podium herab eine Rede hält. Wenn man einen

TED-Talk oder auch eine Eröffnungsrede hält, gilt das oft schon als Erfüllung eines Traumes.

Die sozialen Medien haben praktisch jedem ein virtuelles Megafon in die Hand gedrückt, um jeden Gedanken zu verbreiten, und sie geben auch die Mittel an die Hand, um etwa gegenteilige Ansichten herauszufiltern. Die Menschen empfinden Telefonanrufe als aufdringlich und ignorieren Sprachnachrichten, weil sie Text oder wortlose Emojis lieber mögen. Wenn die Menschen überhaupt auf etwas hören, dann wahrscheinlich über Kopfhörer oder Ohrstöpsel, wo sie in ihren selbstgeschaffenen Klangblasen sicher sind – das ist der Soundtrack zu den Filmen, die ihr eigenes, abgeschottetes Leben ausmachen.

Ergebnis all dessen ist ein schleichendes Gefühl der Isolation und Leere, was die Menschen dazu bringt, nur umso mehr zu swipen, zu tippen und zu klicken. Die digitale Ablenkung besetzt den Verstand, tut dabei aber nur wenig, um ihn zu füttern, ganz zu schweigen davon, dass sie die Gefühlstiefe vernachlässigt, die ja bedingt, dass man den Klang einer anderen Stimme in den eigenen Knochen und der eigenen Seele spürt. Wirklich zuzuhören bedeutet, physisch, chemisch, emotional und intellektuell durch die Worte eines anderen Menschen berührt zu sein.

Dieses Buch ist ein Loblied auf das Zuhören und eine Klage darüber, dass wir drauf und dran sind, unsere Fähigkeiten fürs Zuhören zu verlieren. Als Journalistin habe ich zahllose Interviews mit vielen Menschen geführt, von Nobelpreisträgern bis zu obdachlosen Kleinkindern. Ich verstehe mich als professionelle Zuhörerin, und trotzdem werde auch ich dem zuweilen nicht gerecht, weshalb dieses Buch auch eine Anleitung ist, die Fähigkeit zum Zuhören zu verbessern.

Um dieses Buch schreiben zu können, habe ich mich fast zwei Jahre in die akademische Forschung zum Thema Zuhören vertieft – in die biomechanischen und neurobiologischen Vorgänge wie auch die psychischen und emotionalen Auswirkungen. Auf meinem Schreibtisch liegt eine blinkende externe Festplatte mit Hunderten von Interview-Stunden mit Menschen von Boise (Idaho) bis Beijing, die entweder einen bestimmten Aspekt des Zuhörens erforschen oder deren Job wie der meine ist, nämlich intensiv zuzuhören; dazu zählen Spione, Priester, Psychotherapeuten, Barkeeper, Unterhändler bei Geiselnahmen, Friseure, Fluglotsen, Radioproduzenten und Moderatoren für Gesprächsgruppen.

Ich bin auch auf einige der versiertesten und klügsten Personen zurückgekommen, die ich im Laufe der Jahre porträtiert oder interviewt habe – Entertainer, Vorstandsvorsitzende, Politiker, Wissenschaftler, Ökonomen, Mode-Designer, Profi-Sportler, Unternehmer, Küchenchefs, Künstler, Autoren und Religionsführer –, um sie zu fragen, was ihnen das Zuhören bedeutet, wann sie am besten zuhören können, wie es sich anfühlt, wenn ihnen jemand zuhört oder auch nicht zuhört. Und dann waren da noch all die Menschen, die in Flugzeugen, Bussen oder Zügen zufällig neben mir saßen oder mir vielleicht im Restaurant, bei einer Dinnerparty, einem Baseballspiel, beim Lebensmittelhändler über den Weg liefen, oder als ich mit meinem Hund spazieren ging. Einige meiner wertvollsten Einsichten zum Thema rührten daher, dass ich diesen Menschen zugehört habe.

Wenn Sie dieses Buch lesen, werden Sie entdecken – wie es auch mir erging –, dass das Zuhören weit mehr betrifft als nur auf das zu hören, was Menschen sagen. Man sollte immer auch darauf achten, wie sie es sagen und was sie tun, während sie sprechen, in welchem Kontext, und wie das, was sie sagen, in einem nachklingt. Es geht nicht darum, einfach den Mund zu halten, wenn ein anderer sich weitschweifig auslässt. Ganz im Gegenteil. Ein Großteil des Zuhörens hat damit zu tun, wie Sie reagieren – wie sehr Sie anderen Menschen den klaren Ausdruck ihrer Gedanken entlocken und dadurch sich auch Ihr eigenes Denken herauskristallisiert. Wenn man gut und mit Bedachtsamkeit zuhört, kann dies das eigene Verständnis vom Menschen und der Welt um einen herum verändern, und das bereichert und erweitert wiederum unvermeidlich auch die eigene Erfahrung und die eigene Existenz. So entsteht Weisheit, und so entstehen auch sinnvolle Beziehungen.

Zuhören ist etwas, das man jeden Tag tut – oder auch nicht. Auch wenn man das Zuhören für selbstverständlich hält: Wie gut man zuhört, wem und unter welchen Umständen, bestimmt doch den Verlauf des eigenen Lebens – zum Guten wie zum Schlechten. Allgemeiner gesprochen betrifft unser kollektives Zuhören beziehungsweise der Mangel daran uns auch politisch, gesellschaftlich und kulturell. Jede und jeder von uns, wir alle sind die Summe dessen, wonach wir im Leben streben. Die beruhigende Stimme einer Mutter, die geflüsterten Worte eines oder einer Geliebten, die Anleitung durch einen Mentor, die Ermahnung durch einen Vorgesetzten, die Parolen eines politischen Führers, die Sticheleien eines Rivalen sind genau das, was uns formt. Und schlecht, selektiv oder gar nicht zuzuhören ist nichts anderes als eine Beschränkung des eigenen Weltverständnisses und beraubt einen der Möglichkeit, das Beste aus sich zu machen.

1

Die vergessene Kunst des Zuhörens

Ich saß auf dem Boden meines Schlafzimmerschranks und interviewte Oliver Sacks. Gegenüber von meiner Wohnung wurde gebaut, deshalb war der Schrank der ruhigste Ort, an den ich mich verziehen konnte. So saß ich also im Schneidersitz in der Dunkelheit, schob die herunterhängenden Kleider und Hosen weg vom Mikrofon meines Telefon-Headsets, während ich mit dem bedeutenden Neurologen und Autor sprach, der vor allem durch seinen mit Robin Williams und Robert De Niro verfilmten Memoirenband *Awakenings* (dt.: *Zeit des Erwachens*) bekannt wurde.

Der Zweck des Interviews war es, mit ihm über seine Lieblingsbücher und -filme für eine kurze Kolumne in der Sonntagsausgabe der *New York Times* zu sprechen.[3] Doch wir hatten gerade mit Baudelaire abgeschlossen und stürzten uns nun kopfüber in eine Diskussion über Halluzinationen, Wachträume und weitere Phänomene, die das ausmachen, was Sacks so poetisch als »Geistesklima« bezeichnete. Während mein Hund an der Schranktür kratzte, beschrieb

Sacks das Klima seines eigenen Geistes, der gerade damals durch die bei ihm aufgetretene Unfähigkeit getrübt wurde, Gesichter zu erkennen; auch sein eigenes Spiegelbild blieb ihm fremd.[4] Und er hatte keine räumliche Orientierung, weshalb es für ihn schwer war, selbst nach einem kurzen Spaziergang den Weg nach Hause zu finden.

An jenem Tag standen wir beide unter Zeitdruck. Außer der Kolumne musste ich eine weitere Geschichte bei der *Times* einreichen, und Sacks musste mich zwischen seine Patienten, seinen Unterricht und eine Vorlesung quetschen. Doch wir tauchten in unser Gespräch ein, das einmal auch darüber ging, wie wir das Wetter als Metapher für Geisteszustände benutzen: sonnige Aussichten, nebulöses Begriffsvermögen, Geistesblitz, Versiegen von Kreativität, stürmisches Verlangen. Zwar saß ich in einem dunklen Schrank, doch als ich ihm zuhörte, erlebte ich blitzartige Einsichten, Momente von Anerkennung, Kreativität, Humor und Empathie. Sacks starb 2015, einige Jahre nach unserer Unterhaltung, doch in meiner Erinnerung ist unser Gespräch immer noch ganz frisch.

Als häufige Autorin für die *Times* und gelegentliche Korrespondentin für andere Nachrichtenmedien habe ich das Privileg, brillanten Denkern wie Oliver Sacks, aber auch anderen, weniger bekannten, dabei nicht minder anregenden Geistern zuhören zu können, von Modeschöpfern bis zu Bauarbeitern. Ohne Ausnahme hat jeder von ihnen meine Weltsicht erweitert und mein Verständnis geschärft. Viele von ihnen haben mich außerdem zutiefst berührt. Die

Menschen beschreiben mich als jemanden, der mit allen reden kann, aber tatsächlich kann ich allen Menschen *zuhören*. Für mich als Journalistin hat es so funktioniert. Die Ideen zu meinen besten Geschichten entstehen oft aus zufälligen Unterhaltungen. Vielleicht mit jemandem, der ein Glasfaserkabel unter der Straße verlegt, oder mit der zahnmedizinischen Fachangestellten bei meinem Zahnarzt oder mit einem Bankier, der Viehzüchter wurde und den ich in einer Sushi-Bar traf.

Viele Geschichten, die ich für die *Times* schrieb, haben es auf Listen mit den meistgemailten und meistgelesenen Artikeln geschafft. Aber nicht deshalb, weil ich einen Mächtigen zur Strecke gebracht oder einen Skandal enthüllt hätte. Sondern weil ich Menschen zugehört habe, die davon erzählten, was sie glücklich oder traurig oder besorgt gemacht, was sie interessiert, gelangweilt oder verwirrt hat, und dann habe ich mein Bestes versucht, in Worte zu fassen und näher auszuführen, was sie gesagt haben. Genau das muss auch geschehen, ehe man einen erfolgreichen Konsumartikel entwirft, einen erstklassigen Kundendienst aufbaut, die besten Angestellten anheuert und an die Firma bindet oder etwas verkauft. Es ist das Gleiche, was man auch als guter Freund, Liebespartner oder Elternteil benötigt. Überall geht es ums Zuhören.

Für jede der Hunderte Geschichten, die ich geschrieben habe und in der es vier bis fünf Zitate gibt, habe ich wahrscheinlich mit zehn bis zwanzig Menschen gesprochen, um meine Argumente zu untermauern, Hintergrundinformationen zu erhalten oder die Fakten zu überprüfen. Doch wie mein Schrankgespräch mit Oliver Sacks vermuten lässt, waren die denkwürdigsten und aussagekräftigsten Interviews für mich nicht diejenigen, die eine Geschichte aufmachten oder sie auf den Punkt brachten, sondern eher die, die vom Thema abkamen und ins Persönliche glitten – vielleicht über eine Beziehung, eine feste Überzeugung, eine Phobie oder ein prägendes Ereignis. Es waren die Momente, wenn jemand sagte: »Das habe ich noch keinem Menschen erzählt« oder »Ich wusste gar nicht, dass ich so fühlte, bis ich es einfach ausgesprochen hatte.«

Manchmal waren die Enthüllungen so persönlich, dass ich der einzige Mensch war, der sie erfuhr – und vielleicht noch bis heute bin. Die betreffende Person schien genauso überrascht wie ich von dem zu sein, was zwischen uns beiden geschehen war. Keiner von uns beiden wusste genau, wie wir an diesen Punkt gekommen waren, doch er war wichtig, fast sogar ein heiliger Augenblick und bislang unberührt. Es war eine gemeinsame Offenbarung, eingebettet in gegenseitiges Vertrauen, das uns beide berührte und veränderte. Das Zuhören schuf die Gelegenheit dazu und diente als Katalysator.

Das moderne Leben lässt solche Momente immer seltener werden. Die Menschen hörten früher einander zu, während sie auf der Veranda oder am Lagerfeuer saßen. Heute aber sind wir zu beschäftigt oder zu sehr abgelenkt, um die Tiefe der Gedanken und Gefühle des anderen zu erkunden. Charles Reagan Wilson, emeritierter Professor für Geschichte und die Erforschung der Südstaaten an der University of Mississippi, erinnert sich daran, Eudora Welty, eine Verfasserin von Kurzgeschichten und Romanen, gefragt zu haben, warum der Süden so viele große Schriftsteller hervorgebracht hätte. »Honey«, meinte sie, »wir hatten ja nichts anderes zu tun, als auf der Veranda zu sitzen und zu reden, und einer von uns hat es eben aufgeschrieben.«

Anstelle von Veranden haben die Häuser heute eher Garagen, die die Autos der Bewohner am Ende eines hektischen Tages in sich aufnehmen. Oder die Menschen leben getrennt voneinander in Apartments und Eigentumswohnungen und übersehen einander im Fahrstuhl. Wenn Sie heute durch die meisten Wohngegenden gehen, wird sich kaum einer über den Zaun lehnen und Sie zu einem Schwätzchen heranwinken. Das einzige Lebenszeichen ist das blaue Leuchten eines Computer- oder TV-Bildschirms in einem der Fenster der Häuser.

Früher haben wir uns noch mit Freunden und der Familie einzeln und persönlich getroffen; heute texten wir eher, twittern oder posten in den sozialen Medien. Heute kann man gleichzeitig zehn, Hunderte, Tausende oder sogar Millionen von Menschen auf dem Display erreichen – und trotzdem: Wie oft haben Sie die Zeit oder die Lust, in ein tiefgehendes, ausführliches und persönliches Gespräch mit einem dieser Menschen einzutreten?

In bestimmten sozialen Situationen reichen wir ein Smartphone herum und schauen uns Bilder darauf an, anstatt zu beschreiben, was wir gesehen oder erfahren haben.

Anstatt gemeinsamen Humor im Gespräch zu entwickeln, zeigen wir uns gegenseitig Internet-Memes und YouTube-Videos. Und wenn es eine Meinungsverschiedenheit gibt, ist Google der Schiedsrichter. Erzählt jemand eine Geschichte, die länger als 30 Sekunden dauert, wird der Kopf nach unten gebeugt, aber nicht um nachzudenken, sondern um Nachrichten zu lesen, Sportergebnisse nachzuschauen oder zu studieren, was online gerade Trend ist. Die Fähigkeit, jemandem zuzuhören, ist durch die Möglichkeit ersetzt worden, jeden auszuschließen, vor allem diejenigen, die anderer Meinung sind als wir oder nicht schnell genug auf den Punkt kommen.

Wenn ich Menschen interviewe – sei es jemand auf der Straße, ein CEO oder eine Berühmtheit –, habe ich oft das Gefühl, dass diese Menschen nicht mehr gewohnt sind, dass man ihnen zuhört – als wäre es eine neue Erfahrung für sie. Wenn ich mit echtem Interesse auf das antworte, was sie sagen, und sie ermutige, mir noch mehr zu erzählen, scheinen sie geradewegs überrascht zu sein. Sie entspannen sich sichtbar und werden bei ihren Antworten nachdenklicher und gründlicher, weil sie sicher sind, dass ich sie nicht antreibe, unterbreche oder auf mein Smartphone starre. Ich vermute, das ist der Grund, warum sie mir so viele persönliche Dinge mitteilen – und zwar, ohne dass ich sie dazu aufgefordert hätte – völlig ohne Bezug zu der Geschichte, die ich gerade schreibe. Meine Gesprächspartner finden in mir jemanden, der ihnen schließlich und überhaupt einmal zuhört.

Weil nicht mehr zugehört wird, werden die Menschen einsam. Psychologen und Soziologen warnen bereits vor einer Einsamkeitsepidemie in den USA. Experten bezeichnen dies als öffentliche Gesundheitskrise, da das Gefühl der Isolation und der mangelnden Verbundenheit das Risiko eines frühzeitigen Todes in gleicher Weise erhöht wie das Fettleibigkeit und Alkoholismus zusammen bewirken.[5] Der negative Einfluss des Gefühls der Einsamkeit auf die Gesundheit ist größer, als wenn man vierzehn Zigaretten pro Tag raucht. Tatsächlich haben epidemiologische Studien gezeigt, dass es Zusammenhänge zwischen Einsamkeit und Herzkrankheiten, Schlaganfällen, Demenz und einer schlechten Immunfunktion gibt.

Vielleicht war genau die anonyme Person das Frühwarnsystem gegen die gegenwärtige Geißel der Einsamkeit, die schon 2004, als die Internetrevolution gerade einsetzte, in einem kleinen, unbekannten Online-Chatroom das Folgende postete: »Ich bin einsam, will jemand mit mir reden?«[6] Dieser Schmerzensschrei verbreitete sich wie ein Virus, bekam sehr viele Reaktionen und Aufmerksamkeit in den Medien, wie auch dieser Thread ähnliche weitere nach sich zog, die noch heute auf vielen Online-Foren virulent sind.

Wenn Sie die Posts lesen, werden Sie bemerken, dass viele Menschen sich nicht deshalb einsam fühlen, weil sie alleine sind. »Ich bin jeden Tag von so vielen Leuten umgeben, fühle mich ihnen aber merkwürdig unverbunden«, schrieb ein User. Einsame Menschen haben niemanden, mit dem sie ihre Gedanken und Gefühle teilen können, und sie haben – was ebenfalls nicht unwichtig ist – auch niemanden, der ihnen seine Gedanken und Gefühle mitteilt. Es fällt auf, dass der Mensch hinter dem ursprünglichen Post darum bat, dass man ihn ansprechen möge. Er wollte nicht mit jemandem reden; er sehnte sich danach, jemandem zuzuhören. Verbundenheit ist notwendigerweise eine Art Straße mit Gegenverkehr, wobei jeder Partner und jede Partnerin im Gespräch auf das hört und auf das reagiert, was der oder die andere gesagt hat.

Die Anzahl derjenigen, die sich isoliert und alleine fühlen, hat sich seit diesem Post von 2004 noch weiter gesteigert. In einer 2018 durchgeführten Umfrage unter 20 000 Amerikanern gab fast die Hälfte der Befragten an, dass sie keine nennenswerten zwischenmenschlichen sozialen Kontakte hätten, wie zum Beispiel täglich ein ausführliches Gespräch mit einem Freund.[7] Ungefähr die gleiche Anzahl sagte, sie fühle sich oft einsam und ausgeschlossen, selbst wenn andere Menschen um sie herum seien. Man vergleiche das mit den 1980er-Jahren, als ähnlichen Studien zufolge nur 20 Prozent sich einsam fühlten.[8] Heute haben die Selbstmordraten in den USA den höchsten Stand seit dreißig Jahren, was eine Steigerung von mehr als 30 Prozent gegenüber 1999 darstellt.[9] Die Lebenserwartung der Amerikaner verringert sich derzeit aufgrund von Selbstmord, Opiatabhängigkeit, Alkoholismus und anderen sogenannten Stresserkrankungen,[10] die oft mit Einsamkeit einhergehen.[11]

Und das nicht nur in den USA. Einsamkeit ist ein weltweites Phänomen. Die Weltgesundheitsorganisation WHO berichtet, dass die Selbstmordrate während der letzten 45 Jahre weltweit um 60 Prozent angestiegen ist.[12] Großbritannien sah sich 2018 veranlasst, einen »Minister für Einsamkeit« zu ernennen,[13] der den neun Millionen Briten helfen sollte, die sich oft oder immer einsam fühlten, wie ein Regierungsbericht aus dem Jahr 2017 festhielt.[14] Und in Japan gab es eine starke Zunahme von Firmen wie Family Romance, die Schauspieler engagieren, die so tun, als wären sie Freunde einsamer Menschen, Familienmitglieder oder Liebespartner.[15] An derartigen Verabredungen ist nichts Sexuelles; die Kunden bezahlen nur für die Aufmerksamkeit. So kann sich beispielsweise eine Mutter einen Sohn mieten, der sie besucht, wenn sie von ihrem eigenen Sohn entfremdet ist. Ein Junggeselle kann sich eine Ehefrau mieten, die ihn fragt, wie sein Tag verlaufen ist, wenn er von der Arbeit nach Hause kommt.

Einsamkeit macht keine Unterschiede.[16] Neueste Forschungen zeigen keine großen Differenzen zwischen Männern und Frauen oder zwischen ethnischen Gruppen, wenn es sich um das Gefühl der Unverbundenheit handelt. Doch die Forschungsergebnisse zeigen, dass die Angehörigen der Generation Z, die erste Generation, die vor Bildschirmen aufwuchs, genau die sind, die sich mit größter Wahrscheinlichkeit einsam fühlen und über sich sagen, dass sie bei schlechterer Gesundheit seien als andere Generationen, einschließlich der Älteren. Die Anzahl der Schulkinder und der Jugendlichen, die wegen Selbstmordgedanken oder -versuchen ins Krankenhaus kamen, hat sich seit 2008 mehr als verdoppelt.[17]

Es ist viel darüber geschrieben worden, dass sich Teenager heutzutage weniger verabreden, mit Freunden abhängen, einen Führerschein machen oder auch nur ohne die Eltern außer Haus gehen.[18] Sie verbringen mehr Zeit alleine; sie sind traurig, und ihr Gesicht reflektiert das blaue Licht ihrer Smartphones. Studien legen nahe, dass die Traurigkeit umso größer ist, je mehr Zeit am Bildschirm verbracht wird. Schüler der achten Klasse, die die sozialen Medien intensiv nutzen, haben ein um 27 Prozent größeres Risiko einer klinischen Depression, und sie sagen mit 56 Prozent höherer Wahrscheinlichkeit, dass sie unglücklich sind, im Vergleich zu ihren Altersgenossen, die weniger Zeit auf Plattformen wie Facebook, YouTube und Instagram verbringen. Eine Meta-Analyse zu Forschungen über Jugendliche, die ständig Videospiele spielen, hat gezeigt, dass sie mit größerer Wahrscheinlichkeit unter Angst und Depression leiden.[19]

Um die Einsamkeit zu bekämpfen, sagt man den Leuten: »Geht hinaus! Schließt euch einem Club an, treibt Sport, arbeitet ehrenamtlich, ladet Menschen zum Essen ein, beteiligt euch an kirchlichen Aktivitäten.« Mit anderen Worten: Hört mit Facebook auf und trefft die Menschen von Angesicht zu Angesicht. Wie aber bereits oben erwähnt, fühlen sich die Menschen oft auch in Anwesenheit anderer Leute einsam. Wie soll man sich mit Menschen verbinden, wenn man »rausgeht« und dann von »Angesicht zu Angesicht« ist? Man hört ihnen zu. Das ist aber nicht so einfach, wie es klingt. Jemandem wirklich zuzuhören ist eine Fähigkeit, die viele vergessen zu haben scheinen, oder sie haben sie vielleicht noch nie wirklich gelernt.

* * *

Schlechte Zuhörer sind nicht unbedingt schlechte Menschen. Vermutlich haben Sie einen guten Freund, ein Familienmitglied oder eine Partnerin, der oder die ganz schlecht zuhören kann. Vielleicht sind ja auch Sie selbst nicht der beste Zuhörer. Und man muss Sie dafür in Schutz nehmen, weil Sie nämlich sehr oft so konditioniert worden sind, dass Sie schlecht zuhören können. Denken Sie nur an die Zeit, als Sie noch ein kleines Kind waren. Wenn ein Elternteil gesagt hat: »Hör mir zu!«, und Sie dabei womöglich noch fest an den Schultern gepackt hat, kann man eigentlich darauf wetten, dass Sie das, was als Nächstes kam, vermutlich nicht besonders mochten. Wenn Ihr Lehrer, Ihr Sporttrainer oder Ferienlagerbetreuer das Zeichen für »Zuhören!« gab, folgte meist ein Haufen von Regeln und Instruktionen, was der Freude sehr schnell Grenzen setzte.

Und ganz sicher wird die Tugend des Zuhörens weder durch die Medien noch in der Populärkultur aufgegriffen und gefördert. Nachrichten und Talkshows am Sonntagabend sind oft eher Redeschlachten beziehungsweise Übungen in »Jetzt hab ich dich!« als respektvolle Foren zur Darlegung abweichender Ansichten. In den Mitternacht-Talkshows geht es mehr um Monologe und Gags als darum, den Gästen zuzuhören und Diskussionen zu fördern, die über das Banale und Oberflächliche hinausgehen. In den TV-Shows am Vormittag und zur Mittagszeit sind die Interviews meist so angelegt und von Publizisten und PR-Beratern so choreografiert, dass Gastgeber und Gast eher vorbereitete Sätze von sich geben, als dass sie sich wirklich austauschen.

Die dramatische Darstellung von Gesprächen im TV und im Kino ist eher Salbadern und Monologisieren als leichtfüßiger und horizonterweiternder Austausch von Argumenten, der das Zuhören erleichtert. Der Drehbuchautor Aaron Sorkin wird etwa als Meister des Dialogs gepriesen. Man denke an das atemlose Wortgeplänkel und die verbalen Sticheleien in seinen Serien und Filmen *The West Wing* (dt.: *Im Zentrum der Macht*), *A Few Good Men* (dt.: *Eine Frage der Ehre*) und *The Social Network*. Seine Walk-and-Talk-Szenen (bei denen die Dialoge im Gehen innerhalb des West Wing im Weißen Haus in Washington, D. C. ablaufen) sowie die epischen Konfrontationen, von denen es zahllose Zusammenstellungen auf YouTube gibt, sind witzig anzuschauen und voll zahlreicher großartiger Wortwechsel – »Man kann die Wahrheit nicht beherrschen!«[20] Aber lehrreich im Hinblick darauf, wie man zuhört, damit man ein erfüllendes Gespräch mit wechselseitigen, aufeinander eingehenden Antworten hat, sind sie nicht.

Das steht natürlich alles in der langen Tradition der öffentlichen Gespräche, die bis zum *Algonquin Round Table* zurückreichen, jener Gruppe von Autoren, Kritikern und

Schauspielern, die sich in den 1920er-Jahren täglich zum Mittagessen im Algonquin Hotel in Manhattan trafen, wo sie Witzeleien, Wortspiele und geistreiche Bemerkungen zum Besten gaben. Ihr Schlagabtausch, wetteifernd und messerscharf, wurde damals in den wichtigsten Zeitungen veröffentlicht, zog das ganze Land in den Bann und bestimmt wohl immer noch die allgemeine Vorstellung darüber, wie ein kluges Gespräch ablaufen sollte.

Und trotzdem waren viele Mitglieder dieses Round Table zutiefst einsame und depressive Menschen, auch wenn sie einer lebhaften Gruppe angehörten, die sich beinahe täglich traf.[21] So unternahm etwa die Schriftstellerin Dorothy Parker drei Selbstmordversuche,[22] und der Theaterkritiker Alexander Woollcott war so voller Selbsthass, dass er kurz vor seinem Tod durch Herzinfarkt meinte: »Ich hatte nie etwas zu sagen.«[23] Allerdings war das auch keine Gruppe, bei der einer dem anderen zuhörte. Keiner versuchte, wirklich mit den anderen, die mit am Tisch saßen, in echten Kontakt zu kommen. Sie warteten auf eine Eröffnung, darauf, dass jemand Atem holte, damit sie ihre eigenen verbalen Knallkörper abfeuern konnten.

In ihren späteren Jahren meinte eine nachdenklicher gewordene Dorothy Parker: »Der Round Table bestand nur aus einer Reihe von Leuten, die Witze von sich gaben und einander sagten, wie gut sie seien. Sie waren nichts als ein paar Maulhelden, die sich blicken ließen, ihre Gags tagelang für sich behielten und auf die Gelegenheit warteten, sie loszuwerden. An dem, was sie sagten, war nichts Wahres dran. Es war der schreckliche Tag der Witzeleien, weshalb es auch keinerlei Wahrheit zu geben brauchte.«[24]

Auch unsere politischen Führer sind nicht gerade Vorbilder, was das Zuhören angeht. Denken Sie nur an das Spektakel von Anhörungen im US-Kongress, die weniger Anhörungen als vielmehr Gelegenheiten für Senatoren und Abgeordnete sind, hochtrabend daherzureden, zu predigen, abzustrafen, zu schimpfen oder sonst wie jeden mitten im Satz zu unterbrechen, der das Unglück hat, vor ihnen auftreten zu müssen. Häufigste Bemerkung in den Mitschriften der Kongressanhörungen ist die Einfügung in Großbuchstaben des Wortes WORTGEFECHT, was besagt, dass jeder gegen den anderen anredet und der Schriftführer der Debatte nicht schlau wird aus dem, was die Beteiligten sagen.

Auf ähnliche Weise wird die wöchentliche Befragung des britischen Premierministers durch Parlamentsmitglieder, die sogenannten *Prime Minister's Questions*, weniger als Übung im Zuhören empfunden, sondern vielmehr als Kabuki-Theater. Dieses Theater ist derart ins Extreme abgerutscht, dass viele Parlamentsmitglieder dabei nicht mehr anwesend sind. Der ehemalige Speaker (Parlamentspräsident) des Unterhauses, John Bercow, sagte der BBC: »Ich glaube, wir haben da ein echtes Problem. Einige erfahrene Parlamentarier, die nicht gerade Mauerblümchen sind und ganz gewiss keine zartbesaiteten Wesen, meinen: ›Das ist so schlimm, dass ich da nicht mitmache, ich bin nicht mehr dabei; ich schäme mich deswegen.‹«[25]

Die Angeberei ist zum Teil für den permanenten politischen Aufruhr und die gesellschaftliche Spaltung in den USA wie auch in anderen Ländern verantwortlich, weil sich die Menschen immer weniger mit denjenigen, die die politische Macht innehaben, verbunden und von ihnen gehört fühlen. Diese Gefühle scheinen berechtigt zu sein, da die politischen Entscheidungsträger, die Mainstream-Medien und die oberen Ränge der Gesellschaft schockiert waren von der politischen Unzufriedenheit, die sich an den Wahlergebnissen offenbarte, vor allem am Wahlsieg 2016 von Präsident Donald J. Trump und am Votum der Briten im selben Jahr, aus der EU auszutreten. Die Wähler haben bei diesen Wahlen eine Art Granate geworfen, um die Aufmerksamkeit der Politiker auf sich zu ziehen, und nur wenige sahen dies kommen.

Die Stimmabgabe war kein Ersatz dafür, wirklich auf die Menschen in ihren Gemeinden zu hören und ihre Alltagsrealität sowie die Wertvorstellungen zu verstehen, die ihre Entscheidungen bestimmten. Hätten diejenigen, die politische Trends vorhersagen, sorgfältiger, kritischer und länger hingehört, wären die Wahlergebnisse nicht derart überraschend gewesen. Daten aus nicht repräsentativen Stichproben abzuleiten (zum Beispiel von Menschen, die auf unbekannte Telefonnummern antworten, die auf ihrer Rufnummernanzeige erscheinen, und die die Fragen der Meinungsforscher ehrlich beantworten) war irreführend.[26] Das Gleiche gilt für die Berichterstattung in den Medien, die sich hauptsächlich auf die sozialen Medien verließen, um die Stimmung in der Öffentlichkeit einzuschätzen.

Und trotzdem werden immer noch die Aktivität in den sozialen Medien und die Stimmabgabe als Blaupause dafür angesehen, was die »wirklichen Menschen« tatsächlich denken. Durch den leichten und anscheinend breiten Zugang verleitet, zitieren heutzutage Print- und Fernsehjournalisten sowie Kommentatoren eher Twitter und Facebook, anstatt hinzugehen und Stellungnahmen einzuholen, die tatsächlich aus dem Mund wirklicher Menschen kommen. Weil es als effizient und datengesteuert gilt, sind der Blick auf die Trends in den sozialen Medien oder Online-Befragungen meist der Weg, wie das Zuhören im 21. Jahrhundert von der Presse, von Politikern und Lobbyisten, Aktivisten und Menschen mit wirtschaftlichen Interessen betrieben wird.

Dabei ist es fragwürdig, ob die Aktivität in den sozialen Medien tatsächlich die Gesellschaft insgesamt widerspiegelt. Wiederholt haben Untersuchungen gezeigt, dass Fake- bzw. Bot-Accounts für einen großen Teil des Inhalts verantwortlich sind.[27] Man schätzt, dass 15 bis 60 Prozent der Accounts auf sozialen Medien nicht wirklichen Menschen gehören.[28] Eine Studie hat gezeigt, dass 20 Prozent der Tweets zu den US-Wahlen 2016 von Bots stammten.[29] Überprüfungen der Twitter-Accounts von Prominenten aus dem Musikgeschäft, darunter auch von Taylor Swift, Rihanna, Justin Bieber und Katy Perry, ergaben, dass die Mehrheit ihrer zig Millionen Follower in Wirklichkeit Bots waren.[30]

Vielleicht sind die *Lurker* (Lauscher) in den sozialen Medien noch weitaus stärker verbreitet.*

Dies sind Menschen, die Accounts einrichten, um zu sehen, was andere Menschen posten, dabei aber nur selten, wenn überhaupt, selbst etwas posten. Die Ein-Prozent-Regel beziehungsweise die 90-9-1-Regel der Internetkultur besagt, dass 90 Prozent der User einer Online-Plattform (soziale Medien, Blogs, Wikis, News-Sites etc.) nur beobachten und selbst nicht teilnehmen; neun Prozent kommentieren oder tragen nur in bescheidenem Umfang dazu bei, und lediglich knapp ein Prozent schafft den Großteil des Inhalts.[31] Während die Anzahl der User von Plattform zu Plattform schwankt, vielleicht auch deshalb, weil bestimmte Nachrichten die Leidenschaft besonders stark wecken, ist es eine unumstößliche Wahrheit, dass es eben eine ziemlich große schweigende Mehrheit gibt.[32]

Außerdem gehören die aktivsten User in den sozialen Medien und diejenigen, die auf Websites Kommentare abgeben, einem ganz bestimmten Persönlichkeitstypus an, der allerdings nicht repräsentativ ist. Dieser Typ glaubt a), dass die Welt ein Recht auf ihre Meinung hat, und verfügt b) über die Zeit, diese Meinung regelmäßig zu veröffent-

* Der pejorativ gemeinte Begriff *Lurker* wurde von Internet-Firmen geprägt, um damit die User zu bezeichnen, die keinen Ertrag generieren. Typischerweise verdienen Online-Plattformen ihr Geld, indem sie persönliche Daten sammeln, die die User freiwillig weitergeben (Likes, Dislikes, Kommentare, Klicks, etc.), und sie an Werbekunden verkaufen.

lichen. Natürlich ziehen Gewalttaten, Spott und Übertreibung das größte Interesse und die größte Aufmerksamkeit auf sich. Neutrale, ernste oder gemäßigte Posts verbreiten sich dagegen kaum und werden auch nicht in den Medien zitiert. Das wiederum verzerrt den Dialog, verändert den Tenor der Gespräche und lässt Zweifel aufkommen, wie genau die Gefühle, die dort ausgedrückt sind, das wiedergeben, was die Menschen sagen würden, wenn sie einem lebendigen, aufmerksamen Zuhörer persönlich gegenüberstünden.

* * *

Für die Recherche zu diesem Buch habe ich, was das Zuhören angeht, Menschen aller Altersstufen, ethnischen Gruppen und sozialen Schichten interviewt, Experten und Laien. Eine meiner Fragen war: »Wer hört Ihnen zu?« Fast ohne Ausnahme folgte auf diese Frage stets eine Pause. Ein Zögern. Wer Glück hatte, konnte mit ein bis zwei Menschen aufwarten, meistens dem Ehepartner oder vielleicht einem Elternteil, dem besten Freund, der besten Freundin, Bruder oder Schwester. Viele aber meinten, wenn sie ehrlich wären, hätten sie nicht das Gefühl, jemanden zu haben, der ihnen wirklich zuhörte; das galt auch für die Verheirateten oder für diejenigen, die von sich behaupteten, ein riesiges Netzwerk von Freunden und Kollegen zu haben. Andere Menschen berichteten mir, sie sprächen mit Therapeuten, Beratern, Friseuren und sogar mit Astrologen – das heißt, sie bezahlten dafür, dass man ihnen zuhört. Ein paar sagten, sie gingen zu ihrem Pastor oder Rabbi, und das auch nur in einer Krise.

Es war schon ungewöhnlich, wie viele Menschen mir berichteten, sie empfänden es als eine Last, die Familie oder Freunde zu bitten, ihnen zuzuhören – nicht nur, was ihre Probleme anginge, sondern wegen all dessen, was über die üblichen gesellschaftlichen Harmlosigkeiten oder Witzeleien hinausginge. Ein Energiehändler aus Dallas erzählte mir, es wäre »unhöflich«, wenn man das Gespräch nicht leicht gestaltete, andernfalls würde man zu viel vom Zuhörenden verlangen. Ein Chirurg aus Chicago meinte: »Je mehr man Vorbild ist, eine je stärkere Führungsfunktion man hat, desto weniger darf man sich entspannen beziehungsweise von dem reden, was einen selbst betrifft.«

Als ich meine Interviewpartner fragte, ob sie selbst gute Zuhörer seien, gaben viele von ihnen freiwillig zu, dass das nicht der Fall sei. Die Geschäftsführerin einer Schauspielerorganisation in Los Angeles sagte zu mir: »Wenn ich den Menschen, die in meinem Leben eine Rolle spielen, wirklich zuhören würde, müsste ich der Tatsache ins Auge sehen, dass ich die meisten von ihnen verabscheue.« Und sie war bei Weitem nicht die Einzige, die so dachte. Andere meinten, sie seien zu beschäftigt, um zuzuhören, oder könnten eben nicht gestört werden. Zu texten oder E-Mails zu schreiben sei nach ihrer Meinung effizienter, weil sie nur so viel Aufmerksamkeit investieren müssten, wie die Botschaft es verdiente, und sie könnten die Nachricht übergehen oder sie löschen, wenn sie uninteressant oder unangenehm ist.

Gespräche von Mensch zu Mensch seien zu nervenaufreibend. Jemand könnte ihnen ja mehr erzählen, als sie wissen wollten, oder sie wüssten nicht, was sie antworten sollten. Digitale Kommunikation sei besser zu kontrollieren.

So also sieht die uns allen bekannte Szene des Lebens im 21. Jahrhundert aus: Anstatt in Cafés, Kaffeehäusern, Restaurants und am heimischen Esstisch miteinander zu reden, schauen die Leute auf ihre Smartphones. Und wenn sie miteinander sprechen, liegt das Smartphone auf dem Tisch, als ob es Teil des Gedecks wäre; es wird immer wieder so beiläufig wie Messer oder Gabel in die Hand genommen, wodurch eindeutig signalisiert wird, dass die gegenwärtig vorhandene Gesellschaft offenbar nicht fesselnd genug ist. Als Folge davon können sich Menschen geradezu schmerzhaft einsam fühlen, ohne so recht zu wissen, warum.

Und dann gab es noch die Menschen, die mir erklärten, sie seien gute Zuhörer, obwohl ihre Behauptung oft durch die Tatsache konterkariert wurde, dass sie mit mir per Handy sprachen, während sie Auto fuhren. »Ich bin ein besserer Zuhörer als die meisten Menschen«, erklärte mir ein Strafverteidiger aus Houston, der während des Berufsverkehrs meinen Anruf in seinem Auto entgegennahm. »Warten Sie eine Sekunde, gerade kommt ein anderer Anruf.« Wenig überzeugend waren auch die Leute, die meinten, sie seien gute Zuhörer, und dann unvermittelt auf ein völlig neues Thema kamen, das mit dem alten nichts zu tun hatte – etwa nach Art eines Cartoons in *The New Yorker*, auf dem ein Mann bei einer Cocktailparty ein Glas Wein in der

Hand hielt und meinte: »Guck mal, wie ich unser Gespräch auf das eng begrenzte Gebiet meiner Erfahrung lenke.«[33] Andere, nach eigener Aussage gute Zuhörer wiederholten das, was ich gerade gesagt hatte, als wäre es ursprünglich ihr eigener Gedanke.

Wiederum will ich damit nicht zum Ausdruck bringen, dass schlechte Zuhörer notwendigerweise schlechte oder rüpelhafte Menschen sind. Wenn die Menschen Ihre Sätze an Ihrer statt beenden, glauben sie tatsächlich, das sei hilfreich. Vielleicht unterbrechen sie, weil sie an etwas dachten, das Sie tatsächlich wissen wollten, oder sie dachten an einen Witz, der zu lustig war, um damit hinter dem Berg zu halten. Sie gehören zu den Menschen, die ernsthaft glauben, es sei höflich, Sie zu Wort kommen zu lassen und dann zu warten, bis Ihre Lippen sich nicht mehr bewegen, sodass nun sie endlich reden können. Vielleicht nicken sie schnell mit dem Kopf, um Sie anzutreiben, schauen kurz auf ihre Uhr oder ihr Smartphone, klopfen leicht auf den Tisch oder schauen über Ihre Schulter hinweg, um zu sehen, ob nicht noch jemand anderer da sei, mit dem sie reden könnten. In einer Kultur, die durchsetzt ist von Existenzangst und aggressiver persönlicher Selbstdarstellung, bedeutet leise zu sein, automatisch in Rückstand zu geraten. Zuzuhören ist gleichbedeutend damit, eine Gelegenheit zu verpassen, die eigene Marke voranzubringen und sich zu profilieren.

Denken Sie nur daran, was hätte passieren können, als ich Oliver Sacks interviewt habe, wenn ich mit meiner eigenen Agenda beschäftigt gewesen wäre. Es war eine kurze

Kolumne, und ich brauchte nur ein paar knappe Antworten von ihm. Ich musste ihm nicht zuhören, wie er vom Geistesklima schwärmte oder beschrieb, wie herausfordernd es sei, ohne ein Orientierungsgefühl zu leben. Ich hätte ihn unterbrechen und ihm sagen können, er solle auf den Punkt kommen. Oder falls ich den Wunsch gehabt hätte, mich selbst darzustellen und Eindruck zu hinterlassen, hätte ich plötzlich damit anfangen können, Dinge aus meinem Leben und meine Erfahrungen mitzuteilen. Damit hätte ich aber den natürlichen Fluss des Gesprächs unterbrochen, die sich entfaltende Intimität unterbunden und sehr viel von der Freude über diesen Austausch verloren. Bis heute würde ich nichts von Oliver Sacks' Weisheit in mir spüren.

Keiner von uns ist immer und überall ein guter Zuhörer. Es liegt in der Natur des Menschen, sich von dem ablenken zu lassen, was gerade im eigenen Kopf vor sich geht. Zuhören ist anstrengend. Wie beim Lesen möchte man vielleicht noch einmal sorgfältig manches durchdenken, während man einen anderen Text überfliegt, je nach Situation. Die Fähigkeit aber, aufmerksam zuzuhören, wie auch diejenige, aufmerksam zu lesen, nimmt ab, wenn man sich dem nicht oft genug aussetzt. Wenn Sie allen Leuten nur so zuhören, wie man beispielsweise die Überschriften auf einer Klatsch-Website überfliegt, entdecken Sie nicht die Poesie und Weisheit, die in den Menschen stecken. Und Sie halten das Geschenk zurück, das die Menschen, die Sie lieben beziehungsweise lieben könnten, sich am meisten wünschen.

2

Das Gefühl der Übereinstimmung:

Zuhören aus neurowissenschaftlicher Sicht

Der Vorstandsvorsitzende von Facebook, Mark Zuckerberg, verordnete sich 2017 selbst eine »persönliche Herausforderung«, indem er »mit mehr Leuten darüber reden« wollte, »wie sie leben, arbeiten und über die Zukunft denken«.[34] Er wollte sich aber nicht mit irgendjemandem unterhalten. Deshalb ließ er ein Vorbereitungsteam im Lande ausschwärmen, das die richtigen Menschen an den richtigen Orten ausfindig machen sollte, die mit ihm reden könnten. Als Zuckerberg dann erschien, war er von bis zu acht Helfern umgeben, wozu auch ein Fotograf gehörte, der ihn beim »Zuhören« aufnahm.[35] Die Bilder wurden, welche Überraschung, natürlich auf Facebook gepostet.

Womit Zuckerberg recht hatte, war, dass Zuhören tatsächlich eine Herausforderung darstellt. Was er falsch verstand – und was ihn zum Objekt von Spott in den digitalen Medien und in der Presse machte –, war sein Gedanke, dass gestelltes Zuhören dasselbe wäre wie echtes Zuhören. Vielleicht haben auch Sie Ihre Erfahrungen mit Menschen gehabt, die aus dem Zuhören eine Show machten. Vielleicht taten sie nur so als ob, nickten ernsthaft mit gerunzelter Stirn, trotzdem war hinter ihren Augen eine merkwürdige Leere, und ihr Kopfnicken passte nicht zu dem, was Sie gesagt haben. Vielleicht haben sie allgemein geantwortet (»aha« oder »ich verstehe …«), ließen aber kein echtes Verständnis von dem erkennen, was Sie gesagt haben. Es klang wahrscheinlich herablassend – und Sie hatten vielleicht den Wunsch, ihnen ins Gesicht zu schlagen.

Wenn Sie wie die meisten Menschen reagieren, ärgert es Sie, wenn man Ihnen nicht zuhört, und schlimmer ist es noch, wenn die Menschen Sie herablassend behandeln. Was aber bedeutet es, jemandem wirklich zuzuhören? Interessanterweise können die Menschen leichter beschreiben, was jemanden zu einem schlechten Zuhörer macht, als dass sie sagen könnten, was einen guten Zuhörer ausmacht.[36] Die traurige Wahrheit ist, dass die Menschen mehr Erfahrung haben mit dem Gefühl, ignoriert oder missverstanden zu werden, als damit, auf erfreuliche Weise gehört worden zu sein. Zu den am meisten genannten Eigenschaften des schlechten Zuhörens gehört:

- unterbrochen zu werden,
- wenn nur unbestimmt oder unlogisch auf das geantwortet wird, was gerade gesagt wurde,
- wenn auf ein Smartphone, eine Uhr geblickt oder im

Zimmer umhergesehen oder anderweitig vom Sprechenden weggeschaut wird,
- wenn nervös gezappelt wird (auf den Tisch klopfen, häufiges Verändern der Position, mit dem Kugelschreiber spielen, etc.).

Falls Sie dergleichen tun: Bitte lassen Sie es sein. Aber das allein macht Sie noch nicht zu einem guten Zuhörer. Es macht nur die Tatsache weniger deutlich, dass Sie ein schlechter Zuhörer sind. Zuhören ist mehr eine Geisteshaltung als ein bloßer Katalog von Geboten und Verboten. Es ist die besondere Fähigkeit, die im Lauf der Zeit durch den Umgang mit vielen Menschen entwickelt wird – ohne eine Agenda oder Helfer, die einspringen, wenn das Gespräch unerwartet oder ziellos verläuft. Ganz sicher setzen sich Zuhörer einem größeren Risiko aus, wenn sie zwar zuhören, aber nicht wissen, was sie hören werden, doch noch riskanter ist es, Abstand zu halten und die Menschen sowie die Welt um einen herum gar nicht wahrzunehmen.

Die Frage ist nicht ganz unberechtigt, warum man im heutigen Technologiezeitalter überhaupt noch die Fähigkeit zum eigenen Zuhören kultivieren sollte. Die elektronische Kommunikation ist sicher effizienter und ermöglicht einem zu kommunizieren, wann und wie man will, zudem mit einer erheblich größeren Anzahl von Leuten. Und es stimmt auch, dass viele Menschen beim Reden nicht schnell auf den Punkt kommen. Die Menschen langweilen Sie vielleicht mit Geschichten, mit denen sie sich selbst wichtig machen oder Ihnen zu viele Details über ihre Darmspiegelung mitteilen. Und manchmal sagen sie auch Dinge, die verletzend oder verstörend sind.

Doch echtes Zuhören bringt Sie mehr als jede andere Aktivität in das wahre Leben. Zuhören hilft Ihnen, sich selbst so gut zu verstehen wie die, die mit Ihnen reden. Daher achten wir seit der Zeit, als wir Babys waren, mehr auf die menschliche Stimme und sind sehr gut auf ihre Feinheiten, Harmonien und Missklänge ausgerichtet.[37] Wir fangen sogar an zu hören, ehe wir überhaupt geboren sind. Bereits ab der 16. Schwangerschaftswoche reagiert ein Fötus auf Geräusche,[38] und im letzten Drittel der Schwangerschaft können wir klar zwischen Sprache und anderen Klängen unterscheiden.[39] Ein ungeborenes Kind kann durch eine freundliche Stimme beruhigt und durch einen Wutanfall aufgeschreckt werden. Das Hören ist außerdem einer der letzten Sinne, die man vor dem Tod verliert. Hunger und Durst vergehen als Erstes, danach das Sprachvermögen, gefolgt vom Sehen. Sterbende Patienten behalten ihren Berührungs- und ihren Gehörsinn bis zum letzten Augenblick.[40]

Forschung an tauben und hörgeschädigten Kindern hat gezeigt, dass diese eine verminderte Fähigkeit aufweisen, sich einzufühlen und zugehörig zu fühlen.[41] Ausführliche Forschungsarbeiten gibt es auch zu den nachteiligen emotionalen, kognitiven und Verhaltensauswirkungen bei denen, die ihr Gehör in späteren Jahren verlieren. Helen Keller [eine berühmte taubblinde US-Schriftstellerin, Anm. d. Ü.] sagte: »Ich bin taub, so wie ich auch blind bin … Taubheit ist ein viel größeres Unglück. Weil es den Verlust des wichtigsten Stimulus im Leben bedeutet – den des Klangs der Stimme, die Sprache hervorbringt, Gedanken antreibt und uns in der geistigen Gesellschaft der Menschen hält.«[42]

Man sollte aber auch ganz klar sagen, dass Hören nicht dasselbe ist wie Zuhören, sondern eher dessen Vorläufer. Hören ist passiv. Zuhören ist aktiv. Die besten Zuhörer fokussieren ihre Aufmerksamkeit und setzen noch weitere Sinne dafür ein. Ihr Gehirn arbeitet intensiv, um sämtliche eingehenden Informationen zu verarbeiten und ihre Bedeutung zu finden, was wiederum die Tür zu Kreativität, Mitgefühl, Einsicht und Wissen öffnet. Das Ziel des Zuhörens ist Verständnis, und das bereitet Mühe.

Viele der großen Gemeinschaftswerke in der Geschichte entstanden durch Menschen, die das, was der andere sagte, vollständig begriffen und verinnerlichten. Orville und Wilbur Wright, die Pioniere der modernen Luftfahrt, Winston Churchill und Franklin Roosevelt, Regierungschefs während des Zweiten Weltkriegs, James Watson und Francis Crick, die gemeinsam die Struktur der DNA entdeckten, John Lennon und Paul McCartney von den Beatles waren allesamt Partner, von denen man wusste, dass sie stundenlang miteinander redeten, ehe sie ihre Marken in der Geschichte setzten.

Natürlich war jeder von ihnen auch allein brillant, aber es bedurfte doch einer Art Verschmelzung der Geister, um das zu erreichen, was sie schufen. Diese Übereinstimmung tritt in unterschiedlichem Ausmaß bei allen Paaren auf, die sich zusammentun, seien es Freunde, Geliebte, Geschäftspartner, sogar zwischen Bühnenkomikern und ihrem Publikum. Wenn Sie zuhören und wirklich »mitbekommen«, was der oder die andere sagt, sind Ihre Gehirnwellen und die des Sprechenden buchstäblich synchron.

Der israelische Hirnforscher Uri Hasson sah sich Scans von funktionellen Magnetresonanztomografien (fMRT) an und fand heraus, dass, je größer die Überlappung der Gehirnaktivität des Sprechenden mit der des Zuhörenden ist, die Kommunikation desto besser funktioniert.[43] In einem Experiment, das an seinem Labor an der Princeton University durchgeführt wurde, beschrieben Probandenpaare einander eine Szene aus der BBC-Fernsehserie *Sherlock*. Während dieser Rückschau sahen die Gehirnwellen der Erzählenden fast so aus wie zu dem Zeitpunkt, als sie die Show tatsächlich sahen. Sobald sie die Geschichte hörten, zeigten die Gehirne der Zuhörenden die gleichen Muster wie die der Erzählenden. Diese Koppelung beziehungsweise Synchronisierung von Gehirnwellen ist ein sichtbarer und messbarer Beweis für die Übertragung von Gedanken, Gefühlen und Erinnerungen.

Eine weitere Studie an der University of California Los Angeles und am Dartmouth College zeigte, dass die Gehirne enger Freunde ähnlich reagieren, wenn sie kurze Videoclips schauen.[44] Und wirklich: Je mehr die daraus resultierenden Gehirnaktivitäten beim Anschauen der Videos (von jungen Faultieren, der Hochzeit eines unbekannten Paares, einer Debatte darüber, ob Football am College verboten werden sollte) miteinander im Einklang waren, desto enger waren die beiden Probanden befreundet. Das liegt auch daran, dass Menschen mit ähnlicher Sensibilität sich zueinander hingezogen fühlen. Betrachtet man dies im Zusammenhang mit Hassons Ergebnissen, lässt es auch darauf schließen, dass die Tatsache, wem wir zuhören, Auswirkungen darauf hat, wie wir denken und reagieren. Unsere Gehirne synchronisieren sich nicht nur, sobald uns jemand etwas erzählt, das daraus resultierende Verständnis und die entsprechende Verbindung haben auch Einfluss darauf, wie wir weitere Informationen verarbeiten (auch Videos von jungen Faultieren). Je mehr wir jemandem zuhören, etwa einem engen Freund oder einem Familienmitglied, und je mehr diese Person uns zuhört, desto wahrscheinlicher ist es, dass wir gleichen Geistes sind.

Denken wir nur an die Synchronität, die zwischen den Verhaltenspsychologen Daniel Kahneman und Amos Tversky herrschte.[45] Ihre Konzepte über das irrationale Verhalten gehören zu den einflussreichsten Forschungsergebnissen in der Sozialwissenschaft und bilden die Grundlage für Kahnemans Bestseller *Thinking Fast and Slow* (dt.: *Schnelles Denken, langsames Denken*). Die beiden waren sehr unterschiedliche Persönlichkeiten – Tversky war impulsiv und dreist, Kahneman hingegen ist zurückhaltender und bedachter. Doch sie verbrachten viele gemeinsame Stunden im Gespräch – sie stritten, lachten und wurden gelegentlich laut –, was zu vielen Aha-Erlebnissen führte, die keiner der beiden jemals alleine gehabt hätte.

Kahneman und Tversky verbrachten derart viel Zeit zusammen, dass ihre Ehefrauen eifersüchtig wurden. »Ihre Beziehung war inniger als eine Ehe«, meinte Tverskys Frau Barbara. »Ich glaube, sie waren beide intellektuell stärker inspiriert als je zuvor. Es war, als hätten beide nur darauf gewartet.«[46] Wenn sie ihre Forschungsaufsätze verfassten, saßen die beiden Männer nebeneinander vor einer einzigen Schreibmaschine. »Wir waren ein Gehirn, das alles geteilt hat«, meinte Kahneman, der 2002 mit dem Nobelpreis für Wirtschaftswissenschaften ausgezeichnet wurde, sechs Jahre nach Tverskys Tod.[47]

* * *

Der Wunsch, dass unsere Gehirne sich synchronisieren beziehungsweise sich verbinden, ist grundlegend für uns und setzt schon bei der Geburt ein. Wir alle »warten darauf«. So finden wir Freunde, bauen Partnerschaften auf, entwickeln Ideen oder verlieben uns. Wenn aber diese Sehnsucht nicht befriedigt wird, vor allem, wenn wir noch sehr jung sind, kann dies unser Wohlbefinden zutiefst beeinträchtigen. Kein psychologisches Konzept zeigt das deutlicher als die Bindungstheorie.[48] Sie beruht auf der Vorstellung, dass unsere Fähigkeit zuzuhören und uns mit Menschen zu verbinden, dadurch geformt wird, wie gut unsere Eltern uns zugehört und mit uns verbunden waren, als wir noch Kinder waren.

Am Ende unseres ersten Lebensjahres haben wir in unseren Kleinkindgehirnen eine Schablone dafür angelegt, wie unserer Meinung nach Beziehungen funktionieren, alles auf Grundlage dessen, wie unsere Eltern oder die wichtigsten Bezugspersonen unseren Bedürfnissen nachgekommen sind. Mit anderen Worten: Unsere Fähigkeit zur Bildung von Bindungen beziehungsweise unser Bindungsverhalten wird durch das Ausmaß bestimmt, wie die Gehirnwellen der Bezugspersonen mit unseren eigenen synchronisiert wurden. Aufmerksame und reaktionsfähige Bezugspersonen lassen in uns ein sicheres Bindungsverhalten entstehen, das wiederum durch die Fähigkeit gekennzeichnet ist, mit Empathie zuzuhören. Dadurch können wir funktionierende, sinnvolle und sich gegenseitig unterstützende Beziehungen aufbauen.

Andererseits wachsen die Kinder, deren Eltern nicht verlässlich aufmerksam waren, meist so auf, dass sie als Erwachsene selber ein ängstliches Bindungsverhalten haben, was bedeutet, dass sie sich um Beziehungen sorgen, davon geradezu besessen sind. Sie hören nicht gut zu, weil sie so sehr damit beschäftigt sind, nicht die Aufmerksamkeit und Zuwendung anderer Leute zu verlieren. Diese ständige Besorgnis kann sie dazu verleiten, übermäßig dramatisch, großspurig oder klammernd zu sein. Sie tendieren außerdem dazu, mögliche Freunde, Kollegen, Kunden oder Liebespartner zu bedrängen, anstatt diesen Menschen ihren Freiraum zu lassen.

Ein unsicheres, ausweichendes Bindungsverhalten rührt daher, dass man bei zumeist unaufmerksamen Bezugspersonen aufgewachsen ist – oder sie waren vielleicht übermäßig aufmerksam, fast bis zum Ersticken. Menschen, die so erzogen wurden, sind oft schlechte Zuhörer, weil sie dazu neigen, Beziehungen zu beenden oder zu verlassen, wenn sie zu eng werden. Sie weigern sich zuzuhören, weil sie nicht enttäuscht oder durch starke Emotionen überwältigt werden wollen.

Schließlich legen Menschen, die ein unsicher-desorganisiertes Bindungsverhalten haben, sowohl ein ängstliches als auch ein ausweichendes Verhalten an den Tag und sind unlogisch sowie sprunghaft. Das rührt oft daher, weil sie bei einer Bezugsperson aufwuchsen, die bedrohlich war oder sie missbrauchte. Man kann wirklich nur schwer zuhören, wenn man ein chaotisches Bindungsverhalten hat, weil Intimität unter diesen Umständen sich angsteinflößend oder erschreckend anfühlen kann. Natürlich passt nicht jeder Mensch in eine dieser Kategorien. Die meisten Menschen landen irgendwo in einem Bereich zwischen sicher und unsicher. Und wenn man eher auf der unsicheren Seite ist, befindet man sich in einem Bereich zwischen ängstlich und ausweichend.

Aber die eigene Vergangenheit muss nicht schicksalhaft sein, wenn es um Bindungsverhalten geht. Menschen können wählen, wie sie ihr Bindungsverhalten ändern, wenn sie lernen, zuzuhören und anderen gegenüber gefühlvoll zu reagieren. Genauso wichtig ist, dass sie den Menschen die Gelegenheit geben, zuzuhören und ebenfalls gefühlvoll auf sie zu reagieren – sie müssen also stabile Bindungen aufbauen. Oft genug aber verbringen die Menschen ihr Leben damit, Bedingungen zu suchen oder zu schaffen, die genau das reproduzieren, was sie in der Kindheit selbst erfahren haben. Gezielt hören sie den Menschen zu, die sich so anhören wie die, die sie zuerst in ihrem Leben gehört haben, und auf diese Weise verstärken sie alte neuronale Strukturen. Sie versuchen, auf eine Weise synchron zu werden, die ihnen bekannt vorkommt – als würden sie alten Spuren auf einer verschmutzten Straße folgen.

Ein Beispiel dafür ist der gesellige Besitzer eines Versandhandels, dem ich vor Jahren begegnete, als ich beruflich in New Orleans war. Er war mehrmals verheiratet gewesen, redete unterhaltsam, wenn auch unaufhörlich, beantwortete seine eigenen Fragen und unterbrach jeden, der versuchte, ebenfalls zu Wort zu kommen. Er sprach sehr laut, was jeden Einwurf und jede Aktion eines anderen Gesprächsteilnehmers unmöglich machte. Während eines der seltenen nachdenklichen Momente kam heraus, dass sein Vater ihn als Kind mit einem abrupten »Es reicht jetzt!« zum Schweigen gebracht hatte, wenn er versuchte, mit seinem Vater zu sprechen, vor allem über etwas, das ihn störte. Über die eigenen Gefühle zu reden, meinte dieser Mann, indem er meine Fragen als unwichtig abtat, führe nur dazu, dass man »sein Publikum verliert«. Und das war etwas, das er verzweifelt vermeiden wollte, weil er damit aufgewachsen war, dass ihm ein ganz bestimmter Zuhörer vorenthalten wurde. Er konnte es nicht ertragen, sich auf einer anderen Wellenlänge mit Leuten in Einklang zu bringen.

Während der letzten zehn Jahre sind viele Programme entwickelt worden, die den Mangel an Resonanz, an Synchronisierung zwischen Eltern und Kind behandeln, was zu einem regelrechten Kreislauf der Verbindungslosigkeit führt, der von Generation zu Generation weitergereicht wird. Interventionsstrategien wie der sogenannte Circle of Security (Kreis der Sicherheit), die Group Attachment-Based Intervention (GABI) sowie das Attachment and Biobehavioral Catch-Up bringen Eltern kleiner Kinder im Wesentlichen bei, wie man Babys und Kleinkindern zuhört und auf sie reagiert, ehe sich dysfunktionale neuronale Muster in den winzigen, sich entwickelnden Gehirnen dieser Kinder einprägen, die dann ein Leben lang für angstvolle und vermeidende Umgangsweisen in Beziehungen sorgen. Diese Programme sind darauf ausgerichtet, Eltern zu helfen, ihren Kindern zuzuhören; Teilnehmer berichten jedoch auch davon, dass sie diese Strategien einsetzen, um die Beziehungen zu ihren Ehepartnern, Arbeitskollegen und Freunden zu verbessern.

Unsere Kultur macht es den Menschen schwer, sogar unter den besten Umständen zuzuhören. Noch schwieriger ist dies für Teilnehmer an diesen Programmen, von denen viele Missbrauch oder Verwahrlosung erlebten, als sie heranwuchsen. Da sie Kritik oder Kränkung erwarten, haben sie Widerstände gegen das Zuhören entwickelt, indem sie entweder nicht zuhörten oder über Menschen redeten, ohne es zu merken – wie der Versandhändler in New Orleans. Dennoch waren diese Programme sehr erfolgreich.

Ihre Wirksamkeit ist in mehreren veröffentlichten Studien bestätigt worden; es zeigten sich ein deutlicher Rückgang von problematischen Verhaltensweisen von Kindern und eine verbesserte Fähigkeit zum Zuhören bei Eltern.[49] Der eigentliche Beweis aber ist die weltweit wachsende Nachfrage nach diesen Programmen. Innerhalb der letzten zehn Jahre hat Circle of Security mehr als 30 000 Moderatoren in 22 Ländern ausgebildet.

* * *

Viele Programme zur Förderung von Bindung arbeiten mit Videos. Im entsprechenden Augenblick sind die Menschen von den Erfordernissen ihres Alltagslebens oft zu sehr abgelenkt, sind zu sehr mit eigenen Gedanken beschäftigt, um noch zu spüren, wann sie unaufmerksam sind. Mithilfe von Videoarbeit können jedoch die Interaktionen von Menschen unterbrochen, verlangsamt und Bild für Bild betrachtet werden, um zu sehen, was ihnen noch fehlen könnte. Zu Trainingszwecken schauen sich die Moderatoren des Programms, meistens Psychologen und Sozialarbeiter, Videos von sich selbst und anderen klinischen Psychologen an, die mit Eltern und Kindern arbeiten, um zu lernen, noch aufmerksamere Zuhörer zu werden. Auch Eltern schauen sich Videos von sich selbst und anderen Eltern an, wie die mit ihren Kindern umgehen, um verpasste Gelegenheiten zum Zuhören sowie deren Einfluss auf die innerfamiliäre Dynamik zu erkennen.

In einem verdunkelten und überfüllten Seminarraum an der New School in New York saß ich zusammen mit mehreren älteren Psychologiestudenten und schaute mit ihnen Videos von klinischen Psychologen an, um die beste Vorgehensweise der Group-Attachment-Based-Interventionsmethode zu erlernen. Dieses Programm wurde in sechs speziellen Eltern-Kind-Zentren in New York City angeboten. Die Studenten hielten Bewertungstabellen in Händen und bewerteten nicht nur, wie gut die Psychologen in diesen Videos zuhörten, sondern auch, wie erfolgreich sie dabei waren, die Eltern dazu zu bringen, ihren Kindern zuzuhören und an ihnen Anteil zu nehmen. Das Bewertungssystem maß mehrere Dimensionen des Zuhörens, einschließlich des emotionalen Bewusstseins und der Körperhaltung.

In der ersten Falldarstellung saß eine klinische Psychologin zusammen mit einer Mutter und deren Kind an einem niedrigen Tisch in einem Raum, der voller kreischender Kleinkinder war. Ein Arm der Psychologin lag bequem auf dem Tisch, der andere auf der Rückenlehne, wodurch eine imaginäre Blase entstand, die sowohl Mutter als auch das Kind umfasste. Das Kind spielte mit Knete, die Mutter schaute dabei woanders hin, seufzte und nannte einmal ihr Kind »komisch«, weil es in einer Fantasiewelt spielte. »Schauen Sie«, meinte die Psychologin mit sanfter Stimme und beugte sich näher zum Kind hin, was die Mutter dazu veranlasste, das Gleiche zu tun. »Sie hat eine Idee.« Mit einem Mal blickte die Mutter ihr Kind voller Interesse an. Was dachte ihre kleine Tochter?

Als die Lichter wieder angingen, nickten die Studenten einander zustimmend zu, als hätten sie gerade gesehen, wie eine Olympiaturnerin eine schwierige Übung absolviert und wieder sicher auf ihren Füßen landet. Sie gaben der Psychologin im Video eine fast perfekte Bewertung und klatschten sich gegenseitig ab. Mir war nicht klar, warum die Moderatorin so außergewöhnlich war, bis ich Videos mit ihren Kollegen und Kolleginnen sah. Im Vergleich zu ihr schienen sie steif, gehemmter und leichter ablenkbar zu sein. Während sie freundlich mit den Müttern sprachen, vielleicht auch mit den Kindern spielten und die Mütter ermunterten, dasselbe zu tun, war das, was die Psychologin tat, die fast wie (die berühmte US-Kunstturnerin) Simone Biles bewertet wurde, deutlich anders. Sie war nicht nur aufgrund ihres ruhigen Auftretens beispielhaft, wegen ihrer offenen Körperhaltung und der aufmerksamen Konzentration auf Mutter und Tochter, sondern auch wegen der vermeintlich einfachen Beobachtung: »Sie hat eine Idee.« Was nichts anderes bedeutet als: »Wir wollen herausfinden, was im Kopf Ihrer Tochter vorgeht.«

Das war subtil, aber tiefgründig. Und genau darum geht es beim Zuhören. Bei uns allen geht etwas im Kopf vor, bei Ihrem Kind, Ihrem Liebespartner, Ihrem Arbeitskollegen, einem Kunden oder bei wem auch immer. Gut zuzuhören bedeutet herauszufinden, was beim Gegenüber im Kopf vorgeht, und dann deutlich zu machen, dass Sie sich für Ihren Gesprächspartner interessieren und es erfahren wollen. Danach sehnen wir uns alle: als Mensch mit unseren

Gedanken, Gefühlen und Absichten verstanden zu werden, die einzigartig und wertvoll sind und Aufmerksamkeit verdienen.

Zuhören bedeutet nicht, dass man doziert, beeinflusst, kritisiert, beurteilt oder zeigt, wie es gemacht werden sollte (»Komm her, ich zeig's dir!«, »Sei nicht schüchtern!«, »Das ist doch großartig!«, »Lächle für deinen Papi!«). Zuhören ist die Erfahrung, erfahren zu werden. Wenn jemand sich dafür interessiert, wer Sie sind und was Sie tun. Wenn man auf diese Weise nicht erkannt und akzeptiert wird, führt das zum Gefühl der Unzulänglichkeit und Leere. Was uns im Leben am stärksten das Gefühl der Einsamkeit und Isolation gibt, ist weniger oft das Ergebnis eines verheerenden traumatischen Ereignisses als vielmehr die Häufung von Gelegenheiten, bei denen nichts passiert ist, dabei aber durchaus etwas Gutes hätte passieren können.[50] Es ist die verpasste Gelegenheit, sich zu begegnen, wenn man eben nicht zugehört beziehungsweise ein anderer uns nicht wirklich zugehört hat.

»Was wir anstreben, ist ein kurzer magischer Moment innerhalb der Eltern-Kind-Interaktion, jener Moment des Interesses, der Einstimmung und des Verständnisses, und sei er auch nur kurz, der aber den Eltern und dem Kind in Erinnerung bleiben wird und beide dazu bringt, dass sie später in einer ähnlichen Situation darauf achten und einander zuhören«, meinte Miriam Steele, Psychologieprofessorin und Co-Leiterin des Center for Attachment Research an der New School in New York. Sie hat mehrere Studien über die

Wirksamkeit des Group-Attachment-Based-Interventionsprogramms veröffentlicht.

Die erwähnten »magischen Momente« sind genau das, was das Leben sinnvoll macht und was man ganz konkret in Uri Hassons fMRT-Scans von zwei Gehirnen sieht, die synchron arbeiten. Es ist der spürbare Augenblick, wenn man sich über das Zuhören mit einem anderen Menschen verbindet. Steele erwähnte das Beispiel einer anderen Mutter im Group-Attachment-Based-Interventionsprogramm, die sagte, sie könne das Geschrei ihres Babys nicht aushalten. Ein wohlmeinender Mensch könnte nun erklären, dass Menschen so angelegt sind, negativ auf das Schreien von Babys zu reagieren, was uns wiederum veranlasst, uns um die Babys zu kümmern. Vielleicht fühlt er mit der Mutter mit, indem er sagt: »Na klar, das Schreien eines Babys geht mir auch auf den Geist.« Diese Antworten brächten allerdings eine schlechte Bewertung auf der Skala des Zuhörens ein, welche die Studenten der New School benutzten. Die beste Bewertung erhielt tatsächlich eine Psychologin, die der Mutter zunächst gar nichts erklärte. Sie machte vielmehr eine kurze Pause und fragte: »Was genau am Schreien stört Sie denn?«

Warum war diese Reaktion besser? Weil die Mutter einen Augenblick nachdachte und dann antwortete, dieses Schreien erinnere sie an die Zeit, als sie klein war und niemand reagierte. Das Schreien ihres Kindes hat eine Form von posttraumatischer Belastung ausgelöst. Es machte sie ängstlich, ärgerlich und niedergeschlagen. Die Psychologin und die junge Mutter waren in diesem Moment nicht an ein fMRT angeschlossen waren, aber man kann darauf wetten, dass man gesehen hätte, wie sich ihre Gehirnwellen synchron bewegten – dieses Überlappen neuronaler Impulse, das Verständnis und eine wichtige Veränderung in der Beziehung signalisiert. Weil sie erst zugehört und nicht voreilig unterbrochen und auf eine Weise erklärt oder bestätigt hat, was das Wesentliche an der Sache nicht erfasst hätte, konnte die Psychologin sich auf die Wellenlänge der Mutter einstimmen und kam dadurch auf einer tieferen Ebene mit ihr in Kontakt. Nachdem die Mutter die Erfahrung gemacht hat, verstanden worden zu sein, wird sie hoffentlich in der Lage sein, etwas Ähnliches ihrem Kind zukommen zu lassen. Es ist ein Modell dafür, wie wir alle besser zuhören könnten.

Durch unsere Bindungen im Leben werden wir definiert; jede Beziehung trägt dazu bei, wie wir uns in der Welt und im Verhältnis zu anderen Menschen verhalten. Und diese Bindungen entstehen, wenn wir anderen zuhören. Das beginnt mit den beruhigenden Lauten unserer Bezugspersonen, die uns besänftigen, wenn wir noch Kleinkinder sind, und setzt sich im Erwachsenenleben, in Arbeit, Ehe und Alltag fort. Zu reden, ohne zuzuhören, ist wie berühren, ohne berührt zu werden.[51] Noch umfassender als durch Berührung schwingt unser ganzes Ich durch Klänge nach, die sich in den Gedanken und Gefühlen anderer Menschen ausdrücken. Die menschliche Stimme dringt in uns ein und bewegt uns physisch wie auch emotional. Es ist dieser Nachhall, der uns verstehen und auch lieben lässt. Die Evolution gab uns Augenlider, damit wir unsere Augen schließen können, aber sie gab uns keine entsprechende Struktur, um unsere Ohren zu verschließen. Das lässt den Rückschluss zu, dass Zuhören für unser Überleben entscheidend ist.

3

Hören Sie auf Ihre Neugier:

Was wir von Kleinkindern lernen können

Barry McManus saß an einem Ecktisch in der Bar des Four Seasons Hotel in Washington, D. C., überblickte den Raum, taxierte jeden Anwesenden und machte sich ein Bild von ihm. Diese Angewohnheit hatte er im Lauf der 26 Jahre entwickelt, die er für die CIA gearbeitet hatte. Als eleganten Afroamerikaner mit mandelförmigen Augen konnte man McManus für jemanden halten, der mehrere Nationalitäten hatte – die er tatsächlich auch besitzt.

Wir saßen zusammen, versunken in ledernen Clubsesseln und getarnt durch eine Topfpalme – nach einem sehr konspirativen Treffen am Lincoln Memorial. Ich war zu Fuß unterwegs, als das Scheinwerferlicht seines Mercedes-SUV den Nebel durchdrang. McManus fuhr gerade so langsam, dass ich einsteigen konnte, und dann fuhren wir in hohem Tempo nach Georgetown, wo er auf einer breiten Straße über mehrere Spuren hinweg wendete und geschickt in einen freien Parkplatz einrangierte, der direkt vor dem Hotel auf uns zu warten schien. Ich übertreibe nichts.

Als Chef-Befrager der CIA und Spezialist für Lügendetektoren arbeitete McManus in 140 Ländern, wo er Terroristen, Bombenbauer, Drogendealer, Verräter und andere Verdächtige befragte. Es hingen Menschenleben davon ab, wie gut er zuhörte. 2003 ging er in den Ruhestand und verbringt heute seine Zeit damit, an der George Mason University in Fairfax, Virginia, *Behavioral Assessment* (Verhaltensbeurteilung) zu lehren und als Berater für Sicherheitsfragen durch die Welt zu reisen. Seine Kunden sind hauptsächlich ausländische Regierungen, aber auch reiche Einzelpersonen, die ihn dafür anheuern, damit er »Kamingespräche« mit zukünftigen Angestellten führt – vor allem mit solchen, die engen Kontakt mit den Familien der Kunden haben werden, also Hauspersonal, Privatärzte und Pflegerinnen, Piloten, die deren Jets fliegen, sowie die Crews auf ihren Yachten. »Ein Biografie-Check wird Ihnen nur sagen, wobei diese Person in der Vergangenheit erwischt wurde«, meinte McManus. »Mein Job besteht darin herauszufinden, wobei diese Person nicht erwischt wurde oder in Zukunft erwischt werden könnte.«

Obwohl CIA-Agenten so ausgebildet werden, dass sie täuschen, manipulieren und skrupellos agieren, ist das, was McManus´ Arbeit so effektiv macht, keine finstere Angelegenheit. Er erhält einfach einen Auftrag, man bestürmt ihn fast schon, Menschen zuzuhören, die anders sind als er, auch wenn (oder vielleicht sogar gerade dann) sie sehr schlimme Dinge getan haben. »Selbst wenn ich nichts aus ihnen herausbekomme, erfahre ich etwas von ihrer Denkweise, Einstellung, ihren Überzeugungen. Wie sieht er aus? Was denkt er? Was hält er vom Westen? Was hält er von einem Typen wie mir? Das ist eine überwältigende Erfahrung. Sie macht mich besser«, meinte McManus. »Es sind die Lebenserfahrungen, die dich zu dem machen, was du bist. Selbst wenn du nicht zum Selbstmordattentäter durchkommst, hilft es dir vielleicht, später zu dem Typen durchzukommen, der am Rande oder auf der Kippe steht. Du kannst dich später mit ihm beschäftigen, nachdem du den Kerl getroffen hast, der den falschen Weg genommen hat.«

McManus erzählte mir, dass die CIA ihre Agenten nicht so sehr danach ausbildet, gute Zuhörer zu werden, sondern dass sie gute Zuhörer anwirbt, um aus ihnen gute Agenten zu machen. Die allerbesten Zuhörer werden bei Vernehmungen und bei der Spionage eingesetzt, während andere vielleicht beispielsweise als Analysten oder im Cyberkrieg arbeiten. Es überrascht nicht, dass die CIA Zuhörer lieber anwirbt, als sie auszubilden, weil Zuhören eher eine Kunst als eine Wissenschaft ist. Und die entsprechende Wissenschaft, die dazu existiert, ist ziemlich dürftig.

Zuhören ist das vernachlässigte Stiefkind der Kommunikationswissenschaft; es wurde von Forschungen zu effektiver Sprechtechnik, Rhetorik, Argumentation, Überzeugungsarbeit und Propaganda beiseitegedrängt. Wenn man im Netz nach der dreibändigen und 2048 Seiten starken *International Encyclopedia of Interpersonal Communication* sucht, wird man nur einen einzigen Eintrag zum Zuhören finden.[52] Man findet das Stichwort *Listening* (Zuhören) nicht einmal im Index des *SAGE Handbook of Interpersonal Communication.*[53]

Ein Großteil dessen, was wir über das Zuhören zu wissen glauben, stammt aus der Forschung darüber, wie Schüler das Unterrichtsmaterial verstehen, das in der Klasse gelehrt wird, was wenig mit dem zu tun hat, wie wir im Alltag zuhören. Schlimmer noch: Die Wissenschaftler scheinen sich nicht einmal auf eine Definition des Zuhörens einigen zu können.[54] Alle paar Jahre bringen sie eine neue fachliche Definition heraus. 1988 war es der »Prozess des Empfangens, der Bearbeitung und des Zuweisens von Bedeutung bei akustischen Reizen«. Nach einigen weiteren Umwegen wurde 2011 das Zuhören zum »Erwerb, zum Prozess und zur Beibehaltung von Informationen im interpersonalen Kontext«. Das sind reichlich ausgefallene Wege, in Worte zu fassen, dass man das, was einem jemand erzählt, auch vollständig begriffen hat.

Trotzdem gibt es viele oberflächliche Ratschläge, wie man ein besserer Zuhörer wird. Die meisten kommen von Wirtschaftsberatern und Trainern für Führungskräfte, die allesamt die gleichen Vorstellungen verkünden, dabei aber unterschiedliche (manchmal auch komische) Begriffe und Schlagworte benutzen wie *gemeinsame akustische Welten* und *Co-Kontextualisierung*. Meist laufen ihre Tipps darauf hinaus, dass man Aufmerksamkeit zeigt, indem man Augenkontakt herstellt, mit dem Kopf nickt und ab und zu ein »hm, aha« einwirft. Diese Berater bringen einem bei, nicht zu unterbrechen, und wenn der Sprechende fertig ist, soll man wiederholen oder mit eigenen Worten wiedergeben, was er gesagt hat; danach soll der Gesprächspartner das bestätigen oder die Sache richtigstellen. Erst dann sollte man sich auf das konzentrieren, was man selber sagen will.

Die Voraussetzung dafür ist: Es wird auf eine bestimmte Weise zugehört, damit man das bekommt, was man will (zum Beispiel einen Termin erhält, etwas verkauft, die besten Bedingungen herausholt oder in der Firma aufsteigt). Tatsächlich wird Ihnen das Zuhören dabei helfen, Ihre Ziele zu erreichen; wenn das aber Ihre einzige Motivation zum Zuhören ist, machen Sie nur eine Show daraus. Die Menschen werden Ihre Unaufrichtigkeit schnell bemerken. Man braucht nicht so zu tun, als würde man aufmerksam sein, wenn man tatsächlich aufmerksam ist.

Zuhören bedarf mehr als alles andere der Neugier. McManus ist fast zwanghaft neugierig. Das waren wir alle einmal. Als Sie noch ein kleines Kind waren, war alles neu, weshalb man neugierig auf alles und jeden war. Kleine Kinder stellen Millionen von Fragen, manchmal auch unangenehm persönliche Fragen, weil sie versuchen, aus Ihnen schlau zu werden. Und sie hören sich genau an, was Sie sagen, und wiederholen oft das, was Sie am wenigsten wollen – etwa einen indiskreten Kommentar oder ein Kraftwort, das Ihnen entschlüpft ist.

»Jeder wird als Wissenschaftler geboren«, meinte der Physiker Eric Betzig. »Nur wird das leider vielen Menschen ausgetrieben.« Das sagte er mir 2014, nachdem er den Chemie-Nobelpreis für seine Rolle bei der Entwicklung eines hochauflösenden Mikroskops erhalten hatte, das winzige biologische Prozesse wie den Transfer der DNA zwischen den Zellen sichtbar macht. »Ich hatte das Glück, meine kindliche Neugier und die Begeisterung für das Experimentieren und Lernen beibehalten zu können«, meinte er.

Studien zeigen, dass Kinder und Erwachsene, die sich sicher gebunden fühlen, neugieriger und offener für neue Informationen sind als die, auf die das nicht zutrifft.[55] Ein weiterer Grundsatz der Bindungstheorie besagt, dass man sich beim Hinaustreten in die Welt und im Umgang mit anderen sicherer fühlt, wenn man jemanden in seinem Leben hat, der einem zuhört und mit dem man sich verbunden fühlt. Man weiß, dass es einem gut geht, auch wenn man etwas hört oder herausfindet, das einen aus der Fassung bringt, weil es irgendwo einen Menschen gibt, dem man vertrauen kann und der das Leid lindert. Das nennt man ein *sicheres Fundament* haben, und es ist ein Bollwerk gegen die Einsamkeit.

Der Pulitzer-Preisträger und Historiker Studs Terkel hat seine Neugierde zum Beruf gemacht. Sein richtungsweisendes Buch *Working* (dt.: *Der amerikanische Traum. 44 Gespräche mit Amerikanern*) war eine Sammlung seiner Interviews mit Menschen aus allen Teilen der Gesellschaft, die über ihre Jobs reden – von Müllmännern und Totengräbern bis zu Chirurgen und Industriedesignern.[56] Indem er ihre eigenen Worte benutzte, zeigte Terkel, dass wir von jedem etwas lernen können. »Das wichtigste Werkzeug bei meinem Job ist das Tonbandgerät«, meinte Terkel, der 2008 im Alter von 96 Jahren starb. »Ich nehme aber an, das eigentliche Werkzeug ist die Neugier.«[57]

Es war eine Neugier, die sich schon während seiner Kindheit entwickelte. Seine Eltern besaßen eine Pension in Chicago, Studs wuchs dort auf und war fasziniert von den Intrigen, Streitereien und Anweisungen, die er mitbekam. Die Pensionsgäste blieben, obwohl sie nur Durchreisende waren, für immer in seiner Fantasie und beflügelten sein späteres Werk – Menschen wie Harry Michaelson, der streitbare Werkzeugmacher und Schlosser; Prince Arthur Quinn, der örtliche Bezirksboss mit seinem grünen Filzhut; Myrd Llyndgyn, der Lumpensammler aus Wales, von dem Terkel sagte, er habe nicht nur keinen Penny, »er hatte nicht mal einen Vokal in seinem Namen«.[58]

Die wertvollste Lektion, die ich als Journalistin gelernt habe, ist die, dass jeder Mensch interessant ist, wenn man die richtigen Fragen stellt. Wenn jemand langweilig oder uninteressant ist, liegt es am Fragenden. Forscher an der University of Utah fanden heraus, dass Sprecher sich an weniger Informationen erinnerten und auch weniger deutlich bei dem waren, was sie mitteilten, wenn sie zu unaufmerksamen Zuhörern sprachen.[59] Umgekehrt bemerkten sie, dass aufmerksame Zuhörer aus ihren Gesprächspartnern mehr Information, relevantere Details und ausgefeiltere Ausführungen hervorlockten, selbst wenn die Zuhörer keinerlei Fragen stellten. Wenn man also jemandem schlecht zuhört, weil man der Meinung ist, dieser Mensch sei langweilig oder die eingesetzte Zeit nicht wert, wird man ein entsprechendes Ergebnis erhalten.

Erinnern Sie sich an eine Gelegenheit, als Sie einmal jemandem eine Geschichte erzählen wollten, der offensichtlich nicht daran interessiert war. Vielleicht hat diese Person geseufzt, oder ihr Blick streifte im Zimmer umher. Was passierte? Ihr Redetempo geriet ins Stocken, Sie ließen Einzelheiten aus, vielleicht fingen Sie auch an, irrelevante Informationen von sich zu geben, oder Sie waren zu offenherzig im Bemühen, die Aufmerksamkeit des Zuhörenden wiederzuerlangen. Schließlich haben Sie den Gesprächsfaden verloren, und Ihr Gegenüber lächelte höflich oder nickte geistesabwesend. Vermutlich sind Sie aus dieser Begegnung mit einem deutlichen Widerwillen gegen diese Person herausgegangen.

In seinem Buch *How to Win Friends and Influence People* (dt.: *Wie man Freunde gewinnt: Die Kunst, beliebt und einflussreich zu werden*) schrieb Dale Carnegie: »Sie können innerhalb von zwei Monaten mehr Menschen zu Freunden machen, indem Sie sich für andere interessieren, als Sie sich in zwei Jahren Freunde machen können, indem Sie versuchen, andere für sich zu interessieren.«[60] Zuhören heißt interessiert zu sein, und das Ergebnis sind interessantere Gespräche. Das Ziel ist, den Gedankenaustausch mit dem Gefühl zu verlassen, etwas gelernt zu haben. Über sich selbst wissen Sie bereits Bescheid. Aber nicht über den Menschen, mit dem Sie gerade reden; und Sie wissen auch nicht, was Sie aus dessen Erfahrungen lernen können.

Ingvar Kamprad, Gründer des internationalen Möbelhauses IKEA, wusste das. Er lebte angeblich die meiste Zeit zurückgezogen, ließ sich aber in IKEA-Häusern rund um den Globus blicken, spazierte anonym durch die Ausstellungen, trat manchmal als Kunde auf, der die Angestellten ausfragte. Dann wieder ging er auf die Kunden zu, als wäre er selbst ein Angestellter.[61] »Ich sehe meine Aufgabe darin, der Mehrheit der Menschen zu dienen«, meinte er in einem Interview einige Jahre vor seinem Tod 2018.[62] »Die Frage ist: Wie findest du heraus, was sie wollen, wie kannst du ihnen am besten helfen? Meine Antwort: Nahe an den gewöhnlichen Leuten bleiben, weil ich im Grunde selbst einer von ihnen bin.«

Kamprads Herangehensweise zeugt nicht nur von einem guten Geschäftssinn, sondern auch von echter Neugier, was andere Menschen denken und fühlen. Dahinter verbergen sich das Bestreben, die Weltanschauung eines anderen Menschen zu verstehen, und die Erwartung, dass man überrascht wird von dem, was man hört, und aus der Erfahrung lernen kann. Mit anderen Worten ist es das Fehlen dieser Voreingenommenheit, dass man bereits wüsste, was jemand sagen will, ganz zu schweigen davon, dass man es besser weiß.

* * *

Wenn man der Meinung ist, man wisse bereits, wie sich ein Gespräch entwickelt, tötet das die Neugier ab und untergräbt das Zuhören, was auch für die Angst vor der Begegnung gilt.[63] Daher übersehen Fremde einander in überfüllten öffentlichen Bereichen wie Zügen, Bussen, Aufzügen und Wartezimmern. Was aber ist, wenn man nicht für sich bleiben darf? Verhaltensforscher an der University of Chicago führten eine Reihe von Experimenten mit Hunderten von Bus- und Zugpendlern durch, die sie nach einer der drei folgenden Bedingungen einteilten: 1) alleine sitzen, 2) sich auf einen Fremden einlassen, 3) sich so verhalten, wie man es gewöhnlich im Berufsverkehr tut.[64]

Während die Studienteilnehmer großteils erwarteten, dann am wenigsten glücklich und produktiv zu sein, wenn sie sich auf einen Fremden einlassen sollten, fanden die Forscher heraus, dass das Gegenteil zutraf. Die Menschen, die sich mit Fremden unterhielten, waren hinterher am zufriedensten und hatten nicht das Gefühl, das Gespräch hätte sie von einer Arbeit abgehalten, die sie sonst hätten erledigen können. Während die Studienteilnehmer davon überzeugt waren, dass andere Menschen sich nicht mit ihnen unterhalten wollten und das Gespräch mit ihnen unangenehm sein würde, berichtete *keiner von ihnen*, dass er oder sie zurückgewiesen beziehungsweise beleidigt worden sei.

Grundsätzlich fürchten Menschen die Unsicherheit, vor allem in sozialen Situationen. Es ist ein Überlebensmechanismus, der in den ältesten Teilen unseres Gehirns sitzt und uns zuflüstert: »Mach weiter mit dem, was du bisher gemacht hast, weil es dich bis jetzt noch nicht umgebracht hat.« Daher wird man auf Partys eher von Menschen angezogen, die man zwar lästig findet, dafür aber kennt, als dass man sich einem Fremden vorstellt. McDonald's und

Starbucks sind Zeugnisse dafür, wie sehr sich die Menschen nach Gleichartigkeit sehnen. Der Erfolg dieser Restaurantketten beruht großteils darauf, dass man jedes Lokal betreten kann, überall auf der Welt, und dort den gleichen Big Mac oder Frappuccino bekommt.

Wir lieben unsere tägliche Routine und eine detaillierte Terminplanung, die uns genau sagt, was auf uns zukommt. Manchmal führen wir vielleicht etwas Neues in unser Leben ein, aber meistens gehen oder joggen wir auf denselben Wegen, sitzen immer auf demselben Platz in der Klasse oder bei Bürobesprechungen, gehen in der gleichen Reihenfolge durch die Gänge im Supermarkt, nehmen im Yogakurs immer den gleichen Platz ein, fahren immer wieder an die gleichen Urlaubsorte, gehen mit den gleichen Leuten essen und führen so ziemlich die gleichen Gespräche.

Paradoxerweise ist es aber gerade die Unsicherheit, bei der wir uns am lebendigsten fühlen. Denken Sie an Ereignisse, die Sie aus Ihrer Alltagsroutine reißen: Vielleicht wenn Sie an einer Hochzeit in der Familie teilnehmen, eine große Präsentation machen oder dorthin gehen, wo Sie noch nie waren. Gerade bei solchen Gelegenheiten scheint die Zeit langsamer zu vergehen, und Sie fühlen sich stärker involviert. Das Gleiche gilt, wenn so eine Erfahrung ein Risiko birgt: zum Beispiel Bergsteigen oder Parasailing. Ihre Sinne sind geschärfter. Sie nehmen mehr wahr. Dank der Ausschüttung einer Wohlfühlchemikalie im Gehirn namens Dopamin spüren wir ein größeres Vergnügen bei zufälligen Begegnungen mit Menschen als bei geplanten Verabredungen.[65] Gute Nachrichten, finanzielle Belohnungen und Geschenke sind noch angenehmer, wenn sie überraschend kommen. Deshalb sind die beliebtesten Fernsehshows und Filme eben die, bei denen die Handlung eine unerwartete Wendung nimmt und die einen überraschenden Schluss haben.

Und nichts ist überraschender als das, was aus dem Mund der Menschen kommt, selbst von Menschen, die Sie gut zu kennen glauben. Wahrscheinlich waren Sie schon manchmal von Dingen überrascht, die aus Ihrem eigenen Mund kamen. Menschen sind deshalb so faszinierend, weil sie so unberechenbar sind. Die einzige Sicherheit, die man hat, wenn man Menschen nicht zuhört, ist, dass man sich langweilen wird, und auch Sie werden langweilig sein, weil Sie nichts Neues lernen werden.

Während unseres heimlichen Treffens im Hotel Four Seasons erzählte McManus mir: »Ich habe das Gefühl, dass es sehr wenig gibt, was ich noch nicht gehört habe, aber trotzdem verlasse ich manchmal den Raum und denke: ›Ich kann einfach nicht glauben, was dieser Typ mir gerade gesagt hat.‹« Wie bei der Ärztin, die er für einen wohlhabenden Klienten prüfte, die freiwillig zugab, dass sie regelmäßig Drogen nehmen würde, oder bei dem Yachtkapitän, der gestand, sich gewohnheitsmäßig zu ritzen. Wieder schweiften McManus' Blicke durch die Bar, was mich dazu verleitete, das Gleiche zu tun. »Aber genau darum geht es«, meinte er und wandte mir langsam seinen Blick wieder zu. »Dann weißt du, dass du in deinem Job ganz oben mitspielst.«

Obwohl MacManus' Position bei der CIA die eines Chefverhörers war, meinte er, ein Verhör sei die von ihm am wenigsten geschätzte und zudem die uneffektivste Taktik. »Ich war nie besonders gut bei Verhören. Glauben Sie mir, ich weiß, was das ist. Wenn ich Sie in Grund und Boden zusammenstauche, dann erzählen Sie mir zwar irgendwas. Aber ist das glaubwürdig und verlässlich?« Er schüttelte den Kopf und fuhr fort: »Ich muss mir die Zeit und Geduld nehmen und ein guter Zuhörer sein, um an Informationen ranzukommen, die nützlich sind.« Sein Ansatz war also, Verdächtige zu bitten, ihm ihre Geschichte zu erzählen, sie aber nicht einzuschüchtern, damit sie gestehen.

Als Beispiel berichtete mir McManus, wie er den pakistanischen Nuklearwissenschaftler Sultan Bashir-ud-Din Mahmud dazu brachte zuzugeben, dass er sich mit Osama bin Laden getroffen hatte.[66] Das war kurz nach dem 11. September 2001, als sämtliche Geheimdienste sich abmühten, den Urheber der Angriffe zu finden. Anstatt feindlich aufzutreten, baute McManus ein eigenartiges Verhältnis zu Bashir auf, als er ein überraschend langes und aufschlussreiches Gespräch mit ihm über die Erfahrungen von Afroamerikanern führte. »Ich habe ihm einfach zugehört, als er mir alles über die Bürgerrechtsbewegung und die Schwierigkeiten der Schwarzen in Amerika erzählte. Er wusste mehr über die amerikanische Geschichte als ich«, meinte McManus. »Nach all dem fragte ich ihn, ob er seine Geschichte nicht lieber jemandem wie mir erzählen würde als einem von ›denen‹. Ich wusste nicht, wer ›die‹ sind. Ich wollte, dass er sich ein Bild von ›denen‹ macht.« Und der Wissenschaftler meinte, er würde lieber McManus seine Geschichte erzählen.

Wenn man Dinge hört, die man gemeinsam hat, und darüber allmählich ein harmonisches Verhältnis aufbaut, lässt man sich auf andere Menschen ein. Ein Verhör funktioniert bei Terroristen nicht; warum also sollte es funktionieren, wenn man jemanden bei einem gesellschaftlichen Beisammensein trifft? Menschen mit wertenden und persönlichen Fragen zu löchern wie »Wie bestreiten Sie ihren Lebensunterhalt?«, »In welchem Stadtteil wohnen Sie?«, »Auf welche Schule sind Sie gegangen?« oder »Sind Sie verheiratet?« kommt einem Verhör gleich. Man versucht dann nicht, diese Menschen kennenzulernen. Man bewertet sie. Das lässt die Menschen reflexhaft in Verteidigungshaltung gehen und macht das Gespräch wahrscheinlich zu einem oberflächlichen und wenig aufschlussreichen Abspulen des Lebenslaufs oder zu einer Kurzpräsentation oder Selbstdarstellung.

In der Pendlerstudie aus Chicago wurde den Teilnehmern, die sich auf Fremde einließen, gesagt, sie sollten versuchen, eine Verbindung aufzunehmen. Man wies sie an, etwas Interessantes von der anderen Person herauszufinden und auch etwas von sich mitzuteilen. Es war ein Geben und Nehmen. Hätten die Pendler auf aggressive Weise persönliche Fragen über Arbeit, Ausbildung und Familie gestellt, wäre die Sache nicht so gut abgelaufen. Stattdessen begannen sie die Gespräche vielleicht über das Pendeln oder damit, dass sie auf die Mütze eines Pendlers mit dem Emblem der *Chicago Cubs*, eines Baseballclubs, hinwiesen und fragten, ob der Betreffende die Spiele besuchte – man hört zu und lässt das Gespräch sich organisch entwickeln. Weil sie wirklich neugierig, höflich und aufmerksam waren, entdeckten die Studienteilnehmer, wie freundlich – und dadurch letztlich auch interessant – ihre Mitpendler sein konnten.

Neugierige Menschen sind die, die im Flughafen mit einem Buch auf dem Schoß sitzen, es aber nie öffnen, oder ihr Smartphone vergessen, wenn sie unterwegs sind. Sie sind von der Unberechenbarkeit anderer Menschen fasziniert, nicht verängstigt. Sie hören gut zu, weil sie verstehen, sich miteinander verbinden und wachsen wollen. Selbst Menschen, von denen man annimmt, sie hätten alles schon gehört – CIA-Agenten, Priester, Barkeeper, Kriminalpolizisten, Psychotherapeuten, Pfleger und Schwestern in der Notfallaufnahme –, werden Ihnen erzählen, dass sie immer wieder erstaunt, amüsiert und auch erschüttert sind von dem, was die Leute ihnen erzählen. Genau das macht ihr Leben interessant und macht sie interessant auch für andere.

4

Ich weiß, was du sagen willst:

Vermutungen als Ohrstöpsel

»Du hörst ja gar nicht zu!«

»Lass mich ausreden!«

»Das habe ich nicht gesagt!«

Nach »Ich liebe dich« sind das die am häufigsten benutzten Worte in Paarbeziehungen. Auch wenn man annimmt, dass wir wahrscheinlich eher einem geliebten Menschen als einem Fremden zuhören, ist oft tatsächlich das Gegenteil der Fall. Es ist ein Phänomen, das die Psychologin Judith Coche nur allzu gut kennt. Sie gilt als weithin anerkannte Autorität auf dem Gebiet der Gruppen-Paartherapie, ihr Erfolg bei der Rettung scheinbar hoffnungslos zerrütteter Ehen wurde in dem Buch *The Husbands and Wives Club* von Laurie Abraham dokumentiert.[67]

Als ich Coche eines Abends in ihrem Büro im Zentrum von Philadelphia traf, waren die Sofas und Sessel noch warm, und die Wurfkissen lagen noch zerknautscht und unordentlich von der Gruppe von Paaren, die gerade gegangen waren. Ich war bei Coche, um herauszufinden, warum sich Menschen so oft von ihren Partnern nicht gehört beziehungsweise missverstanden fühlen. Coches Antwort war ziemlich einfach: Menschen in lang andauernden Beziehungen haben die Angewohnheit, die Neugierde auf den anderen zu verlieren. Das muss nicht unbedingt auf unfreundliche Art geschehen; sie sind nur einfach zu der Überzeugung gekommen, dass sie einander besser kennen, als es tatsächlich der Fall ist. Sie hören einander nicht zu, weil sie glauben, sie wüssten bereits, was der oder die andere sagen wird.

Coche führte das Beispiel von Paaren an, die für den Partner beziehungsweise die Partnerin Fragen beantworten oder Entscheidungen fällen. Vielleicht machen sie einander auch Geschenke, die danebengehen, was zu Enttäuschung und verletzten Gefühlen führt. Eltern können die gleichen Fehler begehen in der Annahme, sie wüssten schon, was ihre Kinder mögen oder nicht mögen und was sie tun würden oder auch nicht. Tatsächlich neigen wir alle zu Annahmen, wenn es um die geht, die wir lieben. Das nennt man *Closeness-Communication-Bias* [in einer Beziehung die verbreitete Illusion, dass sich mit zunehmender Nähe zu einer Person die Kommunikation und das Verständnis füreinander zwingend verbessern, Anm. d. Ü.]. So wunderbar Intimität und Vertrautheit auch sind – sie machen uns selbstgefällig, verleiten uns zur Überschätzung unserer Fähigkeit, gerade diejenigen zu verstehen, die uns am nächsten sind.

Das wurde von Forschern am Williams College und der University of Chicago gezeigt, die in einem Experiment, das wie ein Gesellschaftsspiel angelegt war, zwei verheiratete Paare, die einander nicht kannten, sich auf Stühle setzen ließen, die kreisförmig und mit der Sitzfläche nach außen angeordnet waren, sodass sich die Teilnehmer nicht anschauen konnten.[68] Allen Teilnehmern wurde gesagt, sie sollten Sätze sagen, die in alltäglichen Gesprächen benutzt wurden und mehrfache Bedeutungen haben konnten. Die Partner der Teilnehmer sagten daraufhin, was ihrer Auffassung nach ihre jeweiligen Partner gemeint hatten, und danach gab das fremde Paar seine Einschätzung ab. Eine einfache Feststellung lautete etwa: »Du siehst heute so anders aus«, was heißen konnte »Du siehst schrecklich aus!« oder »Sieh mal, mir fällt durchaus auf, wie du aussiehst« oder auch »Hey, deinen neuen Look mag ich!« Aber auch »Hm, ich merke, dass sich etwas verändert hat, kann aber nicht genau sagen, was.« Obwohl die Teilnehmer überzeugt waren, ihre jeweiligen Partner würden sie besser verstehen als die Fremden, waren sie nicht besser als die Fremden, manchmal sogar schlechter.

In einem vergleichbaren Experiment haben die Forscher gezeigt, dass enge Freunde oft überschätzten, wie gut sie die Meinung des anderen erfasst hätten. Die Forscher brachten die Probanden mit einem engen Freund und dann mit einem Fremden zusammen und ließen die Probanden einander anweisen, Gegenstände aus einer großen Kiste zu nehmen, die in gitterartige Fächer mit unterschiedlichen Objekten gleichen Namens unterteilt war, zum Beispiel eine Computermaus und eine ausgestopfte Maus mit Fell. Einige dieser Fächer waren nur für eine Person sichtbar, andere konnten von beiden eingesehen werden. Die Vertrautheit der Freunde schuf die Illusion von Gleichgesinntheit, was sie eher zur Annahme verleitete, der Freund könne die gleichen Dinge wie sie sehen. Und doch machten sie bei den Fremden mit geringerer Wahrscheinlichkeit diesen Fehler – was bedeutet, dass sie mit größerer Wahrscheinlichkeit nach der richtigen Maus griffen – nämlich der, die für beide Personen sichtbar war –, wenn sie von dem Fremden angeleitet wurden.

»Das Verständnis dafür, dass das, was der andere weiß, anders ist als das, was man selbst weiß, ist wesentlich dafür, dass eine wirksame Kommunikation überhaupt stattfinden kann«, meinte Kenneth Savitsky, Psychologieprofessor am Williams College und leitender Autor der Studie. »Es ist notwendig, um Anweisungen zu geben, eine Klasse zu unterrichten und auch für ein gewöhnliches Gespräch. Diese Einsicht aber kann trügerisch sein, wenn der fragliche Partner ein enger Freund oder Ehepartner ist.«

Es ist so, als ob man, sobald man eine Verbindung mit jemandem spürt, annähme, es würde für immer so bleiben. Die Summe der täglichen Interaktionen und Aktivitäten formt uns fortwährend und ergänzt unser Verständnis der Welt um Nuancen, sodass heute niemand derselbe ist wie gestern, und auch unser Ich von heute wird nicht identisch mit dem von morgen sein. Meinungen, Einstellungen und

Überzeugungen ändern sich. Es ist also nicht wichtig, wie lange Sie die Menschen kennen, beziehungsweise wie gut Sie sie zu kennen glauben; wenn Sie nicht mehr zuhören, verlieren Sie am Ende das Gespür dafür, wer die anderen sind und wie sie mit Ihnen in Beziehung stehen.

Verlässt man sich auf die Vergangenheit, um jemanden in der Gegenwart zu verstehen, ist dies zum Scheitern verurteilt. Der französische Schriftsteller André Maurois schrieb: »Eine glückliche Ehe ist wie ein langes Gespräch, das immer zu kurz scheint.«[69] Wie lange wollen Sie mit einem Menschen zusammenbleiben, der darauf besteht, Sie so zu behandeln, als wären Sie die Person, die Sie an dem Tag waren, als Sie sich kennenlernten? Das gilt nicht nur für Liebesbeziehungen, sondern für alle Beziehungen. Auch kleine Kinder haben etwas dagegen, so behandelt zu werden wie das Kind, das sie wenige Monate zuvor noch gewesen sind. Versuchen Sie, einem Zweijährigen bei etwas zu helfen, das er schon gelernt hat, und Sie werden vermutlich ein verärgertes »Das kann ich schon alleine!« zu hören bekommen. Zuhören ist auch die Art und Weise, wie wir miteinander in Verbindung bleiben, wenn das Leben weitergeht und sich ständig verändert.

Einer der am häufigsten zitierten Forscher zum Thema der menschlichen Beziehungen ist der britische Anthropologe und Evolutionspsychologe Robin Dunbar. Er erzählte mir, dass wir Freundschaften hauptsächlich durch »Alltagsgespräche« aufrechterhalten. Das heißt, dass wir fragen: »Wie geht es dir?«, und dann auch tatsächlich auf die

Antwort hören. Dunbar ist bekannt durch seine »Dunbar-Zahl«; sie beschreibt die kognitive Grenze für die Anzahl von Menschen, mit denen man realistisch in einem sozialen Netzwerk verkehren kann.[70] Er setzt sie bei ungefähr 150 Menschen an. Dies ist die Anzahl der Menschen, die man gut genug zu kennen in der Lage ist, um mit ihnen einen Drink zu nehmen, wenn man ihnen zufällig in einer Bar begegnet. Man hat ganz einfach nicht die geistige oder emotionale Kapazität, um sinnvolle Beziehungen mit mehr Menschen als den erwähnten 150 aufrechtzuerhalten.

Unter diesen 150 Menschen aber, so Dunbar, gibt es hierarchische »Freundschaftsebenen«, die dadurch bestimmt sind, wie viel Zeit man mit einem Menschen verbringt.[71] Es ist wie eine Hochzeitstorte, bei der die oberste Lage nur aus einem oder zwei Menschen besteht, etwa dem Ehepartner und dem besten Freund beziehungsweise der besten Freundin; mit ihm oder ihr sind wir am intimsten und verkehren täglich miteinander. Die nächste Schicht kann höchstens aus vier Menschen bestehen, denen gegenüber man eine große Affinität, Zuneigung und Fürsorge spürt. Freundschaften auf diesem Niveau bedeuten, dass man sich wöchentlich darum kümmert. Weiter unten in der Hierarchie bestehen die Schichten aus eher lockeren Freundschaften; man sieht sich weniger häufig, wodurch die Bindungen eher schwach sind. Ohne ständigen Kontakt geraten diese Bindungen leicht in den Bereich von Bekanntschaften. Dann ist man zwar freundlich, aber nicht wirklich befreundet, weil man den Kontakt dazu verloren hat, wer diese Menschen sind, und das geht immer weiter so. Man könnte wohl gut ein Bier mit ihnen trinken gehen, würde sie aber nicht schrecklich vermissen, falls sie aus der Stadt wegziehen würden. Und sie würden auch Sie nicht vermissen.

Eine Ausnahme könnten die Freunde sein, bei denen man das Gefühl hat, man könnte da anfangen, wo man aufgehört hat, auch wenn man seit langer Zeit nicht mehr mit ihnen gesprochen hat. Laut Dunbar sind das meist Freundschaften, die zu einem bestimmten Zeitpunkt im Leben durch intensives und tiefgehendes Zuhören bestärkt wurden, gewöhnlich während einer emotional unruhigen Zeit, etwa als man im College beziehungsweise ein junger Erwachsener war, vielleicht auch in einer persönlichen Krise, etwa während einer Krankheit oder Scheidung. Es ist fast so, als hätte man sehr viel Zuhören auf dem Konto angehäuft, was einem hilft, die Person zu verstehen und mit ihr in Beziehung zu treten, auch wenn man eine erhebliche Zeit getrennt war. Anders ausgedrückt: Hat man einem Menschen in der Vergangenheit gut und oft zugehört, wird es leichter, wieder dieselbe Wellenlänge zu erreichen, nachdem man aus der Synchronie ausgestiegen war, vielleicht aufgrund einer räumlichen Trennung oder nach einer Zeit der emotionalen Distanz nach einem Streit.

Als ich zwischen den zerknüllten Kissen in Judith Coches Büro saß, erfuhr ich, dass zumindest die Paare in ihren Gruppen nicht schnell oder leichthin eine neue Verbindung aufbauen können. Coche verlangt, dass sich die Paare für ein ganzes Jahr verpflichten, an monatlichen vierstündigen Gruppensitzungen plus einem Wochenendseminar teilzunehmen. Außerdem prüft sie die Paare sorgfältig, bevor sie ihnen erlaubt mitzumachen. Sie meinte zu mir, sie müsse gewährleisten, dass die Paare »bereit und in der Lage sind, sich dieser Arbeit zu unterziehen«. Und damit meinte sie: bereit sein zuzuhören, nicht nur den Ehepartnern, sondern auch den anderen Mitgliedern der Gruppe.

Die Paare, die bei Coche Hilfe suchen, leiden meist extrem unter dem *Closeness-Communication-Bias*. Früher fühlten sie sich vollständig synchron, heute fühlen sie sich hoffnungslos voneinander getrennt. Beide Seiten fühlen sich jeweils von der anderen nicht verstanden; sie geraten außer Kontakt, oft körperlich wie auch gefühlsmäßig. Sie kommen in die Gruppe und sind geradezu taub für die Wünsche und Bedürfnisse des anderen. Doch etwas Interessantes passiert, wenn die Paare ihre Konflikte der Gruppe mitteilen, wie mir Coche berichtete. Die anderen Paare hören zu, auch wenn der Partner der Sprechenden dies nicht tut, was eine klarere Formulierung der Probleme bewirkt. Wie bereits früher erwähnt, verändert ein aufmerksamer Zuhörer die Qualität des Gesprächs.

Vermutlich haben Sie das Phänomen bereits selber erfahren, wenn jemand, der Ihnen nahesteht (Ehepartner, Kind, Elternteil, Freund etc.), etwas offenbarte, wovon Sie noch nichts wussten, während Sie beide mit einem Dritten sprachen. Vielleicht haben Sie da gesagt: »Das wusste ich ja gar nicht!« Das geschah vermutlich deshalb, weil die andere

Person anders zugehört hat, als es bei Ihnen vorher der Fall gewesen war. Vielleicht hat dieser Mensch mehr Interesse gezeigt, die richtigen Fragen gestellt, war weniger auf Beurteilung aus oder neigte weniger zum Unterbrechen.

Denken Sie daran, wie Sie selbst unterschiedlichen Leuten unterschiedliche Dinge erzählen. Das muss nicht unbedingt etwas mit der Art von Beziehung zu tun haben oder dem Ausmaß an Nähe, die Sie zu dem anderen haben. Vielleicht haben Sie einmal einem Fremden etwas erzählt, was sie sonst keinem anderen mitgeteilt haben. Was Sie sagen und wie viel Sie sagen, hängt davon ab, wie Sie den Zuhörer in jenem Moment wahrnehmen. Und wenn jemand nur oberflächlich zuhört, vielleicht, um Fehler zu finden, oder auch nur, um mit der eigenen Meinung ins Gespräch zu platzen, dann werden Sie vermutlich nichts Wesentliches offenbaren, was auch umgekehrt gilt.

In einer gründlichen Untersuchung einer Gruppe von 38 Studenten, die durch eine größere repräsentative Online-Befragung von 2000 Amerikanern bestätigt wurde, hat der Harvard-Soziologe Mario Luis Small herausgefunden, dass in etwas mehr als der Hälfte der Zeit die Menschen ihre drängendsten und sie am meisten belastenden Probleme Leuten anvertrauten, zu denen sie schwächere Bindungen hatten. Sie taten das sogar eher gegenüber solchen Menschen, denen sie nur zufällig begegneten, als denjenigen, von denen sie zuvor noch gesagt hatten, sie stünden ihnen am nächsten – der Ehepartner, ein Familienmitglied oder ein lieber Freund.[72] In manchen Fällen vermieden die Betreffenden sogar ausdrücklich, die Dinge in ihrem engsten Kreis zu berichten, weil sie unfreundliche Reaktionen, eine Verurteilung, Gegenwind oder ein Drama befürchteten. Das wirft die Frage auf, warum wir uns gerade diese Zuhörer auswählen.

»Manche Menschen können sehr viel besser zuhören als andere, aber das kann man verfeinern und verbessern, man kann es sogar zu einer Kunstform erheben«, meinte Coche, deren Paartherapiegruppen so etwas wie Meisterklassen sind, was das Zuhören angeht. Coche, deren Standardgesichtsausdruck mit großen Augen Fürsorglichkeit ausstrahlt, führt ihre Gruppentherapiesitzungen wie eine Dirigentin, indem sie abwechselnd mehr oder weniger Input von den Gruppenmitgliedern einholt, als wären sie Musiker in einem Orchester. Der Gesprächsfluss kann in den ersten Sitzungen stocken und sich merkwürdig anhören, aber danach verfällt alles in einen angenehmeren Rhythmus, wenn sich Vertrauen aufgebaut hat und die Paare sich auf die Stichworte der anderen, auch die verpassten, eingestellt haben, was dann unvermeidlich zu Durchbrüchen führt. »Diese Menschen bedeuten allmählich einander so viel, weil sie genau zuhören, wie sich jeder fühlt«, erklärt Coche. »Wenn ein Partner nicht zuhört, tun es die anderen trotzdem, und alle werden daraus lernen.«

Manche Gruppenteilnehmer sagen sogar anderen Teilnehmern unverblümt ins Gesicht, dass sie ihren Partnern gar nicht zuhören. »Was hier geschieht, ist das Entstehen einer neuen Norm dafür, was eine gute Paarverbindung ausmacht«, sagte mir Coche und wies mit der Hand in den Raum, in dem der Geist der kämpfenden Paare noch immer präsent zu sein schien. »Man sieht, dass die Paare mit ihren schlechten Gewohnheiten brechen, die sie sich angewöhnt haben, weil sie damit aufgewachsen sind und nie erfahren haben, wie man besser zuhören kann.«

Beispiel dafür ist ein Mann, den Coche als typischen Macho-Erklärer beschrieb. Sein Gesprächsstil bestand darin, Monologe zu halten und unentwegt zu korrigieren, und deshalb wusste er auch nicht, wie man anderen Menschen nahekommt. »Dann beobachtet man auf einmal sein Gesicht, wie er endlich zuhören und wiedergeben kann, was seine Frau gesagt hat, auch wenn es etwas unbeholfen ist, etwa ›Oh, ich verstehe…‹«, meinte Coche. »Für diesen Mann ist es ein Wendepunkt, aber auch für seine Partnerin. Sie wird feuchte Augen bekommen. Es geht darum, dass man einfach nicht weiß, wie man zuhört. In seiner Familie hat es ihm keiner beigebracht oder darauf Wert gelegt. Von seiner Seite aus ist es keine böse Absicht.«

Aber unabhängig davon, wie gut wir zuzuhören versuchen oder wie nahe wir uns einem Menschen fühlen, ist es doch wichtig, sich daran zu erinnern, dass wir nie wirklich wissen können, was in einem anderen vorgeht. Herumzuschnüffeln ist der schnellste Weg, um das Vertrauen anderer Menschen zu verlieren. In seinem Roman *Aufzeichnungen aus dem Kellerloch* schrieb Fjodor Dostojewski: »In den Erinnerungen jedes Menschen gibt es Dinge, die er nicht allen mitteilt, höchstens seinen Freunden. Aber es gibt auch

Dinge, die er nicht einmal seinen Freunden gesteht, höchstens sich selbst, und auch das nur unter dem Siegel der Verschwiegenheit. Schließlich gibt es auch solche Dinge, die der Mensch sogar sich selbst zu gestehen fürchtet, und solche Dinge sammeln sich in jedem anständigen Menschen in ziemlicher Menge an.«[73]

Das erinnert an eine Geschichte, die mir Daniel Flores erzählte, Bischof der römisch-katholischen Diözese Brownsville, Texas, die knapp über 10 000 Quadratkilometer an der südlichsten Spitze dieses Bundesstaats umfasst. Wie Coche sieht auch Bischof Flores viele Paare, die sich aneinander abkämpfen. Sie lassen ihn immer an seine Großeltern denken, die 65 Jahre lang verheiratet waren. Er erinnert sich, wie er als Kind am Abendbrottisch saß, als seine Großmutter von seinem Großvater sagte: »Ich werde diesen Mann nie verstehen.« Dieser Augenblick ist ihm unvergesslich geblieben. »Da war meine Großmutter, die diesen Mann liebte; sie waren in guten und in schlechten Zeiten zusammen, und trotzdem gab es dieses Element des Unbegreifbaren zwischen ihnen«, meinte er.

Bischof Flores glaubt, dass die Ursache für vielerlei Ärger in Beziehungen in der Erwartung liegt, dass man sich gegenseitig vollständig verstehen muss. »Wir sehnen uns alle danach, uns anderen Menschen mitzuteilen, aber wenn wir glauben, es gäbe den perfekten Menschen, der das alles aufnehmen kann, sind wir enttäuscht«, meinte er. »Das heißt aber nicht, dass wir nicht immer versuchen sollten, uns mitzuteilen und dem anderen das Geschenk des Zuhörens zu machen, weil das Liebe ist, auch wenn wir nicht immer in der Lage sind, alles zu begreifen.«

* * *

Menschen zuzuhören, die uns nicht nahestehen, bringt eine Reihe anderer Voreingenommenheiten mit sich, aber auch die beruhen auf falschen Annahmen, vor allem der *Confirmation Bias*, der Bestätigungsverzerrung,[74] und der *Expectation Bias*, der Erwartungsverzerrung[75], die durch unser Verlangen nach Ordnung und Beständigkeit verursacht werden. Um eine große und komplexe Welt sinnvoll erscheinen zu lassen, legen wir in unserer Vorstellung unbewusst Schubladen an, in die wir die Menschen ablegen, meist ehe sie überhaupt angefangen haben zu sprechen. Diese Kategorien können allgemeine Stereotypen sein, die durch unsere Kultur beeinflusst sind, oder auch individuellere Einschätzungen aufgrund eigener Erfahrungen.[76] In manchen Fällen können sie hilfreich und zutreffend sein. Sind wir aber nicht achtsam, kann unser Drang zu kategorisieren und zu klassifizieren unser Verständnis verringern und die Realität verzerren. Es ist das »Hey, ich hab's«-Syndrom, das uns zu Schlussfolgerungen über Menschen verleitet, ehe wir überhaupt wissen, wer sie in Wirklichkeit sind.

Und dann treffen wir auf jemanden, der oder die in eine unserer mentalen Rubriken passt – die vielleicht mit Geschlecht, ethnischer Zugehörigkeit, sexueller Orientierung, Religion, Beruf oder Aussehen zu tun hat, und sofort denken wir, wir würden die betreffende Person kennen, zumindest bestimmte Aspekte von ihr. Angenommen, ich hätte Ihnen gesagt, dass ich aus Texas stamme. Hätte das Ihr Denken über mich verändert? Wahrscheinlich. Abhängig von dem geistigen Bild, dass Sie von Texanern haben, könnte meine Äußerung mich in Ihrer Wertschätzung erhöht oder erniedrigt haben. Das Gleiche gilt, wenn Sie erfahren, dass ich überall Tätowierungen habe. Es ist eine reflexhafte Neigung unseres Geistes, die Ihnen die Illusion verschafft, alles zu verstehen, und dadurch wird Ihre Neugier und Motivation zum Zuhören verringert. Ohne es zu merken, hören Sie nur selektiv zu, hören nur, was zu Ihren vorgefertigten Vorstellungen passt. Oder Sie verhalten sich vielleicht so, dass ich veranlasst werde, Ihre Erwartungen zu bestätigen. Indem ich beispielsweise Witze über Tätowierungen mache.

Die meisten Menschen glauben, andere Menschen seien durch Stereotype beeinflusst, vergessen dabei aber, wie oft sie selbst reflexartig Vermutungen anstellen. Die Forschung hat gezeigt, dass wir alle Vorurteile haben, weil unser Unbewusstes die Tendenz hat zu kategorisieren, und wegen der immanenten Schwierigkeit, uns eine Realität vorzustellen, die wir selbst nicht erfahren haben.[77] Niemand von uns ist auf der Höhe der Wirklichkeit von Menschen, die anders sind als wir. Gleichzeitig kann keiner von uns behaupten, die gleiche Geisteshaltung oder die gleichen Werte zu haben wie die Menschen, von denen wir annehmen, sie seien wie wir. Wenn Menschen Dinge sagen wie »Ich spreche als weißer Mann« oder »Ich spreche als nicht weiße Frau«, ist das eigentlich ein Ding der Unmöglichkeit. Denn man kann nur für sich selbst sprechen.

Ein weißer Mann, eine nicht weiße Frau, ein Evangelikaler, ein Atheist, ein Obdachloser, ein Milliardär, ein aufrechter Mensch, ein Schwuler, ein Boomer, ein Millennial – jeder von diesen hat eine einzigartige Erfahrung, die ihn von allen anderen Menschen unterscheidet, die mit dem gleichen Label bezeichnet werden. Nur auf der Grundlage von Alter, Geschlecht, Hautfarbe, wirtschaftlichem Status, religiösem Hintergrund, politischer Partei oder sexueller Ausrichtung Uniformität oder Solidarität zu unterstellen reduziert uns und macht uns alle klein. Wenn man zuhört, kann man Trost in gemeinsamen Werten und ähnlichen Erfahrungen finden. Man wird aber auch viele Punkte finden, hinsichtlich derer man sich unterscheidet, und nur durch Anerkennung und Akzeptanz dieser Unterschiede lernt man und entwickelt Verständnis. Unser Zuhören leidet an allseits angewandten kollektiven Vorstellungen von Identität, was uns davon abhält zu entdecken, was uns und andere Menschen einzigartig macht.

Das hängt mit der *Social Signaling Theory* zusammen,[78] der Theorie der Kommunikation zwischen Individuen, sowie der Theorie der sozialen Identität.[79] Dies sind zwei unterschiedliche, aber miteinander zusammenhängende Theorien, die bis mindestens in die 1970er-Jahre zurückreichen und sich damit beschäftigen, wie Menschen indirekt Status und Werte kommunizieren. In der Urzeit bestand das *Social Signaling* vielleicht darin, sich auf die eigene Brust zu schlagen oder eine große Zahl an Tierfellen vor der eigenen Höhle aufzuhängen. Die soziale Identifizierung mochte in der Zugehörigkeit zu einem bestimmten Stamm bestanden haben. Heute aber messen wir den sozialen Status an Signalen wie den Autos, die die Leute fahren, der Kleidung, die sie tragen,[80] den Schulen, die sie besucht haben. Oder wie es heute immer häufiger vorkommt, wir beurteilen Menschen nach ihrer Zugehörigkeit zu einer ideologischen Strömung, etwa zu den Alternativen Rechten (Alt-Right), den Liberalen, Konservativen, demokratischen Sozialisten, den Evangelikalen, Umweltschützern, Feministinnen und so weiter.

Es gibt eine reziproke Beziehung zwischen dem Setzen von Signalen und dem Zuhören. Stellen Sie sich vor, Sie sehen etwa, dass jemand ein T-Shirt mit der Aufschrift Vegans make better Lovers (Veganer sind die besseren Liebhaber) trägt oder einen Pick-up mit einem Aufkleber der NRA fährt, der National Rifle Association [die das Recht auf Schusswaffen propagiert, Anm. d. Ü.]. Vielleicht haben Sie das Gefühl, mehr bräuchten Sie über diese Personen nicht zu wissen, und man muss auch einräumen, dass solche Menschen womöglich so sehr in diese Identitäten eingebunden sind, dass es einem durchaus eine ganze Menge erklärt. Es ist aber wichtig, sich daran zu erinnern, dass das, was man kennt, eine Rolle ist und kein Mensch, was ein großer Unterschied ist. Unter der Oberfläche ist mehr, als man sich vorstellt.

Früher waren es eher unsichere Teenager, die auf schrille Signale zurückgriffen, um ihre Identität und Gruppenzugehörigkeit zu demonstrieren (denken Sie an die Anhänger der Gothic-Kultur, an Popper Bodybuilder, Kiffer, Nerds, Slacker, Gangsta-Rap-Fans und Punks). Heute aber ist es ein weit verbreitetes Phänomen. In unserer zunehmend zerrissenen Gesellschaft sind Menschen immer auffälliger und lauter geworden, was ihre Gruppenidentität angeht – vor allem ihre politische und ideologische –, weil sie schnell Loyalität und Verbindung herstellen wollen. Diese äußerliche Verbindung verschafft ihnen das Gefühl dazuzugehören, und sie gibt ihnen auch Leitlinien vor, die früher von organisierten Religionen bereitgestellt wurden, die dementsprechend viele Anhänger verloren haben.[81] Außerdem neigen die Menschen dazu, wenn sie sich unsicher oder isoliert fühlen, die Dinge stark zu dramatisieren und extremere Ansichten zu unterstützen, um Aufmerksamkeit zu erlangen.

Natürlich sind die sozialen Medien wie maßgeschneidert, um soziale Signale zu setzen.[82] Wenn man zeigt, dass man ein Follower bestimmter Menschen oder Organisationen ist, wenn man auf Tweets reagiert, wenn man Messages oder Bilder mit einem Like versieht, dann signalisiert das bestimmte Werte und einen gewissen »Coolness«-Faktor.[83] Wer muss schon Menschen zuhören, wenn man sie einfach googeln kann? Eine Facebook-Seite, ein Instagram-Feed oder ein Profil bei LinkedIn sagen einem, so die allgemeine Überzeugung, alles, was man wissen muss. Und genau das ist der Grund, warum Menschen zögern, ihren Nachnamen anzugeben, wenn sie neuen Leuten begegnen, weil sie befürchten, dass diese Person digital etwas machen könnte, was dem Durchwühlen einer Kommodenschublade ähnelt, statt einander auf natürliche Weise kennenzulernen.[84] Wenn man sich verabredet, gilt die Nennung des Nachnamens heute schon als bedeutender Wendepunkt in der zwischenmenschlichen Beziehung. Das Hinauszögern der Namensnennung spiegelt die Sehnsucht wider, zuerst tiefer und individueller wahrgenommen und nicht nach Posts, Tweets und anderen Signalen beurteilt zu werden – die ja schließlich keine wirklich genauen Porträts darstellen.

In T. S. Eliots Gedicht aus dem Jahr 1915 »The Love Song of J. Alfred Prufrock« klagt er über die Notwendigkeit, sich »zu wappnen gegen jedes Antlitz, das dich trifft«.[85] Zuhören heißt, den Menschen hinter dem Antlitz zu entdecken – oder hinter dem Facebook-Profil. Zuhören macht es möglich, hinter das oberflächliche Signalesetzen hinauszugelangen und mehr darüber zu erfahren, wer die Person wirklich ist – worüber sie sich freut und was sie nachts wach hält. Indem Sie nachfragen und zuhören, zeigen Sie, dass Sie an den Menschen interessiert sind, die Ihnen begegnen, und Sie zeigen auch den Menschen, die Ihnen wichtig sind, dass diese Ihres Interesses und Ihrer Aufmerksamkeit sicher sein dürfen, während sie sich ständig weiterentwickeln und verändern.

»In Verbindung bleiben« mit oder »dranbleiben« an jemandem ist nichts anderes als zuzuhören, was in der betreffenden Person vorgeht – gemeint ist die Häufigkeit, mit der Sie die Stärke und Dauer der Beziehung überprüfen. Allzu leicht wird man nur selbstzufrieden im Hinblick darauf, wie gut man die Menschen kennt, die einem am nächsten stehen, wie es auch schwierig ist, keine Urteile über Fremde zu fällen, die auf Stereotypen basieren, insbesondere wenn diese durch offenkundige soziale Signale dieser Person verstärkt werden. Das Zuhören aber bewahrt einen davor, in diese Falle zu tappen. Das Zuhören wird Ihre Erwartungen übertreffen.

5

Die Schwerhörigen-Reaktion:

Warum Menschen lieber mit ihrem Hund reden

Angenommen, ein Freund erzählt Ihnen, dass er gerade seinen Job verloren habe, was seiner Meinung nach okay sei, weil er seinen Chef sowieso nie wirklich leiden konnte und das Pendeln ihn fertiggemacht und er gerade heute eineinhalb Stunden gebraucht habe, um die zwanzig Meilen bis zum Büro zu fahren. Er komme immer spät nach Hause und verzehre im Stehen in der Küche sein Abendessen, weil seine Frau schon früher mit den Kindern esse und nie auf ihn warte. Es schnürt ihm schier die Kehle zu, als er sagt, er wisse nicht, wie er seiner Familie beibringen solle, dass er seinen Job verloren hat. Jedenfalls habe er geplant, sagt er und räuspert sich, in den großen Ferien nach Mexiko zum Fischen zu fahren, was er vermutlich jetzt absagen müsse.

Natürlich hängt es davon ab, wie gut man den Menschen und die Umstände kennt, aber grundsätzlich wirken Antworten wie »Es tut mir leid, dass du deinen Job verloren hast« oder »Du findest sicher bald einen anderen« eher abgedroschen und herablassend. Und mit »Du bist besser dran ohne diesen lausigen Job« liegt man auch daneben. Wenn man sagt: »Findest du das schlecht? Als ich entlassen wurde…«, dann sagt das etwas über Sie. Ein guter Zuhörer, der merkt, wenn der andere mit gepresster Stimme spricht und sensibel auf das reagiert, was ihn in diesem Moment am meisten beunruhigen könnte, könnte etwas äußern wie: »Also musst du jetzt die Nachricht wohl deiner Familie beibringen? Das ist hart. Was denkst du, wie sie reagieren wird?«

Die Forschungsarbeiten von Graham Bodie, einem Professor für Integrierte Marketing-Kommunikation an der University of Mississippi, zeigt, dass sich die Menschen eher verstanden fühlen, wenn ein Zuhörer nicht mit Kopfnicken, Nachplappern oder Umschreibungen, sondern stattdessen mit anschaulichen und bewertenden Informationen reagiert.[86] Im Gegensatz zu der Vorstellung, dass effektives Zuhören eine passive Angelegenheit ist, zeigt Bodies Arbeit, dass es Interpretation und Zusammenspiel benötigt. Ihr Hund kann auf Sie »hören«. Siri oder Alexa können Sie hören. Letztlich aber wird sich das Reden mit Ihrem Hund, mit Siri oder Alexa als unbefriedigend erweisen, weil sie alle nicht aufmerksam und mitfühlend reagieren, was aber der Maßstab für einen guten Zuhörer ist.

»Die Leute wollen das Gefühl haben, dass du verstehst, warum sie dir die Geschichte erzählen, was sie ihnen bedeutet, nicht so sehr, dass du die Details der Geschichte kennst«, meinte Bodie zu mir. Nur leider haben er und seine Kollegen immer wieder herausgefunden, dass die meisten Menschen wirklich schlecht darin sind. Ihre Daten legen den Schluss nahe, dass die Antworten der Zuhörer nur zu weniger als fünf Prozent emotional auf die Aussagen des Sprechenden reagieren, was Ihren Hund im Vergleich dazu ziemlich gut aussehen lässt.

Nicht also, dass Ihr Freund seinen Job verloren hat, ist wichtig, sondern, wie diese Tatsache emotional auf ihn einwirkt. Das herauszufinden macht die Kunst des Zuhörens aus, vor allem, wenn Menschen dazu neigen, einen mit einer ganzen Menge an zusätzlichen Informationen zu bombardieren (das Pendeln, die Angelferien, die Details zu seiner Frau). Sie sind der Detektiv, der sich immer fragt: »Warum erzählt dieser Mensch mir das?«, wobei stillschweigend vorausgesetzt wird, dass die Sprechenden die Antwort manchmal selbst nicht wissen. Gute Zuhörer helfen den Sprechenden, das herauszufinden, indem sie Fragen stellen und zu weiteren Einzelheiten ermuntern. Sie wissen, dass Sie als Zuhörer erfolgreich waren, wenn der andere, nachdem Sie geantwortet haben, mit Äußerungen reagiert wie »Ja, genau« oder »Du hast es erfasst!«.

Carl Rogers, einer der einflussreichsten Psychologen des 20. Jahrhunderts, bezeichnete das als *aktives Zuhören*. Dieser Begriff erfreut sich vielleicht deshalb in der Geschäftswelt so großer Beliebtheit, weil aktives Zuhören sich so attraktiv dynamisch anhört, ohne dass man verstanden hat, was dieser

Begriff überhaupt meint. Die Definition für aktives Zuhören im *Fortune*-Mitarbeiterhandbuch der 500 umsatzstärksten Unternehmen der Welt (das mir von einem Management-Trainee gegeben wurde, dem in seiner Leistungsbeurteilung gesagt wurde, er müsse an seinem aktiven Zuhören arbeiten) sagt nichts über die Interpretation von Gefühlen aus, sondern konzentriert sich stattdessen darauf, dass man etwa nicht arrogant erscheinen und die Lippen zusammenpressen soll, während jemand anderer spricht, um nicht den Eindruck zu erwecken, man wolle unterbrechen. Die Betonung liegt also darauf, wie der aktive Zuhörer aussieht, und nicht, was ein aktiver Zuhörer tatsächlich tut.

Rogers beschrieb sich so, während er jemandem aktiv zuhörte: »Ich meine damit das Aufnehmen seiner Worte, seiner Gedanken, seiner Gefühlsnuancen und deren persönliche Bedeutung, ja sogar die Bedeutung, die unterhalb der bewussten Intention des Sprechers liegt.«[87] Aktives Zuhören bedeutete für ihn eher, sich in einem aufnahmebereiten Modus zu befinden, anstatt bestimmte Umgangsformen an den Tag zu legen. Die Idee dahinter ist, die Formel »Nur Tatsachen, bitte« zu überwinden, was meist ohnehin nur ein Bruchteil dessen ist, was übermittelt wird. Im Gespräch teilen die Menschen selten etwas mit, es sei denn, es ist ihnen wichtig. Es kommt ihnen in den Sinn und aus ihrem Mund heraus, weil es einen Wert für sie hat und eine Reaktion hervorrufen will. Erst durch dieses Verstehen der Absicht und der Bedeutung jenseits der Worte verbindet man sich wirklich mit der Person.

Was ist, wenn eine Arbeitskollegin Ihnen erzählt, dass ihr Büro in ein anderes Stockwerk umzieht? Die Tatsachen besagen, dass ihr Büro nicht mehr an dem gemeinsamen Flur liegt, sondern in einem anderen Stockwerk. Aber hat die Kollegin das seufzend oder aufgeregt gesagt? Hat sie ihre Schläfen massiert, mit den Augen gerollt, die Augenbrauen hochgezogen? Hat sie gesagt, sie würde in ein anderes »verdammtes Stockwerk« umziehen? Was bedeutet dieser Umzug in ein anderes Stockwerk für sie? Warum lässt sie Sie das alles wissen?

Abhängig davon, wie sie es gesagt hat, könnte sie sich etwa darüber ärgern, dass sie ihre Sachen zusätzlich zu der anderen Arbeit, die sie ohnehin zu erledigen hat, zusammenpacken muss, oder sie könnte aufgeregt sein, weil sie glaubt, das neue Büro wäre eine Anerkennung ihrer Position innerhalb der Firma. Sie könnte darüber besorgt sein, dass das neue Büro in einer höheren Etage liegt, weil sie Höhenangst hat, oder sie könnte traurig sein, dass sie nun weiter von Ihrem Büro entfernt ist, weil sie sich ziemlich in Sie verknallt hat. Wenn Sie nicht aktiv zuhören, wie Rogers es beschrieben hat, werden Sie die Bedeutung hinter der Botschaft verpassen und sich unsicher oder ahnungslos fühlen, was zukünftige Beziehungen zu ihr betrifft.

Wenn jemand etwas zu Ihnen sagt, ist das so, als würde er oder sie Ihnen einen Ball zuwerfen. Nicht oder nur halb zuzuhören ist, als würden Sie Ihre Arme seitlich fixieren oder wegschauen, sodass der Ball an Ihnen vorbeifliegt oder plump an Ihnen abprallt. In allen oben vorgestellten Szenarios wäre es unangebracht, und Sie würden den Ball gleichsam verpassen, wenn Sie einfach »Okay« oder »Ich habe ein paar Kartons, wenn du sie willst« als Reaktion von sich gäben. Ein guter Zuhörer, der klangliche und nonverbale Hinweise aufgreift und ein oder zwei klärende Fragen stellt, kann sensibler und spezifischer reagieren, indem er anbietet, ein geplantes Meeting zu verschieben, wenn die Kollegin gestresst ist, oder er greift ihr romantisches Anliegen auf und sagt ihr, er wäre geknickt, dass er sie nicht so oft sehen würde – oder auch nicht, wenn es nicht auf Gegenseitigkeit beruht.

Man kommt leichter durch die Welt, wenn man sich daran erinnert, dass Menschen durch Emotionen geleitet werden und öfter aus Eifersucht, Stolz, Scham, Verlangen, Angst oder Eitelkeit heraus handeln als aufgrund einer leidenschaftslosen Logik. Wir agieren und reagieren, weil wir etwas fühlen. Dies nicht zu berücksichtigen und nur oberflächlich zuzuhören – oder auch gar nicht – bedeutet, sich einen gravierenden Nachteil einzuhandeln. Wenn Menschen als einfach und frei von Gefühlen erscheinen, heißt das nur, dass man sie nicht gut genug kennt. J. Pierpont Morgan sagte einmal: »Man hat immer zwei Gründe etwas zu tun: einen anständigen und den wahren.«[88] Zuhören hilft uns, Geisteshaltung und inneren Antrieb von Menschen zu verstehen, was für den Aufbau von kooperativen und produktiven Beziehungen ebenso wichtig ist wie das Wissen, welche Beziehungen man besser meiden sollte.

* * *

Gary Noesner zog sich 2003 nach einer 33-jährigen Karriere aus dem FBI zurück. Ungefähr zehn Jahre lang war er Chefverhandler des FBI bei Geiselnahmen, was, wie er mir sagte, tatsächlich bedeutete, dass er der »Chef-Zuhörer« war. Jetzt war er ein internationaler Risiko-Berater und half seinen Kunden, mit Entführungen in Übersee umzugehen. Noesner betrachtet die Geschichten der Menschen gern als zwei konzentrische Kreise – wie ein Doughnut –, wo das, was tatsächlich passiert ist, im inneren Kreis ist, umgeben von den wichtigeren Gefühlen und Emotionen. »Es geht nicht wirklich um das, was uns im Leben passiert, sondern darum, was wir dabei fühlen«, meinte er. »Vom Fernsehen beeinflusst, denken die Leute, Verhandlungen bei Geiselnahmen seien Jedi-Psychotricks, die den Typen automatisch dazu bringen, die Waffe niederzulegen, oder dass man das wirklich finale Argument vorbringt, das ihn aufgeben lässt. Aber tatsächlich geht es darum, dass der Verhandler zuhört, um den Standpunkt des Täters zu begreifen.«

Noesner schilderte den Tathergang, als ein Mann seine Ex-Freundin mit einer Waffe bedrohte. »Ich sage ihm: ›Erzählen Sie mir, was vorgefallen ist.‹ Und dann höre ich zu und antworte auf das, was er mir erzählt, etwa: ›Hört sich für mich so an, dass das, was sie gesagt hat, Sie wirklich verletzt hat‹«, sagte Noesner. »Ich bin verständnisvoll und nehme mir die Zeit und höre zu, was er zu sagen hat, was er vielleicht nicht von seinen Freunden und seiner Familie bekommen hat. Hätten sie ihm das gegeben, wäre er vielleicht jetzt nicht da, wo er ist. Das ist alles ganz einfach, aber in unserem Alltag tun wir das oft nicht genug.«

Wenn es einen Amoklauf gibt oder einen Terrorangriff, ist es nicht ungewöhnlich, dass Leute, die den Täter kannten, über ihn sagen, er habe »zurückgezogen gelebt«. Oft sagen Familienmitglieder, sie hätten den Kontakt verloren oder keine Ahnung davon, was die Person treiben würde. In dem Dokumentarfilm *Bowling for Columbine* wurde der Alternative-Metal-Musiker Marilyn Manson gefragt, was er den Kindern und den Menschen in der Gemeinde sagen würde, in der das nach Meinung einiger Leute durch seine Musik inspirierte Schulmassaker stattgefunden hat.[89] »Ich würde kein einziges Wort sagen. Ich würde zuhören, was sie zu sagen haben«, meinte er. »Und genau das hat niemand getan.«

Kriminologen haben herausgefunden, dass Massenmörder meist nicht psychotisch, sondern depressiv und einsam sind, oft angetrieben durch das Verlangen nach Rache.[90] *The Trace,* ein gemeinnütziger Journalistenverband, der den Gründen für die Verwendung von Waffen nachgeht, hat festgestellt, dass ein tiefgreifendes Gefühl der Entfremdung von der Gesellschaft eine auffällige Gemeinsamkeit von Massenmördern ist.[91] Das traf den Nagel auf den Kopf, gleichgültig, ob der Angreifer ein verärgerter Angestellter, ein entfremdeter Ehepartner, ein verwirrter Teenager, ein gescheiterter Firmeninhaber, ein Dschihadist oder ein traumatisierter Kriegsveteran war. Alle hatten das Gefühl, dass niemand ihnen zuhörte oder sie verstand, und sie hörten ihrerseits auf, anderen Menschen zuzuhören, getrieben einzig durch die oftmals verworrenen Dinge, die sie sich selbst erzählten.

Für Noesner ist Zuhören nicht nur eine Verhandlungstaktik bei Krisen, es macht ihn als Person auch authentisch. Wenn man mit ihm spricht, hat man das Gefühl, dass man sein einziger Fokus ist, dass er nirgendwo sonst sein muss, was ihn unglaublich, um nicht zu sagen: unwiderstehlich sympathisch macht. Dutzende von Tätern, die sich ihm ergaben, berichteten, dass sie nicht wüssten, was er gesagt hatte, aber sie mochten die Art, wie er es gesagt hatte. Tatsächlich sagte er sehr wenig. Wenn er aber antwortete, war er hundertprozentig bei dem, was sie fühlten.

Wenn Noesner wegen seiner Arbeit auf Reisen geht, hat er es sich zur Angewohnheit gemacht, abends in der Hotelbar zu essen. »Ich schaue mir die anderen Menschen in der Bar an und sage mir: ›Auf diese Person werde ich mich einlassen und ihre Geschichte herausfinden‹«, meinte er. »Es ist unglaublich, was man erfährt, wenn man sich total auf einen Menschen fokussiert.« So begegnete er beispielsweise einem Vertreter, dessen Hobby das Balancieren auf dem Drahtseil war. »Es war ein verdammt faszinierendes Gespräch«, meinte Noesner und dachte daran, wie der Mann erwähnt hatte, er würde das Balancieren auf einem Drahtseil üben, das er in seinem Garten zwischen zwei Bäumen gespannt hatte, und dass er seine Angst, herunterzufallen, überwunden habe, indem er mit aufwendigen Polsterungen und Gurten gearbeitet hatte.

Wie die Pendler in der Studie der University of Chicago, die nicht abgewiesen wurden, als sie versuchten, mit Fremden in Kontakt zu kommen, erinnert sich auch Noesner an keinen Menschen, der nicht darauf erpicht gewesen wäre, mit ihm zu reden. Meist kehre er in sein Hotelzimmer zurück, ohne dass die andere Person wüsste, dass sie gerade mit dem ehemaligen Chef-Geiselunterhändler des FBI gesprochen hat. Das Gespräch dauerte nicht lange genug, um das zu erfahren.

Das erinnert an eine oft erzählte Geschichte über den verstorbenen Dick Bass, Sohn eines texanischen Ölbarons. Er war bekannt dafür, dass er anspruchsvolle Bergbesteigungen unternahm und ausführlich jedem in Hörweite davon erzählte, darunter auch einem Mann, der zufällig neben ihm im Flugzeug saß. Während der gesamten Dauer des Flugs über den Kontinent sprach Bass über die heimtückischen Gipfel des Mount McKinley und des Mount Everest und über die Zeit, als er im Himalaya fast gestorben wäre, und über seinen Plan, nochmals den Mount Everest zu besteigen. Als sie kurz vor der Landung waren, fiel Bass ein, dass er sich noch gar nicht richtig vorgestellt hatte. »Ist schon okay«, meinte sein Sitznachbar und reichte ihm die Hand. »Ich bin Neil Armstrong. Schön, Sie kennengelernt zu haben.«[92]

Man verpasst Gelegenheiten (und kann wie ein Idiot aussehen), wenn man nicht Atem holt und zuhört. Über sich zu sprechen fügt dem eigenen Wissensstand nichts hinzu. Wieder gilt: Man kennt sich selber bereits. Wenn Sie eine

Unterhaltung beendet haben, fragen Sie sich: *Was habe ich gerade über diesen Menschen erfahren? Was hat diesen Menschen heute am meisten beschäftigt? Was hat dieser Mensch bei dem, worüber wir gesprochen haben, gefühlt?* Wenn Sie diese Fragen nicht beantworten können, müssen Sie vermutlich an Ihrem Zuhören arbeiten. »Wenn man in jede Situation mit dem Gedanken hineingeht, man wüsste bereits alles, beschränkt das die Fähigkeit zu wachsen, zu lernen, Verbindungen herzustellen und sich zu entwickeln«, meinte Noesner »Ich glaube, ein guter Zuhörer ist jemand, der offen dafür ist, die Erfahrungen und Ideen anderer Menschen mitzubekommen und deren Standpunkte zu akzeptieren.«

Offen für und neugierig auf andere zu sein ist eine Geisteshaltung; die Fähigkeit aber, anderer Leute Standpunkt mit einer sensiblen Antwort zu würdigen, die Vertrauen und weitere Ausführungen der Gesprächspartner fördert, ist eine Fertigkeit, die man entwickeln muss. Noesner ist deshalb ein guter Zuhörer, weil er das Zuhören geübt hat. Man braucht Bewusstsein, Fokus und Erfahrung, um das zutage zu fördern und zu begreifen, was wirklich kommuniziert wird. Gute Zuhörer werden nicht so geboren, sie werden erst dazu.

6

Reden wie eine Schildkröte, denken wie ein Hase:[93]

Die Differenz von Sprache und Denken

Haben Sie jemals mit jemandem gesprochen und wurden dabei so von Ihren eigenen Gedanken abgelenkt, dass Sie die andere Person quasi auf stumm geschaltet hatten? Die Lippen dieser anderen Person bewegten sich zwar, und doch hörten Sie nichts, bis ein Stichwort beziehungsweise eine Bemerkung wie *Sex, Börsentipp* oder *dein Auto leihen* Ihre Aufmerksamkeit erneut weckte – »Warte mal, was?«

Ihr kurzes Abschwirren vom Gespräch wurde durch die *Differenz von Sprache und Denken* ausgelöst, womit die Tatsache umschrieben wird, dass wir sehr viel schneller denken können, als wir zu reden imstande sind.[94] Der durchschnittliche Mensch spricht mit rund 120 bis 150 Wörtern pro Minute, was nur einen winzigen Bruchteil unserer mentalen Fähigkeiten ausmacht, die durch ungefähr 86 Milliarden Gehirnzellen gesteuert werden.[95] So streifen wir in unserer überschüssigen kognitiven Kapazität umher, denken an unendlich viele andere Dinge, was uns davon abhält, dass wir uns auf den Erzählfluss des Sprechenden konzentrieren.

Wenn ein anderer spricht, machen wir gern mentale Abstecher. Wir schweifen kurz ab und fragen uns, ob wir womöglich noch Spinat zwischen den Zähnen haben. Wir erinnern uns daran, dass wir auf dem Heimweg noch Milch holen wollen, machen uns Gedanken darüber, wie viel Zeit noch auf der Parkuhr bleibt. Wir werden von solchen Dingen abgelenkt wie den Haaren des Sprechenden, seiner Kleidung, seinem Körpertyp oder vielleicht auch durch einen großen Leberfleck. Natürlich besteht die größte Ablenkung darin, darüber nachzudenken, welche smarten, witzigen oder in strittigen Situationen auch verheerenden Bemerkungen wir als Nächstes von uns geben wollen.

Unvermeidlich werden wir von unseren Grübeleien zu sehr in Anspruch genommen; unsere Aufmerksamkeit wird einen Moment zu lang abgelenkt, um dann, etwas im Rückstand, zum Gespräch zurückzukehren. Weil wir Teile dieses Gesprächs verpasst haben, füllen wir unbewusst (und oft unkorrekt) die Lücken auf. In *Tender is the Night* (dt.: *Zärtlich ist die Nacht*) hat F. Scott Fitzgerald das schön festgehalten: »In unregelmäßigen Abständen erfasste sie die Kernpunkte seiner Ausführungen und ergänzte den Rest aus dem Unterbewusstsein, so wie man die Uhrzeit ermittelt, indem man die ersten, noch ungezählten Schläge der Turmuhr aus der Erinnerung an ihren Rhythmus ergänzt.«[96] Die Folge davon ist, dass das, was unser Gegenüber äußert, weniger Sinn ergibt. Anstatt zuzugeben, dass wir abgeschweift sind, flüchten wir ein weiteres Mal in unsere Träumereien.

Die Idee, dass eine höhere Intelligenz uns in die Lage versetzt, dieses mentale Abschweifen zu vermeiden, ist ein Irrtum. Tatsächlich sind kluge Menschen oft schlechtere Zuhörer, weil ihnen andere Dinge einfallen, an die sie denken können, weshalb sie mit größerer Wahrscheinlichkeit zu der Annahme neigen, sie wüssten bereits, was ihr Gegenüber sagen will. Menschen mit einem höheren Intelligenzquotienten neigen außerdem dazu, neurotischer und selbstbezogener zu sein, was bedeutet, dass Sorgen und Ängste ihre Aufmerksamkeit eher in Anspruch nehmen.[97]

Weil sie stiller sind, gelten introvertierte Menschen oft als die besseren Zuhörer. Aber auch das stimmt nicht. Für Introvertierte kann das Zuhören eine besondere Herausforderung darstellen, weil in ihrem Kopf so viele Dinge vorgehen, dass sie Probleme haben, noch zusätzlichen Input zuzulassen.[98] Weil sie oft sensibel sind, können sie auch früher erschöpft sein. Das Zuhören kann sich für sie wie ein Sturmangriff anfühlen, was es ihnen schwer macht, weiter zuzuhören, vor allem, wenn die Differenz von Sprechen und Denken ihnen die Möglichkeit gibt, abzudriften.

»Der Gebrauch oder Missbrauch dieser Denkpause enthält die Antwort darauf, wie gut sich jemand auf das gesprochene Wort konzentrieren kann«, schrieb Ralph Nichols, Rhetorikprofessor an der University of Minnesota, der als

Begründer der Erforschung des Zuhörens gilt.[99] Seine Karriere begann er als Highschool-Rhetoriklehrer und Debattencoach, und dabei stellte er fest, dass Schüler, die an ihren Zuhörfähigkeiten arbeiteten, besser debattieren konnten.[100] Diese Erkenntnis weckte sein Interesse und machte ihn bis zu seinem Tod im Jahr 2005 zum Autor und Co-Autor zahlreicher Artikel und Bücher über das Zuhören.

Laut Nichols bedeutet ein guter Zuhörer zu sein die verfügbare Bandbreite zu nutzen, jedoch nicht, um geistige Abstecher zu unternehmen, sondern um die eigenen Anstrengungen dafür zu verdoppeln, genau das zu verstehen und intuitiv zu erkennen, was jemand sagt. Er meinte, Zuhören bestehe darin, sich ständig zu fragen, ob die Botschaften der Menschen stichhaltig sind und was Menschen dazu verleitet, Ihnen gerade das und nichts anderes zu erzählen.

Es scheint einfach zu sein, aber ohne ein entsprechendes Bewusstsein, ohne Intention und eine gewisse Übung sind nur wenige Menschen in der Lage, das tatsächlich für die Dauer des kürzesten Gesprächs zu leisten. Nachdem er Tausende Studenten und Geschäftsleute befragt hatte, stellte Nichols fest, dass die meisten Menschen unmittelbar nach einem kurzen Gespräch mindestens die Hälfte dessen vergessen hatten, was gerade gesagt wurde, ganz egal, wie gut sie ihrer Meinung nach zugehört hatten. Zwei Monate später hatten die meisten Menschen nur noch 25 Prozent behalten. Um diese Durchschnittswerte zu verbessern, hilft es, das Zuhören als eine Art Meditation zu betrachten. Man akzeptiert, dass man abgelenkt ist, und steht dazu; dann konzentriert man sich erneut. Aber anstatt sich auf Ihre Atmung oder ein Bild zu konzentrieren, richten Sie Ihre Aufmerksamkeit wieder auf den Sprecher.[101]

Das vielleicht größte Hindernis, unseren Geist auf Kurs zu halten und der Erzählung von jemandem zu folgen, ist vielleicht die anhaltende Ungewissheit darüber, was wir sagen werden, wenn wir an der Reihe sind. Es ist einfacher, banale Gedanken zu äußern (was man im Supermarkt holen muss), es ist aber viel schwieriger, mit der mentalen Vorbereitung der eigenen Antwort aufzuhören. Gleichgültig, ob es sich um ein entscheidendes oder ein beiläufiges Gespräch im beruflichen oder persönlichen Leben handelt: Jeder fürchtet sich davor, nach Worten zu suchen oder, noch schlimmer, das Falsche zu sagen.

In unserer zunehmend polarisierten Gesellschaft scheint mehr auf dem Spiel zu stehen, da die Menschen anscheinend bereit sind, alles zu attackieren und womöglich jeden wahrgenommenen Mangel an Sensibilität, jede eingebildete Kränkung gleich online zu posten. Angesichts des mitleidslosen Chores in den sozialen Medien ist es legitim, Angst vor persönlicher Erniedrigung und dem beruflichen Ruin aufgrund einer unbedachten Aussage zu haben. Die Worte müssen sorgfältig gewählt werden, was dazu führt, dass wir unsere Optionen in unseren Unterhaltungen abwägen, während unser Gesprächspartner noch redet.

Die Tänzerin und Choreografin Monica Bill Barnes ist bekannt für ihre starken und souveränen Aufführungen.

Sie ist ein Muster an Kraft auf der Bühne, ihren Kopf hält sie aufrecht, sie bewegt ihren Körper scheinbar mit großer Leichtigkeit und Sicherheit. Doch sie sagte mir, dass das Hören mit ihrem »ganzen Selbst« sie verletzlich gemacht habe. »Ich glaube, es ist eine Frage des Vertrauens, dass man im Gespräch auch unvollkommen sein kann«, sagte sie. »Zuhören ist eine Frage der Entscheidung, dass man sich keine Sorgen machen muss, was man als Nächstes sagen soll.« Das führt dazu, dass man »Meinungen und Ideen anderer Menschen sehr wohl hinter die eigenen Verteidigungslinien gelangen lassen kann«.

Die Ironie besteht darin, dass man die Chancen dafür, unangemessen oder unempfindsam zu reagieren, in Wahrheit erhöht, wenn man in Verteidigungshaltung bleibt und nicht vollständig zuhört. Je mehr man über das Richtige nachdenkt, was man sagen will, desto mehr verfehlt man es, und desto wahrscheinlicher ist es, dass man das Falsche sagt, wenn man an der Reihe ist. So wie Nichols' Debattierstudenten überzeugender waren, wenn sie zuhörten, wird einem eine bessere Antwort einfallen, wenn man alles aufgenommen hat, was die andere Person zu sagen hat. Dann machen Sie eventuell eine Pause, nachdem die andere Person abgeschlossen hat, um darüber nachzudenken, was Sie selbst sagen wollen. Während wir fast genauso viel Angst vor dem Schweigen haben wie davor, das Falsche zu sagen (später mehr dazu), kann eine Pause nach den Äußerungen unseres Gegenübers tatsächlich zu Ihrem Vorteil wirken, da sie ein Zeichen für Aufmerksamkeit ist.

Ein Diplomat in Washington, D.C. sagte mir, er habe seine Frau geheiratet, weil »sie tatsächlich einen Moment innehält, nachdem ich etwas gesagt habe. Ich spüre, dass sie darüber nachdenkt, was ich gesagt habe.« Dann fügte er hinzu: »Sie ist meine zweite Ehefrau. Mit der ersten hat es nicht gepasst, weil sie nicht besonders gut zugehört hat.« Es ist auch in Ordnung, wenn man sagt: »Ich weiß nicht, was ich sagen soll«, wenn man es tatsächlich nicht weiß. Man kann auch sagen: »Ich würde gern darüber nachdenken«, was dem anderen mitteilt, dass man wertschätzt, was er gesagt hat, indem man darüber nachdenkt, während Sie gleichzeitig den Teil von Ihnen selbst würdigen, der unsicher ist und noch Zeit zur Verarbeitung des Gesagten braucht.

Immer eine geistreiche Bemerkung parat zu haben ist ohnehin nicht der beste Weg, um mit anderen Menschen in Kontakt zu kommen. Wenn man einen Fauxpas begeht, beinhaltet dies nach den Grundsätzen der Psychologie des Selbst zugleich die Gelegenheit, ihn wieder auszubügeln, was die Bindung an die andere Person stärkt. Zuerst vom österreichischen Psychoanalytiker Heinz Kohut in den 1960er-Jahren formuliert, in den letzten zehn Jahren dann immer weiter verbreitet, betont die Psychologie des Selbst, dass reparierte Risse eher der Stoff sind, aus dem Beziehungen gemacht sind, und nicht nur die Flicken in diesen Beziehungen.[102] Wenn man an die Menschen denkt, denen man vertraut und denen man sich im Leben am nächsten fühlt, sind dies zweifellos diejenigen, die nach einem Fehltritt zurückgekommen sind und ihn wieder in Ordnung gebracht haben.

Fazit: Die Sorge darüber, was man als Nächstes sagen soll, arbeitet gegen Sie. Ihre Reaktionen werden besser, Ihre Verbundenheit wird stärker sein, und Sie werden sich wohler fühlen, wenn Sie Ihren Kopf frei haben, um zuzuhören. Außerdem macht es Gespräche so viel interessanter, weil Sie mehr Informationen aufnehmen können. Sie hören nicht nur den Worten zu, sondern benutzen auch das nicht beanspruchte Denkvermögen, um die Körpersprache und den Tonfall des Sprechers wahrzunehmen wie auch Kontext und Motivation zu berücksichtigen.

Konzentrieren wir uns zunächst auf die Einleitung des Gesprächs. Oft verpassen wir, was die Menschen sagen – auch ihren Namen, weil wir damit beschäftigt sind, sie einzuschätzen und darüber nachdenken, wie wir auf sie wirken und was wir sagen wollen. Das gilt nicht, wenn wir einem Hund begegnen, weshalb wir uns leichter an den Namen eines Hundes erinnern als an den seines Besitzers. Wenn man jedoch seine mentalen Ressourcen ordnet, hört man den einleitenden Sätzen und auch der nonverbalen Darstellung in vollem Umfang zu, was außerordentlich interessant ist und Hinweise auf die Unsicherheiten und Wertvorstellungen des Gesprächspartners liefert. Und Sie werden sich mit größerer Wahrscheinlichkeit auch an Namen erinnern.

Angenommen, Sie begegnen zwei Frauen nacheinander auf einer Party. Die eine Frau erzählt Ihnen auf Anhieb, dass sie eine Eliteuniversität besucht hat; die andere fängt sofort an, über ihren Mann zu reden, der sie an diesem Abend nicht begleiten konnte. Was übermitteln die beiden Frauen tatsächlich? Vielleicht im ersten Fall: »Ich bin klug, respektiere mich!«, und im zweiten Fall vielleicht: »Ich bin nicht allein auf der Welt. Es gibt jemanden, der mich liebt.«

Es ist ein wenig so wie in der Szene des Films *Annie Hall*, wo Woody Allen und Diane Keaton auf einer Dachterrasse unbeholfen miteinander reden.[103] Am unteren Bildrand laufen gleichzeitig die Untertitel und übersetzen, was die beiden in Wirklichkeit sagen. Gute Zuhörer bleiben nicht in ihren eigenen Gedanken, Unsicherheiten und oberflächlichen Urteilen stecken, sondern nehmen den Subtext dessen auf, was die Leute tatsächlich sagen, sowie subtile nonverbale Details wie die zusammengebissenen Kiefer der Eliteuniversitäts-Absolventin oder die Art und Weise, wie die Ehefrau ohne Mann unablässig ihren Ehering um den Finger dreht. Gute Zuhörer nutzen ihre überschüssige Gehirnkapazität, um diese Dinge zu bemerken, wodurch sie mehr als nur Worte aufsammeln.

Vermutlich haben Sie, als Sie in ein Gespräch vertieft waren, schon einmal die Erfahrung gemacht, dass Sie sich selbst vergessen und gar nicht gemerkt haben, wie die Zeit vergangen ist. Es gibt keinen Grund, warum nicht alle Gespräche so verlaufen können. Geistige Abstecher zu erkennen und ihnen zu widerstehen ist genau das, was Sie frei macht, in die Geschichte eines anderen einzutauchen. Eine solche Zuhörerfahrung begeistert uns nicht nur momentan, vielmehr wächst sie in unserem Inneren und formt unseren

Charakter. Auch wenn man jemanden nicht mag und hofft, ihm nie wieder zuhören zu müssen, kann diese Strategie hilfreich sein.

Vor einigen Jahren habe ich einen berühmten Dichter interviewt. Trotz seiner gefühlvollen, leicht zugänglichen Verse war er persönlich eher stachelig »Wissen Sie denn gar nichts?«, fragte er mich, als ich meinte, ich sei mit einem Schriftsteller, den er bewunderte, nicht vertraut. Die Arbeit von Nichols und anderen Kommunikationsexperten zeigt, dass in solchen Situationen die Menschen im Allgemeinen mit dem Zuhören aufhören. Sie werden begreiflicherweise von dem Gedanken in Anspruch genommen, dass der Sprechende ein Idiot ist und wie sie es ihm heimzahlen beziehungsweise von ihm loskommen können.

Im Fall des »stacheligen« Dichters musste ich meinen Job tun und war gezwungen, ihm weiter zuzuhören. So bekam ich mit, wie begierig er darauf war, quasi mit der Brechstange im Gespräch darauf hinzuweisen, welche Berühmtheiten er kannte und welche Auszeichnungen er erhalten hatte. Seine Geringschätzung mir gegenüber schien vorbeugender Natur zu sein, damit ich ihn nicht zuerst ablehne. Als er aber immer mehr von seinem Leben und seinen Interessen erzählte, bemerkte ich Melancholie und eine tiefe Unsicherheit darüber, ob er seinen Ruf überhaupt verdient hätte. Wäre ich abgelenkt gewesen und hätte noch über seine Unhöflichkeit nachgedacht, wäre mir das entgangen. Die Unterhaltung bestand darin, dass er wiederholt die Tür zu seinem Inneren einen winzigen Spalt öffnete und sie dann mit einer zweideutigen Bemerkung wieder vor mir zuschlug. Ich kann nicht gerade behaupten, dass ich ihn am Ende des Gesprächs mochte, konnte aber dennoch ein gewisses Maß an Verständnis und sogar Sympathie für ihn aufbringen.

7

Auf gegensätzliche Meinungen hören:

Warum es sich anfühlt, als würde man von einem Bären verfolgt

In Gillien Todds Kurs über Verhandlungsführung an der Harvard Law School sagt sie ihren Studenten, sie sollten immer auf ihre inneren Einstellungen achten, auf ihre Haltung, während sie zuhören. Wenn sie aber der Meinung seien, die andere Person habe ihnen nichts zu bieten und sei die Zeit nicht wert oder sie sei ein Feind, zweitklassig oder langweilig, dann würde sich, ganz gleich, wie sehr man mit dem Kopf nickt, das Gesagte nachspricht oder jemandem in die Augen schaut, alles als falsch erweisen und Verhandlungen würden scheitern. »Ihre innere Einstellung sollte von Neugier geprägt sein«, erklärt Todd ihren Studenten. Was heißt, dass sie aus Neugier Fragen stellen sollten und nicht, um etwas zu beweisen, eine Falle zu stellen, eine andere Person von ihrer Meinung abzubringen oder sie als Trottel dastehen zu lassen.

Das ist schwere Kost für ihre Studenten. Die meisten haben in ihrer akademischen Karriere Erfolg gehabt, weil sie ihren Standpunkt klar und mit Nachdruck dargestellt haben. Was passiert also, wenn sie sich öffnen, um die Meinung eines anderen aufzunehmen, und sie dadurch in ihrer eigenen Überzeugung geschwächt werden? »Meine Studenten drücken diese Angst ziemlich deutlich aus«, erzählte mir Todd zwischen zwei Kursen. »Sie haben Angst, dass sie das aus den Augen verlieren, was für sie wichtig ist, wenn sie wirklich hinhören oder auch den Standpunkt des anderen genau verstehen.«

Deshalb hören die Leute auf Menschen und Medien, die ihre eigenen Standpunkte bestätigen. Und deshalb fällt es auch so schwer, solchen Rednern nicht ins Wort zu fallen und sie zu widerlegen, bevor man sie hat ausreden lassen, ganz zu schweigen von der nonverbalen Darstellung des eigenen Widerstands, indem man die Arme verschränkt, seufzt oder die Augen verdreht. Wir können dann fast nicht anders handeln, weil es sich wie eine existentielle Bedrohung anfühlt, wenn unsere tief verwurzelten Überzeugungen oder Positionen infrage gestellt werden oder es auch nur den kleinsten Hinweis darauf gibt, dass wir falschliegen könnten.

Neurowissenschaftler am Brain and Creativity Institute der University of Southern California in Los Angeles haben Testpersonen mit festen politischen Überzeugungen untersucht; mithilfe der Magnetresonanztomografie überprüften sie deren Gehirnaktivität, als ihre politischen Überzeugungen infrage gestellt wurden.[104] Teile des Gehirns wurden aktiviert, als würden die Probanden von einem Bären gejagt. Und wenn wir in einem solchen Kampf-oder-Flucht-Modus sind oder wie erstarrt sind, ist es unglaublich schwer zuzuhören (»Sagen Sie mir doch, Herr Bär, warum jagen Sie mich?«)

Protestierende Studenten haben in den vergangenen Jahren berichtet, dass sie »unsicher« wurden, als sie gegnerische Standpunkte und Meinungen hörten.[105] Laut einer landesweiten Umfrage durch die Brookings Institution unter College- und Universitätsstudenten hielt mehr als die Hälfte, nämlich 51 Prozent, es für »akzeptabel«, einen Redner niederzubrüllen, mit dem man nicht übereinstimmt, und fast ein Fünftel, 19 Prozent, sprach sich dafür aus, einen Redner mit Gewalt daran zu hindern, eine Rede zu halten.[106]

Ähnlich lehnen Politiker es oft ab, die Vorschläge ihrer Gegner in Betracht zu ziehen, und nennen deren Meinungen »gefährlich«.[107] Heute ist es unvorstellbar, dass politische Gegner freundlich miteinander umgehen, so wie es der demokratische Sprecher des Repräsentantenhauses Tip O'Neill und der republikanische Präsident Ronald Reagan taten, die oft im Weißen Haus gemeinsam einen Drink einnahmen. Nach einem Streit zwischen den Parteien[108] meinte O'Neill zu Reagan: »Kumpel, das ist Politik – nach 18:00 Uhr können wir Freunde sein.«[109] Diese Bereitschaft, sich einzusetzen, auf die eigenen Schutzmechanismen zu verzichten und zuzuhören, ist der Grund, warum Historiker sagen, dass die beiden Kompromisse eingehen und bahnbrechende Gesetze zur Reform der sozialen Sicherheit verabschieden konnten.[110]

Senator John McCain aus Arizona war bereits in der Zeit der Reagan-Administration politisch aktiv und behielt den Geist der Überparteilichkeit während seiner gesamten Karriere bei. Ehe er 2018 an einem Hirntumor starb, mahnte er seine Kollegen, zur »regulären Ordnung« zurückzukehren, wonach die Gesetzgebung von Ausschüssen mit Mitgliedern beider Parteien geleistet wird. Er forderte seine Kongresskollegen auf, auch auf diejenigen zu hören, die auf der anderen Seite des Gangs säßen, anstatt Einparteiengesetze zu erarbeiten, die schon tot sind, ehe sie in Kraft treten, und oft nicht einmal zur Abstimmung gestellt werden. »Vielleicht mögen wir die Kompromisse nicht, die normalerweise verlangt werden, aber wir können und müssen mit ihnen leben, wenn wir echte und dauerhafte Lösungen finden wollen«, schrieb McCain in einem Leitartikel in der *Washington Post.* »Wir alle im Kongress haben die Pflicht, in dieser stark polarisierten Atmosphäre die Notwendigkeit von Kompromissen vor der amerikanischen Öffentlichkeit zu verteidigen.«[111]

Vermutlich wäre McCain enttäuscht gewesen, wenn er erfahren hätte, wie seine Kollegen sich anschließend im berüchtigten »Talking Stick«-Vorfall verhielten, einem Ereignis um einen sogenannten Redestab.[112] Während der ersten von zwei Government Shutdowns (Verhängung einer Haushaltssperre durch den US-Präsidenten) im Jahr 2018 präsentierte die Senatorin von Maine, Susan Collins, ihren Kollegen, die sich in ihrem Büro zu parteiübergreifenden Budgetverhandlungen getroffen hatten, einen mehrfarbigen, perlenbesetzten *Talking Stick*, einen Redestab, in der Hoffnung, dadurch ein Stück zivilisiertes Verhalten in das Verfahren zu bringen. Redestäbe sind Teil einer indigenen Stammestradition in Nordamerika und Afrika. Nur der Inhaber des Stabes darf sprechen, während alle anderen zuhören. Aber in Collins' Büro dauerte es nicht lange, bis ein Senator den Stab gegen einen anderen Senator warf und dabei einen gläsernen Elefanten auf dem Regal zertrümmerte.

Natürlich muss niemand warten, bis er an der Reihe ist, und niemand muss sich Ansichten anhören, die einem in den Social Media Unbehagen bereiten. Dieser Vorgang ist insofern demokratisch, als dass dort jeder unvermittelt und ungeschönt seine Meinung sagen kann. Aber es ist undemokratisch, dass die Leute selektiv nur denen zuhören, die sie in ihren Positionen bestärken, was zu engstirnigem Denken und sogenannten alternativen Fakten führt.[113] Präsident Donald Trump meinte ja bekanntlich: »Mein wichtigster Berater bin ich selbst.«[114] Als enorm produktiver Tweeter steht Trump für einen Wandel im Staatswesen: Menschen aller politischen Couleur können online ihre eigenen Realitäten erschaffen, präsentieren ihre eigenen ungeprüften Darstellungen und Verleumdungen, blockieren oder löschen dabei Inhalte und Kommentare, die ihnen nicht passen.

Die Folge davon ist, dass wir nicht mehr auf gemeinsame Informationsquellen zurückgreifen können. Jeder Mensch und auch jeder Bot kann unmittelbar Meinungen und Kritiken von sich geben. Diese Beiträge, die oft nur so detailliert sind, wie es ein 140-Zeichen-Tweet (mit Ausrufezeichen!) zulässt, werden dann ohne Rücksicht auf Quelle, Motivation oder Richtigkeit »retweetet« oder »geliked«. Der Diskurs zwischen geisterhaften Twitter-Usernamen und Facebook-Feeds ist härter geworden, als wenn sich die Menschen von Angesicht zu Angesicht gegenüberstünden. Dies führt zu zunehmend hässlichen und extremen politischen und kulturellen Debatten, die Misstrauen, Verärgerung und Angst auslösen.

Das bringt uns zurück zu dem Gefühl, als würden wir von einem Bären gejagt. Das Pew Research Center (US-Meinungsforschungsinstitut) fand heraus, dass große Teile der Bevölkerung derzeit nicht nur frustriert und wütend auf die Mitglieder der jeweils gegnerischen Partei sind, sondern auch Angst vor ihnen haben.[115] Eine Mehrheit der Demokraten, 55 Prozent, meinte, sie habe Angst vor der Regierungspartei, während 49 Prozent der Republikaner sich vor den Demokraten fürchten. Interviews des erfahrenen Politikforschers Frank Luntz mit eintausend Menschen über das Thema politischer Dialog ergaben, dass fast ein Drittel der Befragten seit der Wahl 2016 wegen politischen Meinungsverschiedenheiten nicht mehr mit einem Freund oder einem Familienmitglied spricht.[116]

Das National Institute for Civil Discourse (nationales Institut für den Diskurs der Bürger) an der University of Arizona-Tucson hat seit 2016 einen Anstieg von Anfragen zur Intervention in Situationen verzeichnet, in denen politische

Verbitterung Familienangehörige, Kirchengemeindemitglieder und Kollegen gegeneinander aufbringt. Essential Partners, eine ähnliche Organisation in Cambridge, Massachusetts, berichtet ebenfalls von einem deutlichen Anstieg von Anrufen, weil viele Menschen, die wegen ihrer widerstreitenden politischen Ansichten gespalten sind, Hilfe dabei brauchen, miteinander respektvoll zu reden.

Carolyn Lukensmeyer, Geschäftsführerin des National Institute of Civil Discourse,* erzählte mir, dass die Tätigkeit ihrer Organisation bis vor Kurzem auf die Zusammenarbeit mit staatlichen Gesetzgebern beschränkt war, die hoffnungslos voreingenommen und festgefahren geworden waren. »Aber jetzt ist die große Veränderung, die wir beobachten, eine noch stärkere Parteilichkeit, und zwar in alltäglichen Situationen – bei der Arbeit, zu Hause, in der Schule, in der Kirche –, in denen die Menschen einander diffamieren und verteufeln«, meinte sie. »Das Ausmaß an Antipathie und gegenseitiger Ausgrenzung ist extrem und zerstörerisch.«

Den inneren Alarmismus herunterzufahren und den Impuls einzudämmen, »Nein, *du bist* blöd!« zu sagen, was zu einer ideologischen Abwehrhaltung führt, ist durchaus möglich, wie Gillien Todd ihren Studenten erklärt – wenn man sich vergegenwärtigt, eine ruhige, offene und neugie-

* Das National Institute of Civil Discourse wurde 2011 nach den Schüssen auf die ehemalige Kongressabgeordnete Gabrielle Giffords aus Arizona gegründet.

rige Haltung einzunehmen und eben nicht wütend, verärgert oder verschreckt zu sein. Es ist viel nützlicher zuzuhören, um herauszufinden, wie andere Menschen zu ihren Schlussfolgerungen gekommen sind und was man von ihnen lernen kann – ganz gleich, ob es das eigene Denken verändert oder bestärkt. In dem Moment, in welchem Sie spüren, dass Sie denjenigen gegenüber mit Feindseligkeit reagieren, die nicht mit Ihnen übereinstimmen, holen Sie zunächst tief Luft und stellen ihnen eine Frage, nicht um eine fehlerhafte Logik aufzudecken, sondern um das eigene Verständnis dafür zu erweitern, warum die anderen so und nicht anders denken.

In Wahrheit werden wir in unseren Überzeugungen nur dann sicher, wenn wir zulassen, dass sie infrage gestellt werden. Selbstbewusste Menschen werden weder durch Meinungen irritiert, die von ihrer eigenen abweichen, noch spucken sie online Gift und Galle, indem sie allem widersprechen. Menschen, die ihrer selbst sicher sind, halten andere Leute nicht für hoffnungslos dumm oder bösartig, ohne zu wissen, wer diese Leute wirklich sind. Menschen sind so viel mehr als die Etiketten, die man ihnen aufgeklebt hat, und die politischen Positionen, die sie einnehmen. Und eine wirkliche Opposition entsteht nur, wenn man den Standpunkt einer anderen Person vollständig versteht und weiß, wie sie ihn entwickelt hat. Wie ist der andere dort gelandet, wo er jetzt ist? Und wie sind Sie selbst dorthin gekommen, wo Sie derzeit sind? Zuhören ist der einzige Weg, um eine fundierte Antwort zu erhalten.

Außerdem zieht Zuhören weiteres Zuhören nach sich. Ein Mensch, dem Sie zugehört haben, wird mit sehr viel größerer Wahrscheinlichkeit auch Ihnen zuhören.

* * *

Uneinigkeit und deutliche Meinungsunterschiede sind unvermeidlich im Leben, gleichgültig, ob sie politische Ideologien, ethische Aspekte, Geschäftsbeziehungen oder persönliche Angelegenheiten betreffen. Wenn Sie in einen Streit verwickelt sind, rät Ihnen Ralph Nichols, der Gründer der Erforschung des Zuhörens, auch auf Anzeichen dafür zu achten, dass Sie selbst falschliegen könnten, anstatt das Argument der anderen Person gleich zu durchlöchern, geschweige denn, dass Sie sich die Ohren zuhalten oder jemanden ganz aus Ihrem Leben ausschließen. Es erfordert eine gewisse geistige Großzügigkeit, aber wenn man für die Möglichkeit offenbleibt, dass man sich irrt oder zumindest nicht ganz richtigliegt, wird man in viel größerem Umfang von dem Gespräch profitieren.

Dieser Ansatz wird durch die Wissenschaft gestützt. Denken auf einer höheren Ebene setzt die Aktivität der Amygdala herab,[117] eines paarweise vorhandenen mandelförmigen Gebildes im primitiven Teil des Gehirns, das unsere Reaktionen steuert, wenn wir eine Bedrohung wahrnehmen (der Puls wird beschleunigt, die Muskeln werden angespannt, die Pupillen erweitert). Die Amygdala ist das Organ, das uns instinktiv aufspringen lässt, wenn wir eine

Schlange sehen; sie lässt uns reflexartig ausweichen, wenn jemand etwas in unsere Richtung wirft. Aber es ist auch die Region, die uns in blinde Wut versetzt, wenn uns jemand im Straßenverkehr schneidet, oder uns unverhältnismäßig boshafte Bemerkungen twittern lässt, die jeglicher Vernunft widersprechen.

Die Forschung hat gezeigt, dass es eine proportional umgekehrte Beziehung zwischen der Aktivität der Amygdala und Aktivitäten in den anderen Gehirnregionen gibt, die für aufmerksames Zuhören zuständig sind.[118] Wenn eine dieser Gehirnregionen aktiviert ist, ist die andere gerade nicht aktiv. Die Aktivierung der Amygdala trübt das klare Urteil, lässt uns gedankenlos und irrational werden. Wenn Strafverteidiger ihre Mandanten probeweise einem aufreibenden Kreuzverhör unterziehen, trainieren sie im Wesentlichen die Amygdala ihrer Klienten, um sie herunterzufahren, sodass sie während des eigentlichen Prozesses nicht dazu verleitet werden, wirre oder widersprüchliche Antworten zu geben, die ihrer Sache schaden könnten.

Interessanterweise neigen Menschen mit einer überaktiven Amygdala eher zu Ängsten und Depressionen, wie die Forschung von Ahmad Hariri, Professor für Psychologie und Neurowissenschaft an der Duke University, ergeben hat.[119] Sein Labor untersucht die Amygdala und die unterschiedlichen Reaktionsweisen von Menschen, je nachdem wie ihre Amygdala in Zeiten von Stress aktiviert wird. Zum Beispiel neigen Kinder, die sogenannte Helikopter-Eltern haben, zu einer überaktiven Amygdala, wenn sie mit Schwierigkeiten konfrontiert sind.[120] Sie haben ein übersteigertes Gefühl der Bedrohung, wahrscheinlich weil Mama und Papa immer zu ihren Gunsten eingegriffen haben. Ebenso wichtig ist auch die Entdeckung, dass Menschen mit Autismus in der Kindheit einen Überschuss an Neuronen in ihrer Amygdala haben – was sie überreagieren lässt – und dann zu wenig Neuronen, wenn sie erwachsen sind – was sie oft zu wenig reaktiv oder antriebslos sein lässt.[121]

Hariri sagte mir, dass die Amygdala uns vor noch nicht allzu langer Zeit dabei geholfen hat, zu kämpfen oder vor existentiellen Bedrohungen wie Löwen, Tigern und Bären zu fliehen; heute aber scheinen unsere größten Sorgen gesellschaftliche Ablehnung, Isolation und Ausgrenzung zu sein. »Unser Aufstieg an die Spitze des Tierreichs hat mit unserer Geselligkeit zu tun, mit unserer Fähigkeit, voneinander zu lernen und einander zu helfen, aber gleichzeitig macht es uns anfälliger für Kränkungen und Beleidigungen«, sagte er. »Jetzt stellen andere Menschen die größte Bedrohung für unser Wohlbefinden dar, und das zeigt sich in diesen sozialen Ängsten.«

Dies erklärt, warum Menschen in lautes Schreien mit geschwollenen Adern und hervorstechenden Augen verfallen können, wenn sie anderer Meinung sind, anstatt einander zuzuhören. In diesem Augenblick interpretiert das primitive Gehirn eine Meinungsverschiedenheit so, als würde der Betreffende von seinem Stamm verlassen und bliebe allein und ungeschützt, sodass bei ihm Wut und Angst das Ruder übernehmen. Deshalb können politische Differenzen ganze

Familienfeiern ruinieren, und Freunde können sich wegen einer so unbedeutenden Sache prügeln, was beispielsweise die bessere Science-Fiction-Serie ist, *Star Wars* oder *Star Trek* (das ist in Oklahoma City wirklich passiert und führte zu einer Verhaftung wegen Angriffs und Körperverletzung)[122]. Aber das Zuhören ist eigentlich genau das, was uns als Spezies Sicherheit verleiht und uns erfolgreich macht, wenn wir es schaffen, unsere durch die Amygdala aktivierte Verteidigungshaltung zu überwinden.

Laut Carl Rogers, dem Psychologen, der den Begriff »aktives Zuhören« geprägt hat, besteht der einzige Weg, als Individuen zu wachsen, darin, gegensätzlichen Standpunkten zuzuhören: »Während ich es also weiterhin hasse, mein Denken neu anzupassen, und es weiterhin hasse, alte Formen des Wahrnehmens und der Begriffsbildung aufzugeben, so erkenne ich doch auf einer tieferen Ebene in beträchtlichem Umfang, dass diese schmerzlichen Neuorganisationen das sind, was man *Lernen* nennt.«[123]

Es ist sicher nicht einfach, zuzuhören und dabei unterschiedliche Meinungen zu berücksichtigen. Nicht für Politiker, die oft gewählt werden, weil sie versprechen, standhaft bei ihren Ansichten zu bleiben. Nicht für Menschen in den Medien, deren Publikum eine Bestätigung ihrer eigenen Überzeugungen hören will. Und auch nicht für uns ganz allgemein, denn die Menschen beschränken ihre sozialen Kontakte zunehmend auf diejenigen, die mit ihren politischen Ansichten und Ideologien übereinstimmen.

In der heutigen Welt wird es fast schon als Verrat angesehen, wenn man sich mit jemandem verbündet, der entgegengesetzte Ansichten vertritt. Eine Landschaftsarchitektin, die politisch links steht, hat mir gesagt, dass sie nie mehr mit einem Freund aus der Kindheit sprechen würde, wenn sie auf Facebook sehen würde, dass er an einer Kundgebung mit Trump teilgenommen hat. »Das kann er nicht zurücknehmen«, sagte sie. »Es gibt keine Erklärung dafür, die das wiedergutmachen könnte.« Ebenso hat mir ein Firmenpilot gesagt, dass er nicht mit Kopiloten fliegen würde, die Anhänger von Politikern der extremen Linken wie Bernie Sanders oder Alexandria Ocasio-Cortez sind. »Das zeigt, dass sie ein schlechtes Urteilsvermögen haben und ihnen grundlegende analytische Fähigkeiten fehlen«, meinte er.

Der englische Dichter der Romantik John Keats schrieb 1817 an seine Brüder, dass man, um ein vollendeter Mensch zu sein, ein »negatives Können« haben müsse: dass ein Mensch »in Ungewissheit, Geheimnissen und Zweifeln verweilen kann, ohne höchst erregt nach Grund und Ursache zu bohren«.[124] Gute Zuhörer haben dieses negative Können. Sie sind in der Lage, mit widersprüchlichen Ideen und Grauzonen umzugehen. Gute Zuhörer wissen, dass eine Geschichte in der Regel mehr Facetten hat, als es zunächst den Anschein hat; sie sind nicht so versessen auf eine stimmige Argumentation und schnelle Antworten, was vielleicht das Gegenteil von Engstirnigkeit ist. Negatives Können ist auch die Quelle der Kreativität, weil sie zu neuen Denkweisen in Hinblick auf viele Dinge führt.

In der psychologischen Literatur wird das negative Können als *kognitive Komplexität* bezeichnet, was laut Forschung positiv mit Selbstmitgefühl, negativ aber mit Dogmatismus verbunden ist.[125] Weil sie in der Lage sind, ohne Angst zuzuhören, und offen dafür sind, auf alle Seiten zu hören, sind Menschen, die über mehr kognitive Komplexität verfügen, besser in der Lage, Informationen zu speichern, abzurufen, zu organisieren und zu generieren, was ihnen wiederum mehr Möglichkeiten gibt, Assoziationen herzustellen und neue Ideen zu entwickeln. Es ermöglicht ihnen auch, bessere Urteile und fundiertere Entscheidungen zu fällen.[126]

Apple-Mitbegründer Steve Jobs stellte bekanntermaßen Leute ein, die keine Angst hatten, seine Ideen so klar zurückzuweisen, wie er es selber – und oft auch brutal – mit den ihren tat. Apple-Mitarbeiter vergaben sogar alljährlich eine Auszeichnung an denjenigen, der sich Steve Jobs am wirksamsten entgegenstellte.[127] Jobs wusste davon und fand es wunderbar. Es hatte den Anschein, als ob er auf der Suche nach Leuten gewesen wäre, die ihn zwingen würden zuzuhören, auch wenn es eher seiner Natur entsprach, rücksichtslos über sie hinwegzugehen. In einem Fall hat sich angeblich ein Angestellter mit Jobs gestritten, gab aber schließlich, erschöpft vom Kampf, nach, obwohl er davon überzeugt war, dass Jobs' Argumentation falsch war. Als sich herausstellte, dass der Mitarbeiter tatsächlich recht hatte, schimpfte Jobs mit ihm.[128] »Es war dein Job, mich davon zu überzeugen, dass ich mich geirrt habe«, sagte er. »Und du hast versagt!«

Im Gegensatz dazu hat Apples ehemaliger Chefdesigner Jony Ive, der die Entwicklung der wichtigsten Produkte von Apple leitete, einschließlich iMac, iPhone, iPod und iPad, geäußert, die wichtigste Rolle eines Managers sei es, »den Stillen eine Stimme zu geben«. Während Jobs und Ive unterschiedliche Ansätze beim Zuhören hatten – und vielleicht auch unterschiedliche Toleranzen und entsprechende Fähigkeiten –, schienen beide dennoch dessen Bedeutung zu verstehen. Zuhören ist der Motor für Einfallsreichtum. Es ist schwer, Wünsche zu verstehen und Probleme zu erkennen, geschweige denn elegante Lösungen zu entwickeln, wenn man nicht zuhört.

Zuhören bedeutet nicht und impliziert auch nicht, dass man jemandem zustimmt. Es bedeutet lediglich, dass man die Legitimität des Standpunkts seines Gegenübers akzeptiert und womöglich etwas daraus lernen kann. Es bedeutet auch, die Möglichkeit ins Auge zu fassen, dass es mehrere Wahrheiten geben kann, und zu begreifen, dass sie alle zusammen zu einer umfassenderen Wahrheit führen können. Gute Zuhörer wissen, dass Verstehen mehr beinhaltet als bloßes Verstehen beziehungsweise Nichtverstehen. Denn es ist ja nicht so, dass man etwas versteht oder nicht versteht. Unser Verständnis kann immer weiter verbessert werden.

8

Konzentration auf das Wesentliche:

Zuhören in Zeiten von Big Data

Die jährliche Konferenz der Qualitative Research Consultants Association (QRCA), einer weltweiten Vereinigung von Meinungs- und Marktforschern, die in einem Resort inmitten von Yukkapalmen und Kakteen auf einem rostfarbenen Hügel in Tempe, Arizona, abgehalten wurde, war ein einziger Missklang. Denn für eine Versammlung professioneller Zuhörer ging es dort überraschend laut und hektisch zu. Die Teilnehmer huschten zwischen den Veranstaltungen in den indianisch ausgestatteten Besprechungsräumen des Konferenzzentrums hin und her und hinterließen im Flor des Teppichbodens ihre wirren, sich überkreuzenden Spuren. Laut Konferenzbroschüre, die sich in meiner Tasche mit den Veranstaltungsunterlagen befand, waren wir hier, um »uns darauf zu konzentrieren, die Kunst und Wissenschaft zu erlernen, wie man Einsichten gewinnt und miteinander teilt«. Es würde außerdem bei Sonnenaufgang Yoga und am Nachmittag eine Bar geben, an der man sich Eisbecher bestellen kann.

Meinungsforscher werden von Firmen, Regierungsbehörden und politischen Kandidaten angeheuert, um für sie zuzuhören. Wenn diese Kunden wissen wollen, was die Leute über ihre Produkte, Plattformen, Logos oder Werbekampagnen denken, rufen sie nach einem »Berater«. Der Goldstandard für die Durchführung von qualitativer Meinungs- beziehungsweise Marktforschung bestand jahrzehntelang darin, sich mit vielen Fokusgruppen zu beschäftigen, doch auf der Konferenz in Arizona wurde deutlich, dass der Trend heute in Richtung schnellerer und preisgünstigerer Ansätze geht, die eher technologiebasiert sind, und weniger dahin, Menschen einzuladen, die um einen Tisch sitzen und einander ihre Ansichten mitteilen.

Der Ausstellungsraum der Konferenz war voll mit Anbietern, die ihre Produkte verkaufen wollten; sie versprachen, Meinungen, Motivationen, Überzeugungen und Wünsche der Menschen offenzulegen, ohne dass man diesen Menschen eigens zuhören müsste. Ein Stand bot Geräte an, eine Art Google-Glass-Miniaturcomputer, die am Kopf zu tragen sind: biometrische Geräte, die Symptome körperlicher Erregung wie Pupillenerweiterung, Körpertemperatur, Blutdruck und Herzfrequenz aufzeichnen. Es gab auch ein Computerprogramm, bei dem Benutzer Bilder über die Drag-and-Drop-Funktion verschieben konnten, um auszudrücken, wie sie über ein Produkt oder eine Dienstleistung dachten. Kätzchen bedeutet: gut. Schlange heißt: schlecht.

In einer der Arbeitsgruppensitzungen der Konferenz hielt eine Angehörige der Millennials mit Nasenring [Generation, deren Angehörige zwischen den frühen 1980er- und den späten 1990er-Jahren geboren wurden, Anm. d. Ü.] eine Präsentation darüber, wie Apps, zum Beispiel Tinder, Snapchat und Couchsurfing, für die qualitative Marktforschung eingesetzt werden können. Sie zeigte uns, wie man soziale Medien nutzt, um verschiedenste Themen abzuhandeln und dabei Fragen zum Beispiel zu Damenhygieneprodukten oder Tiefkühlmahlzeiten zu beantworten. Im Rahmen ihrer PowerPoint-Präsentation hat sie uns auch ihr eigenes Tinder-Profil gezeigt. Wie es für Tinder typisch ist, war ihr Profilbild eine nachbearbeitete Version der Realität. Und sie saß rittlings auf einem Motorrad. Eine Frau im Publikum mit Lesebrille und bequemen Schuhen fragte, wie wahrscheinlich es wäre, dass irgendjemand das Bild nach rechts wischen und damit positiv bewerten würde, wenn das Profilbild von einer älteren Person stammte, die so alt wie sie sei, die Fragerin. Eine Stimme hinter mir murmelte, dass es viele »Kröten« auf Tinder gebe, die alles nach rechts wischen würden.

In dem Augenblick dachte ich, dass sich Robert Merton, der Gründer der Methode der Fokusgruppen, im Grab umdrehen würde. Merton, Soziologe an der Columbia University, wurde in den 1940er-Jahren vom US-Kriegsministerium angestellt[129], um über Propaganda zu forschen; vor allem sollte er herausfinden, welche Anti-Nazi-Botschaften bei den Amerikanern am besten ankämen.[130] Dazu benutzte er das sogenannte Fokus- (oder Fokusgruppen-) Interview, wobei er eine kleine Gruppe um sich scharte, ihnen bestimmte, tiefergehende Fragen stellte und die Antworten festhielt.[131] Dieses Vorgehen erwies sich als weitaus effektiver als der frühere Ansatz, bei dem größere Gruppen zusammengerufen wurden und grüne (mag ich) und rote (mag ich nicht) Knöpfe beim Beantworten von allgemeineren Fragen drücken sollten.

Während man beispielsweise annahm, es würde die Menschen für den Krieg begeistern, wenn man ihnen die Nazis als blutrünstige Wilde präsentiert, war tatsächlich das Gegenteil der Fall. Die Menschen drückten den roten Knopf. Durch seine fokussierten Interviews konnte Merton herausfinden, warum das so war: weil die Leute Angst hatten, die amerikanischen Soldaten könnten von den Nazis abgeschlachtet werden. Und er fand auch heraus, was die Öffentlichkeit wirklich aufrütteln würde: Botschaften, die amerikanische Werte wie Ehre, Demokratie und Vernunft betonten.

Es dauerte nicht lange, bis amerikanische Firmen und Werbetreibende Wind von Mertons Magie bekamen.* Eines der frühesten Beispiele, wie Fokusgruppen ein Produkt gestalteten, sind die Betty-Crocker-Backmischungen, die ursprünglich Eipulver enthielten. Man musste nur noch Wasser dazugeben. Aber diese Backmischungen haben sich bei

* Spaßfaktor: Merton war witzigerweise tatsächlich Magier, ehe er Universitätsprofessor wurde.

den amerikanischen Hausfrauen nicht durchgesetzt. Eine Fokusgruppe fand in den 1950er-Jahren den Grund dafür heraus: Die Frauen sagten, sie hätten ein schlechtes Gewissen, weil die Backmischungen das Backen zu leicht machen würden.

Also veränderte General Mills, zu denen die Marke Betty Crocker gehörte, die Rezeptur der Backmischungen, ließ die Eier fort und gab auf diese Weise den Backenden eine wichtigere Rolle beim Backen. Weil man nun ein paar Eier aufschlagen sowie auch Wasser hinzufügen musste, gab das der Sache einen Anstrich ehrlicher Anstrengung. Es schadete auch nicht, dass die frischen Eier den Kuchen lockerer machten, aber dennoch war es notwendig, den Verbrauchern in einer Fokusgruppe zuzuhören, um diese Änderung zustande zu bringen.[132]

In kürzester Zeit haben derartige Fokusgruppen Aussehen, Gestalt und Inhalt vieler Produkte bestimmt, die den Weg in die Ladenregale gefunden haben. Noch immer haben sie einen enormen Einfluss auf die Produktentwicklung, und auch darauf, wie Dienstleistungen abgewickelt werden und welche Fernsehshows und Filme wir zu sehen bekommen. Politische Kandidaten benutzen Fokusgruppen, um zu entscheiden, welche Themen sie in ihre Wahlkampagne aufnehmen und wie sie ihr Haar am besten scheiteln.

Doch heute werden Entscheidungen immer mehr aufgrund großer Datenmengen gefällt. Der Trend geht seit Längerem weg von qualitativen Meinungsforschungsmethoden wie den Fokusgruppen und stattdessen hin zu quantitativen

Ansätzen, etwa Online-Analysen, Monitoring von sozialen Medien und Telekom-Tracking, dem Rückverfolgen des Telekommunikationsverhaltens. Dies ist zum Teil auf die Explosion verfügbarer Online- und Konsumentendaten aus öffentlichen wie privaten Quellen zurückzuführen. Aber es geschieht auch deshalb, weil Fokusgruppen teuer sind: Sie kosten meist zwischen 5000 und 9000 Dollar pro Gruppe. Außerdem wird es immer schwerer, sogenannte jungfräuliche Fokusgruppen-Teilnehmer zu finden. Fokusgruppen sind so allgegenwärtig geworden, dass es Menschen gibt, die aus dem Verkünden ihrer Meinung einen Nebenjob gemacht haben und für zwei Stunden 50 bis 100 Dollar erhalten (plus kostenlose Müsliriegel und Schoko-Erdnüsse).

Ein Screening-Prozess soll verhindern, dass jemand innerhalb von sechs Monaten an mehr als einer Fokusgruppe teilnimmt. Doch die Menschen lügen.[133] »Wenn sie dich so etwas Abgefahrenes fragen wie zum Beispiel ›Hast du im letzten Jahr ein Laufband gekauft?‹, dann sag Ja; sie würden nicht fragen, wenn das nicht die Antwort wäre, die sie haben wollen«, schrieb ein erfahrener Teilnehmer der Fokusgruppe in einem Online-Ratgeber. Sein persönlicher Rekord waren vier Fokusgruppen in einer Woche.

Und doch, so fehlerhaft Fokusgruppen auch sind: Führungskräfte aus dem Marketing und der Werbung haben mir gesagt, selbst einem »Fokus-Groupie« zuzuhören könne oft aufschlussreicher sein als eine Tabelle mit Zahlen. Ironischerweise setzen selbst Technologieunternehmen, die Daten verkaufen, Fokusgruppen ein, um herauszufinden, wie sie ihre Kunden besser bedienen können. Wie eine Marketingleiterin bei einem Finanzdienstleister in Boston es ausdrückte: »Der große Vorteil von Fokusgruppen ist, dass man tatsächliche Antworten hört, anstatt nur angekreuzte Kästchen oder einen nicht erläuterten Klick auf einen Link zu sehen.«

Ich habe bei mehreren Fokusgruppen mitgemacht, und es war faszinierend zu sehen, wie schnell die Teilnehmer vergaßen, dass sie von Menschen hinter einem Einwegspiegel beobachtet wurden. Sie überprüften ihre Zähne, ordneten ihre Haare und zogen Grimassen, während sie überlegten. Es war ihnen gleichgültig, dass ich und mindestens ein halbes Dutzend anderer Leute aus Werbung und Marketing sie beobachteten und zugegebenermaßen versuchten, nicht zu lachen.

Noch wichtiger war, dass die Teilnehmer so unbefangen waren, als sie Themen diskutierten, die von öffentlichen Dienstleistungen bis hin zu Deosprays reichten. Trotz meines starken Verdachts, dass einige der Teilnehmer alte Hasen waren (wie der Typ, der eine Frau bat, doch bitte von seinem gewohnten Sitzplatz aufzustehen), ging ich nie von einer Fokusgruppe ohne das Gefühl weg, dass ich etwas Wichtiges über den Verkauf des betreffenden Produkts oder der betreffenden Dienstleistung gelernt hatte.

Wie viel ich jedoch lernte, hing vollständig vom Moderator ab. Einige Moderatoren, die ich beobachtete, waren unglaublich schlechte Zuhörer; sie unterbrachen, machten sich zuweilen lustig, stellten Suggestivfragen oder überhaupt keine, obwohl die Teilnehmer deutlich machten, dass sie durchaus noch mehr zu sagen hätten. Ich kann mir vorstellen, dass dies die Art Moderatoren war, die die Fokusgruppen vor der Einführung von Produktflops wie New Coke, Cheetos-Lippenbalsam und Harley-Davidson-Parfüm geleitet hat. Doch andere Moderatoren waren wahre Virtuosen, was ihre Fähigkeit betraf, zuzuhören und Informationen hervorzulocken. Sie waren es, die die Ängstlichen aus ihrem Panzer hervorlockten und die Angeber im Zaum hielten, sodass die Anekdoten und Einsichten der Teilnehmer nur so hervorsprudelten.

Was mich zu Naomi bringt. Für den Rest der Welt ist sie Naomi Henderson. Doch in der Community der qualitativen Meinungsforscher hat ihr Vorname einen ähnlichen Klang wie der von Beyoncé, Rihanna, Cher und Madonna. Wenn sie durch die Meinungsforscher-Konferenz in Arizona rauschte, hörten die Leute mitten im Satz auf und stießen einander mit dem Ellbogen an. »Das ist Naomi«, flüsterten sie. Manche Teilnehmer gingen zu ihr hin und baten sie, die zerlesenen Exemplare ihres selbstverlegten Buchs, *Secrets of a Master Moderator* (Geheimnisse einer erfolgreichen Moderatorin), zu signieren.

Sie war damals 76 Jahre alt, leitete seit fast 50 Jahren Fokusgruppen auf der ganzen Welt und ist vermutlich noch immer die meistbegehrte Moderatorin; entweder leitet sie Fokusgruppen oder bildet andere Menschen zu Moderatoren aus. Leute aus der qualitativen Marktforschung erzählen einem, dass sie Naomis RIVA-Trainingsinstitut in Rockville,

Maryland, besucht haben – und taten das mit einer gewissen Überheblichkeit, so wie ein anderer vielleicht erzählt, er habe in Harvard oder Yale studiert.

Groß und umwerfend aussehend, mit gefärbtem rotbraunem Haar und bernsteinfarbenen Augen, moderierte Naomi die Fokusgruppen, die das Aussehen modernisierter Aunt-Jemima-Frühstücksprodukte und der American Express Centurion-Card bestimmen sollten.[134] Ihre Fragen führten zum Slogan von Kentucky Fried Chicken, »Wenn Chicken, dann richtig«, und informierten Bill Clintons Agenten darüber, dass die Wähler abgeschreckt wurden, als er bei seiner ersten Kandidatur für das Präsidentenamt seinen Südstaaten-Akzent hervorhob.

»Clinton war Rhodes-Stipendiat, besuchte eine der führenden Universitäten der USA und war der Gouverneur von Arkansas, aber die Fokusgruppe wollte von ihm erfahren, was genau davon ihn dazu brachte, so zu tun, dass er wie ein Typ vom Land klingt, auf einem Strohhalm kaut, Bier trinkt und einen Pick-up-Truck fährt«, sagte Naomi mit ihrer samtweichen, tiefen Stimme. »Die Leute in den Gruppen meinten: ›Wir brauchen niemanden, zu dem wir eine Beziehung haben können, wir würden lieber jemanden haben, zu dem wir aufschauen können.‹«

Wenn man eine gewisse Zeit mit Naomi verbringt, bemerkt man, wie leicht sie mit Menschen in Kontakt kommt. Egal, ob sie mit einem wichtigen Kunden spricht oder einem Prüfer bei Trader Joe's [US-Lebensmittelkette, im Besitz von Aldi Nord , Anm. d. Ü.]: Immer hat sie die erstaunliche Fähigkeit, ihren Bezugsrahmen so auszurichten und die Dinge so zu sehen, wie ihre Gesprächspartner es tun würden. Diese Fähigkeit entstand dadurch, dass sie sechstausend Fokusgruppen moderiert hat, darunter auch solche, die aus Prostituierten bestanden, aus Männern, die ihre Sterilisierung wieder rückgängig machen ließen, aus Hausfrauen mit Putzzwang, aus Frauen mit zwei Totgeburten, aus Steuerbetrügern und aus Leuten, die Monstertrucks fahren. Insgesamt hat sie beruflich mehr als 50 000 Menschen zugehört.

Eines ihrer größten Talente ist es, Fragen zu stellen, die den Menschen nicht ihre Geschichten verderben. Als sie zum Beispiel eine Fokusgruppe für eine Lebensmittelkette moderierte, die herausfinden wollte, was die Leute motiviert, spät in der Nacht einzukaufen, stellte sie den Teilnehmern nicht die scheinbar offensichtlichsten Fragen: »Kaufen Sie spätabends ein, weil Sie am Tag nicht dazu gekommen sind?«, »Machen Sie es deshalb, weil dann die Geschäfte weniger voll sind?«, »Kaufen Sie gern spät ein, weil dann die Geschäfte die Regale wieder auffüllen?« Alles logische Gründe, abends einzukaufen, und Naomi hätte wahrscheinlich positive Antworten erhalten, wenn sie diese Fragen gestellt hätte.

Auch fragte Naomi nicht einfach, warum sie spät in der Nacht eingekauft hätten – weil die Menschen auf die Frage nach dem Warum dazu neigen, sich defensiv zu verhalten, als ob sie sich rechtfertigen müssten, wie Naomi mir erklärte. Stattdessen machte Naomi ihre Frage zu einer Einladung: »Erzählen Sie mir vom letzten Mal, als Sie nach 23:00 Uhr im Laden waren.« Eine ruhige, bescheidene, unaufdringliche Frau, die bis dahin wenig gesagt hatte, hob ihre Hand. »Ich hatte gerade einen Joint geraucht und war auf der Suche nach einem Dreier, ich, Ben und Jerry«, sagte sie. Solche Einblicke sind der Grund dafür, warum Menschen Naomi anheuern.

Sie wurde in den 1940er-Jahren als Kind eines Schwarzen und einer Weißen in Louisiana geboren. Ihr Vater war Joseph Henry Hairston, der erste afroamerikanische Helikopterpilot der US-Army.[135] Wegen seines Militärdienstes besuchte Naomi bis zu ihrem zehnten Lebensjahr vierzehn verschiedene Grundschulen. Und danach war sie in den 1950er-Jahren eines von sieben schwarzen Kindern an einer Mittelschule in Washington, D.C. »Ich glaube, dass mich meine Kindheit auf meine Karriere vorbereitet hat«, sagte Naomi. »Ich musste lernen, leicht und schnell zu Menschen eine Beziehung aufzubauen.« Immer das neue Kind zu sein, später dann ein Kind, das Gegenstand von Protesten war, sagte sie, hätte sie gelehrt, wie man »Menschen zuhört und sie ziemlich schnell einschätzt«.

Das erzählte Naomi mir, während wir im Esszimmer ihres im Kolonialstil erbauten Hauses in Rockville saßen. Es regnete, und das Wasser, das ich ins Haus getragen hatte, wurde gleich mit einem Swiffer aufgewischt, einem weiteren Produkt, dem Naomis Moderationsfähigkeiten zur Gestalt verholfen hatten. Swiffer gehört zu einer beliebten Serie von Reinigungsprodukten nach dem Modell »Rasierer und Klingen«, wobei die Kunden den langen wischmoppartigen Stiel und dann immer wieder die dazugehörigen Einweg-Reinigungstücher dazu kaufen müssen. »Ich habe die Swiffer nicht erschaffen, war aber bei der Geburt dabei«, erklärte Naomi.

Swiffer entstand auch durch eine Fokusgruppe von sogenannten Superputzfrauen; Frauen, für die ein sauberes Haus nicht nur ein Muss war und gleich neben Gott rangierte, sondern auch ein Maßstab dafür, als gute Ehefrau und Mutter zu gelten. Als Naomi diese Frauen ermutigte, über das Thema, ihr Leben und ihre Reinigungsrituale zu reden, meinte eine Teilnehmerin, sie fühlte sich schuldig, als sie Papierhandtücher anstelle von Stofftüchern benutzte, die sie waschen und wiederverwenden konnte. Schuldig? Naomi wollte mehr darüber wissen. Die Frau erklärte, dass sie, um sich weniger als Verschwenderin zu fühlen, die »wenig benutzten« Papierhandtücher aufbewahrte – die sie verwendet hatte, um ihre Hände zu trocknen, Salat abzutupfen oder Wasser von der Anrichte abzuwischen –, am Ende des Tages auf den Boden warf und ihren Fuß dazu benutzte, den angesammelten Schmutz aufzuwischen. Die anderen Frauen in der Fokusgruppe fielen ihr ins Wort und erklärten, dass sie das ebenfalls täten. »Und das führte zu einem Papiertuch am Stock«, sagte Naomi, und damit zu Swiffer.

* * *

Naomis Mantra lautet: »Was im Leben zählt, kann nicht gezählt werden.« Sie hat nichts gegen quantitative Methoden, die sie selbst häufig bei Kunden anwendet, meist in Form von Umfragen. Aber diese Erfahrungen lehrten sie, dass man »sehr viel zuhören muss« und nicht nur Zahlen addieren, um die seltsamen Gefühle, Gewohnheiten und Motive der Menschen zu verstehen. Eine Umfrage oder Befragung hätte nicht vorhersehen können, dass das Herumrutschen einiger Hausfrauen auf feuchten Papierhandtüchern, das ihr schlechtes Gewissen lindern sollte, zu einer Marke im Wert von einer halben Milliarde Dollar führen würde, die in fünfzehn Ländern verkauft wird.[136] »Wenn man genügend Menschen befragt, dann kann man eine Geschichte erzählen – zwar nicht gerade die Wahrheit, sondern eben nur eine Geschichte«, sagte Naomi. Die Macht der qualitativen Meinungsforschung – die Macht des Zuhörens – ist es, die die Zahlen erklärt und möglicherweise auch aufzeigt, wie sehr diese Zahlen danebenliegen. Die Verbindung quantitativer mit qualitativen Ansätzen bringt wohl nicht die ganze Wahrheit an den Tag, sagte Naomi, aber man erhält eine »vielfältigere« Wahrheit.

Das ist auch die Ansicht von Matthew Salganik, Soziologieprofessor an der Princeton University, der mit mehreren der interdisziplinären Forschungszentren von Princeton verbunden ist, darunter dem Center for Information Technology Policy, dem Zentrum für Informationstechnologie und Politik, und dem Center for Statistics and Machine Learning, dem Zentrum für Statistik und maschinelles Lernen. In seinem Buch *Bit by Bit: Social Research in the Digital Age* (Bit für Bit: Sozialforschung im digitalen Zeitalter) schrieb er über die Grenzen großer Datenmengen.[137] Er erklärte mir, dass, allgemein gesagt, die Schwierigkeit bei der Suche nach Antworten in Datensätzen darin besteht, dass man dabei einem Betrunkenen ähnelt, der unter einem Laternenmast nach seinen Schlüsseln sucht. Fragt man den Betrunkenen, warum er gerade dort nach seinen Schlüsseln sucht, sagt er: »Weil da das Licht ist.« Datensätze werfen Licht nur auf das, was sich im Datensatz befindet.

Das bedeutet, dass Algorithmen, die aus Datensätzen abgeleitet werden, ähnlich begrenzt sind. Schauen Sie sich Charles Darwins thematisch breitgefächerte Lektüreliste an,[138] dann können Sie sich vorstellen, dass wir vermutlich nicht sein Werk *Über den Ursprung der Arten* hätten, wenn er Kaufentscheidungen auf der Grundlage der algorithmischen Empfehlungen von Amazon getroffen hätte.[139] Neben vielen zoologischen Büchern und Titeln wie Thomas Malthus' *Population* und Adam Smiths *Theory of Moral Sentiments* las Darwin auch französische Studien über den Einfluss der Prostitution auf Moral und öffentliche Hygiene, Daniel Defoes *Robinson Crusoe*, Shakespeares Werke und Romane von Jane Austen. Er folgte den Leitlinien seiner eigenwilligen und unvorhersehbaren Interessen, die seine Kreativität förderten und seine wissenschaftlichen Ergebnisse beeinflussten. Darwin war ein Mensch, und Menschen sind nun einmal überraschend. Unsere Denkweisen und die Wege, denen wir im Leben folgen, sind schwer zu ergründen und schon gar nicht mit einer dürren, reduzierenden Formel vorherzusagen.

Das ist eine ernüchternde Lektion für Unternehmen, die das sogenannte Social-Media-Monitoring nutzen. Dies sind Algorithmen, die Daten von Websites wie Twitter, Instagram und Facebook verwalten und analysieren, um herauszufinden, wie ihre Produkte vermarktet und optimiert werden können. Salganik sagte mir, wenn man Daten aus den sozialen Medien benutzt, um etwas über menschliches Verhalten zu lernen, ist das ungefähr so wie die Beobachtung von Menschen in einem Casino, wenn man etwas über menschliches Verhalten lernen will. In beiden Fällen handelt es sich um hoch technisierte Umgebungen, die einem durchaus etwas über menschliches Verhalten verraten, allerdings über kein typisches menschliches Verhalten.

Zuhören ist das Gegenteil von algorithmischen Ansätzen. »Algorithmen streben danach, Vermutungen anzustellen, die so genau wie möglich sind«, sagte Salganik. »Sie haben nicht den Anspruch zu verstehen.« Außerdem meinte er, dass viele quantitative Analysten nicht einmal wissen wollen, um welche Daten es sich handelt. Sie wollen lediglich eine Tabellenkalkulation von Zahlen mit Daten, die beispielsweise die ersten hundert Spalten füllen, sodass sie sich eine Formel für das ausdenken können, was in Spalte 101 steht. Es ist für sie unerheblich, was oder wen die Daten darstellen; auch die realen Probleme, die die Daten lösen können, interessieren sie nicht. Aufgrund seiner Erfahrungen sagte Salganik, diese Art der blinden Annäherung funktioniere im Allgemeinen nicht sehr gut: »Ich denke, je mehr man versteht, was man gerade macht, desto besser wird das statistische Modell, das man errichtet, und wenn man wirklich die Menschen zutiefst versteht, die durch die Daten repräsentiert werden, wird dieses Modell wahrscheinlich noch besser funktionieren.« Mit anderen Worten: Auch in einer Zeit riesiger Datenmengen müssen wir zuhören, um zu verstehen.

Für Naomi ist das Schwierigste am Zuhören, dem Drang zu widerstehen, ihren eigenen Standpunkt einzubringen, anstatt nur das aufzunehmen, was die Leute zu sagen haben. Das ist ein Vorteil des rein quantitativen Ansatzes – wenn man nichts als die Zahlen kennt, beeinflussen das Ego und die eigenen Überzeugungen nur mit einer geringen Wahrscheinlichkeit die Ergebnisse. Aber wenn man jemandem von Angesicht zu Angesicht gegenübersteht, kann das durchaus passieren, etwa wenn man aufrichtig die eigene Meinung äußert oder auch indirekt, indem man Fragen in eine bestimmte Richtung stellt. Man kann die eigenen Vorurteile auch nonverbal übermitteln, etwa durch ein ermutigendes Kopfnicken oder einen missbilligenden Seufzer. »Es ist schwer, so etwas für sich zu behalten«, sagte Naomi. »Aber wenn man gut darin ist, kann man den Vorhang vor dem Leben der Menschen zurückziehen und sehen, was sich dahinter verbirgt. Und meine Güte: Ich habe dadurch wirklich Dinge über unsere Welt gelernt, die ich in einem anderen Job nie erfahren hätte.«

Naomi verfügt über das, was ich als Zuhörerverhalten bezeichne. Damit meine ich, dass sie außergewöhnlich ruhig ist und eine Miene hat, die Interesse und Akzeptanz vermittelt. Ihre Augen blicken ruhig, ihre Finger zucken nicht, und ihr Körper wirkt immer entspannt und offen. Ich habe sie stundenlang interviewt und konnte so ihre Interaktionen mit anderen Menschen beobachten, und ich habe kein einziges Mal gesehen, dass sie ihre Beine oder Arme verschränkt hat. Wenn sie mit jemandem zusammen war, dann gab es bei ihr nie den geringsten Hinweis darauf, dass sie einen vorgegebenen Zeitplan hat oder lieber woanders wäre. Mein lebhaftestes Bild von Naomi ist, wie sie dasitzt, ihre Ellbogen liegen vor ihr auf dem Tisch, die Wangen von den Händen gestützt, die Augen weit geöffnet, und sie hört einem zu wie ein begeisterter Teenager. »Das wahre Geheimnis beim Zuhören, das ich gelernt habe, ist, dass es nicht um mich geht«, sagte Naomi einmal. »Ich halte meinen Becher vor mir. Ich will, dass meine Gegenüber meinen Becher füllen und nichts in ihren eigenen Becher schütten.«

Heute ist sie in der Lage auszuwählen, deshalb hat Naomi die politische Arbeit aufgegeben, um sich ausschließlich auf Klienten zu konzentrieren, die Verbraucherprodukte verkaufen. »Die Politik kann selbst für die Marktforschung ein wenig schmierig werden«, meinte sie. »Man hört auf etwas, aber nicht auf Menschen.« Sie reist auch viel, um Mitarbeiter bei Fortune-500-Unternehmen auszubilden [Liste der 500 umsatzstärksten Firmen der Welt, erstellt vom US-Wirtschaftsmagazin *Fortune*, Anm. d. Ü.], damit sie ihre eigenen Fokusgruppen moderieren können. Interne Fokusgruppen werden immer häufiger eingesetzt, externe qualitative Marktforscher werden dagegen seltener angeheuert, was Naomi nicht unbedingt befürwortet, weil es allerhand Vorurteile schafft. »Sie neigen dazu, nicht sehr gut zuzuhören, wenn es die Idee eines Chefs ist, nach der Sie die Leute befragen«, sagte sie. »Sie stellen bestimmte Fragen und erhalten bestimmte Antworten, und dann schreiben Sie Berichte, die Ihren Chef glücklich machen.«

Informationen sind nur so nützlich wie die Art und Weise, wie sie gesammelt und interpretiert werden. Algorithmen sind nur so gut wie der Umfang und die Zuverlässigkeit der Datensätze, auf die sie angewendet werden. Damit sind auch die Ergebnisse nur so gut wie die individuelle Neutralität, Wahrnehmungsfähigkeit und das Geschick des Meinungsforschers beim Erfassen von Anekdoten und Emotionen – mit anderen Worten, wie gut dieser Meinungsforscher zuhört. Im besten Fall kann eine quantitative Forschung einen breiten Pinselstrich vermitteln, während eine gute qualitative Meinungsforschung feinere Details liefern kann. Beide Ansätze haben ihre Berechtigung und können bei gemeinsamer Anwendung äußerst aufschlussreich sein. Aber wenn es um menschliche Interaktionen und das Erahnen der unverwechselbaren Motive des Einzelnen geht, um seine Neigungen und Potenziale, ist das Zuhören bisher mit Abstand das beste und genaueste Werkzeug.

9

Improvisieren:

Warum Humor wichtig ist für das Zuhören

2012 gab Google eine Studie in Auftrag, die herausfinden sollte, was ein gutes Team ausmacht.[140] Die meisten Projekte von Google werden von Teams erledigt, und die Firma wollte nun herausbekommen, warum einige Gruppen sich gut verstanden und ihre Aufgaben erledigten, während andere Gruppen Feindseligkeiten und kleinliche Ressentiments entwickelten, die zu Streitigkeiten und Verleumdungen führten oder zu passiv-aggressiver Dysfunktion. Was war die besondere Chemie von Persönlichkeiten, Prozessen und Plänen, welche die Menschen gut zusammenarbeiten ließ?

Eine Task Force (Deckname: Projekt Aristoteles) aus Statistikern, Organisationspsychologen, Soziologen und Ingenieuren untersuchte 180 Google-Teams. Sie erforschten die Persönlichkeitsmerkmale und den jeweiligen Hintergrund der Teammitglieder, ihre Hobbys und täglichen Gewohnheiten, fanden aber keine Muster, die den Erfolg oder Misserfolg einer Gruppe vorherbestimmten. Wie die Teams strukturiert waren, wie sie ihren Fortschritt bemaßen und wie oft sie sich trafen, wurde ebenfalls erfasst.

Nach drei Jahren der Datenerhebung kamen die Forscher schließlich zu einigen Schlussfolgerungen darüber, was zu effektiven Teams, die zusammenhielten, geführt hatte. Sie fanden heraus, dass in den produktivsten Teams die Mitglieder etwa im gleichen Maße sprachen, was man als »equality in conversational turntaking« bezeichnet, zu übersetzen etwa als »Gleichheit hinsichtlich der Gesprächsbeteiligung«.[141] Die besten Teams hatten auch eine höhere durchschnittliche »soziale Sensibilität«; es bedeutet, dass sie gegenseitig gut und intuitiv ihre Gefühle erfassen konnten, was auf Faktoren wie Stimmlage, Gesichtsausdruck und anderen nonverbalen Parametern beruht.

Mit anderen Worten: Google hat herausgefunden, dass erfolgreiche Teams einander zugehört haben. Die Mitglieder wechselten sich ab, hörten sich gegenseitig an und achteten auch auf nonverbale Hinweise, um unausgesprochene Gedanken und Gefühle aufzugreifen. Dies führte zu Reaktionen, die überlegter und punktgenauer waren. Es schuf zudem eine Atmosphäre der sogenannten psychologischen Sicherheit, bei der Menschen eher Informationen und Ideen austauschen, ohne Angst zu haben, dass man sie übergeht oder abweist.

Während dies für Google eine Offenbarung war, hat unser Freund Ralph Nichols, der Vater der Erforschung des

Zuhörens, das schon in den 1950er-Jahren vorgebracht. Der einzige Unterschied: Nichols meinte damals, Zuhören würde einen im Job besser machen. In der heutigen Wirtschaft *ist* Zuhören wahrscheinlich der Job. Fast das gesamte Beschäftigungswachstum war seit 1980 in Berufen mit höherer sozialer Interaktion zu verzeichnen, während Stellen, die überwiegend analytische Aspekte und mathematisches Denken erfordern – was sich in Algorithmen umsetzen lässt –, verschwunden sind.[142]

Nur wenige Produkte oder Dienstleistungen werden heute von Anfang bis Ende durch eine einzige Person hergestellt beziehungsweise ausgeführt. Google ist hier keine Ausnahme. Die meisten Unternehmen verlassen sich auf Teams von Mitarbeitern, die die Dinge erledigen. Eine Studie, die im *Harvard Business Review* veröffentlicht wurde, ergab, dass in den letzten zwei Jahrzehnten »die Zeit, die Führungskräfte und Mitarbeiter mit gemeinschaftlichen Aktivitäten verbracht haben, um 50 Prozent oder mehr gestiegen ist«.[143] In vielen Unternehmen verbringen die Mitarbeiter durchaus bis zu 80 Prozent ihres Tages mit der Kommunikation mit anderen.

Aber die Bedeutung des Zuhörens zu erkennen und dann die Mitarbeiter dazu zu bekommen, dass sie tatsächlich zuhören, sind zwei sehr unterschiedliche Dinge. Einige Arbeitgeber haben in ihren Mitarbeiterhandbüchern Abschnitte über »aktives Zuhören« hinzugefügt, aber, wie bereits erwähnt, ist dieses Konzept meist vage oder ungenau definiert. Arbeitgeber ziehen manchmal auch Karriere-Coaches und Wirtschaftspsychologen hinzu, die den Mitarbeitern helfen sollen, besser zuzuhören. Doch die Mitarbeiter neigen dazu, sich dem zu widersetzen, und lehnen jede Unterstellung ab, dass sie »Probleme« haben könnten. Was uns zu einem der interessantesten und effektivsten Wege führt, die Zuhörfähigkeiten der Mitarbeiter zu verbessern: gemeint ist das Improvisationstheater. Viele große Unternehmen, darunter Google, Cisco, American Express, Ford, Procter & Gamble, Deloitte und DuPont, haben diese Methode erprobt.[144]

Um mehr darüber zu erfahren, ging ich nach Second City, dem Mekka des Improvisationstheaters in Chicago, wo Tina Fey, Stephen Colbert, Steve Carell, Amy Poehler und viele andere berühmte Komiker und Comedy-Autoren angefangen haben. Ich traf dort den künstlerischen Leiter Matt Hovde, der nicht nur bei den Comedy-Shows in Second City Regie führt, sondern auch das Improvisationstheater-Trainingsprogramm betreut. Er nahm sich einen Kaffee und sah ein wenig müde aus, nachdem in der vergangenen Woche 350 Leute bei ihm vorgesprochen hatten, für ganze sechs Stellen, die im Ensemble frei waren. Er kniff sich in den Nasenrücken, als er mir sagte, dass viele Möchtegern-Komiker nicht so lustig seien, wie sie selbst denken.

Aber Hovde wurde wieder wacher, als wir über das Zuhören sprachen. Es ist eine Fähigkeit, die er für wesentlich bei seiner Kunst hält. »Improvisationsschauspieler wissen nicht, was als Nächstes in einer Szene passieren wird«, sagte er. »Wir trainieren uns darauf, sehr sensibel auf das

Geschehen auf der Bühne zu reagieren, auf das zu hören, was unsere Szenenpartner sagen und was sie meinen, denn wenn wir solche Dinge übersehen, werden die Szenen weniger sinnvoll und daher auch einem Publikum weniger magisch oder lustig vorkommen.«

In einem typischen Anfänger-Improvisationskurs verpassen laut Hovde die Leute immer wieder die Hinweise ihrer Szenenpartner, weil sie von falschen Annahmen darüber ausgehen, wohin die Szene sich entwickeln würde; sie übergingen ihre Partner, trieben sie an oder waren darauf aus, das letzte Wort zu haben. »In vielen Kunstformen geht man davon aus, dass der Künstler egoistisch oder selbstzentriert sein muss, aber in der Improvisation ist es genau umgekehrt«, sagte Hovde. »Wir konzentrieren uns bei der Improvisation sehr darauf, unsere Szenenpartner zu unterstützen und sie in einem vorteilhaften Licht darzustellen, und das Zuhören ist eine grundlegende Fähigkeit, um das zu erreichen.«

Wenn er eine Klasse unterrichtet, streckt Hovde seinen Arm vor seinen Studenten aus und fragt sie: »Wenn eine Geschichte, die euch jemand erzählt, an der Schulter beginnt und an den Fingerspitzen endet – ab wann hören wir dann nicht mehr zu?« Die meisten sagen, sie würden beim Ellbogen aufhören und dann darüber nachdenken, was der andere sagen will. Um sie genau davon abzuhalten, macht Hovde mit seinen Studenten ein Spiel, bei dem die Gruppe eine Geschichte erzählt. Er gibt ihnen einen Titel vor, und wenn er auf jemanden zeigt, muss diese Person den Erzähler der Geschichte geben und sie weiterspinnen. Hovde kann jederzeit den Sprecher wechseln, auch wenn jemand mitten im Satz ist. Die folgende Person muss aufmerksam zugehört haben, um den Faden aufnehmen zu können. So ist es keine Überraschung, dass es immer wieder viele höchst erstaunte Blicke gibt, wenn die Teilnehmer unvermittelt an die Reihe kommen.

»Es ist wirklich schwer für die Leute, das gut zu machen, weil sie natürlich kontrollieren wollen, wohin die Geschichte geht, und sie füllen bereits die Lücken im Hinblick darauf aus, worum es in der Geschichte gehen soll«, meinte Hovde. »Zuerst erstarren die Leute ein wenig, weil sie ihr Gehirn zurückspulen und das loslassen müssen, was ihrer Meinung nach passieren sollte, um stattdessen da anzuschließen, wo die letzte Person aufgehört hat. Sie müssen die Kontrolle abgeben und sich wirklich auf den jetzigen Moment einlassen.«

Damit ich besser verstünde, wovon er sprach, empfahl er mir, an einem Kurs teilzunehmen und nicht nur zu beobachten. Das tat ich, zusammen mit einem Dutzend anderer, von denen viele sagten, sie seien wegen ihrer »beruflichen Fortbildung« hier – das heißt, ihr Arbeitgeber hatte ihnen gesagt, sie müssten daran arbeiten, ein Teamplayer zu werden. Unsere Kursleiterin war Stephanie Anderson, eine erfahrene Improvisationsschauspielerin, die schlagfertig sein konnte, ohne sarkastisch oder unfreundlich zu sein. Sie nahm uns erfolgreich selbst dann die Befangenheit, als sie uns bat, Dinge zu tun, die außerhalb unserer Wohlfühlzone lagen.

Wie Hovde ließ Anderson uns die Übung machen, bei der die Gruppe eine Geschichte erzählt. Aber in unserer Klasse trat eher das Problem auf, dass die Menschen die Aufmerksamkeit auf sich lenken wollten, als dass sie den Faden der Erzählung verloren hätten. Einige meiner Kurskollegen sagten Dinge, die so albern, absurd oder aus dem Nichts hergeholt waren, dass die nächste Person es wirklich schwer hatte, daraus etwas Logisches zu entwickeln. Sie suchten billiges, schnelles Gelächter auf Kosten eines größeren und lustigeren späteren Ergebnisses, das auf dem Beitrag jedes Einzelnen aufbaute. Es war wie dieser schlimme Augenblick während eines Arbeitstreffens oder einer Dinnerparty, wenn jemand etwas so Seltsames, aus dem Zusammenhang Gerissenes oder Unangebrachtes erzählt, dass alle anderen verlegen lachen und unruhig auf ihren Stühlen herumrutschen.

Zwei weitere intensive Zuhörübungen, die Anderson uns machen ließ, waren das Sprechen mit einer Stimme und das Spiegeln. Bei der ersten Übung verbündet man sich mit einer anderen Person und versucht, so zu sprechen, als wäre man zusammen ein einziges Wesen. Man setzt sich auf Stühlen gegenüber, eine Person fängt an zu sprechen, und man versucht, alles, was der Partner sagt, so simultan wie möglich mitzusprechen. Dann wird getauscht. Das Spiegeln ist ähnlich, nur muss man sich dem Gesichtsausdruck des anderen und seinen Körperbewegungen anpassen. Hierbei ist entscheidend, während der gesamten Übung den Augenkontakt beizubehalten, weil man nur mit den Augen signalisieren kann, dass man die Führungsrolle abgibt. Die Absicht ist natürlich, die Menschen dazu zu bringen, sich aufeinander zu konzentrieren, und so aufmerksam zuzuhören, dass sie sich mental und physisch synchronisieren. Die Konzentration aufrechtzuerhalten ist für die, die führt, ebenso wichtig wie für den, der folgt, weil die Führende das Gespür dafür haben muss, dass sie es vermeiden sollte, etwas zu tun oder zu sagen, was dem Gegenüber Unbehagen bereitet.

Doch wieder gab es in dem Kurs einige, die die Aufmerksamkeit auf sich ziehen wollten. Während der Spiegelübung beobachtete ich zum Beispiel eine Frau – nennen wir sie Frau Yoga-Poserin –, die ihren Fuß in die Hand nahm und ihn langsam über ihren Kopf hob. Ihr weniger beweglicher Partner verzog das Gesicht und versuchte mit großer Mühe, ihre Bewegungen nachzuahmen. Dabei lächelte Frau Yoga-Poserin die ganze Zeit strahlend und gab ihrem Partner mit dem Kopf Zeichen, dass er, obwohl er sich so abquälen musste, immer weiter seinen Fuß hochheben solle.

»Zuhören ist eine lange Lernkurve«, sagte Anderson mir nach dem Unterricht. Sie sagte, es sei einer der schwierigsten Teile des Improvisationsunterrichts und ein häufiges Diskussionsthema in Mitarbeiterversammlungen, wenn sie und andere Ausbilder Wege suchen, um Menschen aufmerksamer für und bewusster über ihre Wirkung auf andere zu machen. »Ich betrachte Improvisation gern als Medizin«, sagte Anderson. »Anstatt zu denken: ›Dieser Mensch ist ein Idiot und nur auf sich selbst bezogen‹, denke ich: ›Oh, Mann, dieser Mensch hat wirklich Mühe, wahrgenommen zu werden.‹« Nach ihrer Erfahrung beruht alles auf Unsicherheit. »Sie haben Angst, dass sie nicht gut genug sind«, sagte sie. »Also wenden sie jede nur mögliche Taktik an, von der sie annehmen, dass sie für sie funktioniert.« Die häufigsten Taktiken sind: sich zur Schau zu stellen, sich in eine Ecke zurückzuziehen oder manchmal sogar feindselig zu werden, wenn andere sie nicht lustig finden. »Was ist los mit euch? Kapiert ihr es nicht?«

Anderson hat diesen besonderen Einblick, weil sie früher als Krankenschwesternhelferin in einer psychiatrischen Abteilung für Jugendliche gearbeitet hat. Zunächst hatte sie Improvisationsklassen zur Stressbewältigung belegt, erkannte aber bald, dass sie auch deshalb so viel Stress dabei hatte, weil sie ein mehr reaktives als aktives Zuhörverhalten an den Tag gelegt hatte. »Bei der Arbeit kam ich mir vor, als wäre ich ein Felsbrocken an irgendeinem Ufer, und aufgepeitschtes Wasser stürzte auf mich herab«, meinte sie. »Ich sah den Ärger immer erst dann, wenn er losging, weil ich nicht präsent war. Ich habe immerzu schon an den nächsten Schritt gedacht.«

Doch durch das Improvisationstraining, sagte sie, wurde sie sich der Anzeichen eines bevorstehenden Ausbruchs oder einer Aggression bewusster, und sie wurde sensibler, sodass sie rechtzeitig eingreifen konnte, ehe ein Patient ausrastete oder ein Mitarbeiter zu sehr überfordert wurde. »Es ist schon erstaunlich, wenn man erkennt, dass man in seinem Umfeld den Ton angeben kann«, sagte Anderson. »Die Menschen erkennen nicht, dass sie Macht haben, wenn sie lernen zuzuhören.«

Sie wurde zur Bildungskoordinatorin der Station befördert und begann, Improvisation in Klassen zu unterrichten, die aus Patienten und Mitarbeitern bestanden, was das gesamte Klima in der Abteilung veränderte. »Es machte einen autoritären Krankenpfleger menschlicher, der vor allem dafür bekannt war, dass er alle anschrie, weil die Jugendlichen sehen konnten, dass auch er sich ängstlich bemühte, präsent zu sein und schnell zu reagieren«, erklärte Anderson. »Ich denke, es hat den Patienten geholfen, in der Gruppentherapie über ihre Gefühle zu sprechen, weil jeder bereits in den Improvisationsübungen ein gewisses Risiko eingegangen war, aufeinander zu hören und aufeinander zu reagieren.« Interessanterweise hat auch jemand anderer, der sich um psychische Gesundheit kümmerte, nämlich der berühmte Psychotherapeut C. G. Jung, zu Beginn seiner Karriere mit Patienten, die nicht sprechen wollten, eine Art therapeutische Improvisation durchgeführt.[145] Er spiegelte ihre Gesten und Bewegungen wider, bis sie sich »von ihm gehört« fühlten, und dann fingen sie an zu reden.

Jetzt in Second City leitet Anderson sowohl Kurse für Fachleute in der Hoffnung, auch deren Arbeitsleistung zu verbessern, als auch Kurse für Menschen mit sozialen Ängsten oder mit Asperger-Syndrom. Sie wurde auch engagiert, Improvisationskurse für Studenten an der Booth School of Business der University of Chicago, am Chicago College of Business an der University of Illinois sowie an der Feinberg School of Medicine an der Northwestern University zu geben.

Unabhängig davon, wer an dem Kurs teilnimmt (einschließlich einer Journalistin, die für ein Buch recherchiert), ist Andersons Ansatz im Grunde genommen derselbe: Menschen dazu zu bringen, einander zuzuhören und einen sinnvollen Austausch zu pflegen. Anderson liegt nicht ganz daneben, wenn sie die Improvisation als medizinisch beziehungsweise therapeutisch bezeichnet. Woche für Woche beginnen die Menschen bei den Übungen ihr Verhalten zu erkennen, das sie davon abhält, mit Menschen in engeren Kontakt zu kommen. Erinnern Sie sich an Frau Yoga-Poserin? Gegen Ende des Kurses, in dem sie versuchte, ihren Partner in eine menschliche Brezel zu verwandeln, meinte sie: »Allmählich erkenne ich, dass mein Bedürfnis zu zeigen, was ich kann, mich davon abhält herauszufinden, was andere Leute und was wir gemeinsam tun können.«

* * *

Um beim Improvisationstheater und auch in der Improvisation erfolgreich zu sein, die unser wirkliches Leben ja ist, ist das Zuhören ganz entscheidend. Den Verlauf der Geschichte kontrollieren zu wollen und das Ringen um Aufmerksamkeit sorgen für einseitige Gespräche und töten jede Zusammenarbeit. Anstatt die eigene Agenda voranzubringen, hält ein solches Verhalten einen nur zurück. Die Freude an und der Nutzen von menschlichen Interaktionen resultieren aus der Ausrichtung auf die Worte und Taten des jeweils anderen sowie aus der Bereitschaft und dem Willen, auf jeden Beitrag zu reagieren und auf ihn tiefer einzugehen. Das Ergebnis ist gegenseitiges Verständnis, sogar Wertschätzung. So lustig es auch ist, talentierten Improvisationskünstlern dabei zuzusehen, wie sie mühelos einander ergänzen, so ist es doch befriedigender, an einem guten Gespräch beteiligt zu sein, in dem Sie zuhören und dabei helfen, die Gedanken des jeweils anderen weiterzuentwickeln.

Außerdem ist Zuhören unerlässlich, wenn man Spaß haben will. Sehr viele Hinweise legen nahe, dass Humor ein starker Aktivposten beim Knüpfen und Aufrechterhalten von beruflichen wie auch persönlichen Beziehungen ist. Im Bereich der Arbeit führen erfolgreiche Bemühungen, Humor zu integrieren, dazu, dass man als kompetent und vertrauenswürdig gilt.[146] In Liebesbeziehungen ist gelungener Humor ein Maßstab für Intimität und Geborgenheit.[147] Das Schlüsselwort hier ist »gelungen«. Denn Humor, der danebengeht, hat den gegenteiligen Effekt. Ich habe in einem Improvisationskurs gelernt, dass Menschen nicht so sehr eine feste Vorstellung davon haben, was Humor ist, sondern eher Humor unterschiedlich spüren, je nachdem, wie gut sie zuhören. Ob man vor einem Publikum in einem Comedy-Club Witze erzählt oder einfach nur versucht, ein wenig Leichtigkeit in ein normales Gespräch zu bringen: Man wird keinen Spaß haben, wenn man sein Publikum nicht genau versteht.

Der Cartoon- und Humorredakteur der Zeitschrift *Esquire* und ehemaliger Cartoon-Redakteur des *New Yorker*, Bob Mankoff, sagte mir: »Dating ist das Ritual, bei dem man eine andere Person gut genug kennenlernt, um mit ihr zu lachen.« Einen Insider-Witz zu erzählen, jemanden zum Lächeln zu bringen, auch wenn diese Person wütend auf einen ist, die Freiheit, die eigene Deckung aufzugeben und albern zu sein – all das bedingt, dass man zuhört. »Man muss ihnen lange genug zuhören, um etwas von dem wiederholen zu können, was sie gesagt haben, und dann mit einer lustigen Wendung darauf zu reagieren und auch zu wissen, wo die rote Linie ist, die man besser nicht überschreitet«, sagte Mankoff, der eine Ausbildung in experimenteller Psychologie hat und Theorie des Humors an der Fordham University und am Swarthmore College unterrichtet.

Einen Witz zu machen bedeutet auch, verwundbar zu sein. Man setzt sich selbst aus, in der Hoffnung, dass der Humor geschätzt wird. Dieses Risiko gehen Sie eher ein, wenn die andere Person sich als aufmerksamer und reaktionsschneller Zuhörer erwiesen hat, wie auch umgekehrt. Tatsächlich ist der gemeinsame Humor ein wichtiger Indikator für das Gefühl der Verbundenheit.[148] Menschen, die Intimität fürchten, neigen dazu, einen eher spaltenden, herabsetzenden oder gemeinen Humor einzusetzen, der eben nicht zum Zuhören ermutigt, weil er die Menschen in Verteidigungshaltung bringt.[149]

Wenn man an die Menschen denkt, die einen dazu bringen können, laut loszulachen, sind es normalerweise die engsten Vertrauten. Und zwar deshalb, weil man sich frei genug fühlt, vor ihnen loszulassen, aber auch, weil die Dinge, die für uns die lustigsten sind, oft auch die persönlichsten sind. Es gibt wahrscheinlich Insider-Witze und vertraute Gags, die man mit einem Liebespartner oder dem besten Freund teilt, die für dieses Paar zwerchfellerschütternd komisch sind, aber andere Menschen eher dazu verleiten, sich verlegen am Kopf zu kratzen. Und wenn man versucht, den Witz oder Gag zu erklären, sind sie immer noch verwirrt, weil sie nicht dem schon länger laufenden Gespräch zugehört haben, das die Beziehung zum Partner definiert hat. Sie haben nicht das gleiche tiefe und gegenseitige Verständnis. Wenn die Leute sagen: »Du hättest dabei sein müssen«, dann stimmt das. Spaß haben ist ein Nebenprodukt von Ehrlichkeit, Intimität und Vertrautheit.

Gemeinsamer Humor ist eine Form von Verbundenheit, die aus dem Zuhören entsteht. Es ist eine gemeinschaftliche Dynamik, zu der auch die Erforschung und Ausarbeitung von Ideen und Gefühlen gehören. Das gleiche improvisatorische Zusammenspiel ist bei jedem gemeinschaftlichen Vorhaben nötig, weshalb das Zuhören in der heutigen Arbeitswelt so wichtig ist. Diejenigen, die das Gespräch vorwegnehmen, dominieren oder anderweitig einschränken, werden in ihrer Karriere kaum Erfolg haben, geschweige denn erfüllende persönliche Beziehungen. Intimität, innovatives Denken, Teamarbeit und Humor zeichnen die Menschen aus, die sich von der Notwendigkeit befreien, den Erzählfluss zu kontrollieren, dafür aber die Geduld und das Selbstvertrauen haben, der Geschichte zu folgen, wohin sie auch führen mag.

10

Dialogorientierte Sensibilität:

Was Terry Gross, Lyndon B. Johnson und Betrüger gemeinsam haben

In einem fast dunklen Aufnahmestudio des Netzwerksenders WHYY in Philadelphia interviewte Terry Gross, Gastgeberin in der beliebten Sendung *Fresh Air*, die von National Public Radio ausgestrahlt wird, einen Filmregisseur, der in einem anderen Studio an der Westküste saß. Lichter blinkten, Messnadeln hüpften und Messbalken stiegen und fielen im Kontrollraum, als Gross, hinter einem riesigen Mikrofon kaum zu sehen, mit dem Regisseur über eine Vielzahl von Themen sprach, auch über seinen künstlerischen Werdegang, seine persönlichen Unsicherheiten, eine verstörende Kindheitserfahrung und die Tatsache, dass Pferde die Treppe hinauf-, aber nicht hinuntersteigen.

Im weiteren Verlauf des Interviews klickten zwei der Show-Produzenten, Lauren Krenzel und Heidi Saman, auf ihren Laptops herum, verfolgten, was der Regisseur sagte, und notierten die entsprechenden Zeiten, während er sprach. Er redete ungefähr eine Stunde und fünfzehn Minuten lang. Krenzel und Saman mussten zusammen mit dem ausführenden Produzenten Danny Miller entscheiden, wie der Beitrag von Gross auf 45 Minuten geschnitten werden könnte, der dann auch ausgestrahlt werden sollte.

Warum drei Leute für einen Job einsetzen, den jeder von ihnen auch alleine machen könnte? Weil sie nicht alle dasselbe Interview gehört haben. Katherine Hampsten, außerordentliche Professorin für Kommunikationswissenschaften an der St. Mary's University in San Antonio, Texas, verwendet eine gute Analogie für das, was passiert, wenn wir zuhören. Sie sagt, es sei, als würden wir mit einem Tonklumpen Fangen spielen.[150] Jeder Mensch fängt diesen Klumpen auf und formt ihn mit seinen Wahrnehmungen, bevor er ihn zurückwirft. Dinge wie Bildung, Ethnie, Geschlecht, Alter, Beziehung zum anderen Mitspieler, Geisteshaltung, Wortassoziationen und auch Ablenkungen geben dem Tonklumpen seine Form. Kommen noch weitere Menschen zu diesem Fangspiel hinzu, wird die Komplexität und Vielfalt der Bedeutungen zunehmen.

Es gibt acht Mitarbeiter in der Produktionsabteilung von *Fresh Air*, von denen viele mit wenig, manche sogar ohne jegliche Radioerfahrung zu ihrem Arbeitsplatz kamen. Miller sagte mir, die Schlüsselqualifikation, nach der er bei der Einstellung von Produzenten sucht, seien »gute Ohren«, womit er eine besondere Begabung bezeichnet: zuzuhören und zu erkennen, was in Gesprächen wirklich vor sich geht.

Miller nennt es die Fähigkeit, den *Dialog zu beherrschen*. Psychologen nennen es *dialogorientierte Sensibilität*.[151]

Menschen mit dialogorientierter Sensibilität achten nicht nur auf gesprochene Worte, sie haben auch ein Gespür dafür, verborgene Bedeutungen und Feinheiten im Tonfall aufzunehmen. Sie können Machtverhältnisse gut erkennen und unterscheiden Affektiertheit schnell von echter Leidenschaft. Sie merken sich besser, was die Leute sagen, und genießen eher das Gespräch, sind zumindest daran interessiert. Diese Sensibilität wird oft als Vorläufer der Empathie angesehen, was bedingt, dass man die Emotionen, die man in früheren Interaktionen empfunden und eingeübt hat, wieder hervorruft und auf nachfolgende Situationen anwendet.

Es überrascht nicht, dass die dialogorientierte Sensibilität mit der kognitiven Komplexität zusammenhängt, was, wie erwähnt, bedeutet, dass man offen für eine Fülle von Erfahrungen ist und mit widersprüchlichen Ansichten umgehen kann.[152] Man kann versteckte Hinweise im Gespräch nur dann erkennen, wenn man zuvor vielen Menschen zugehört hat. Es wird gern gesagt, dass eine Intuition, die sich entwickelt und die man oft als sechsten Sinn bezeichnet, nichts anderes als Wiedererkennen bedeutet.[153] Je mehr Menschen man zuhört, desto mehr Aspekte des Menschlichen erkennt man und desto zutreffender wird das eigene Bauchgefühl. Es ist eine praktische Fähigkeit, die von der Auseinandersetzung mit einem breiten Spektrum von Meinungen, Einstellungen, Überzeugungen und Emotionen abhängt. Die *Fresh-Air*-Produzenten und ihre Kollegen entsprechen diesem Profil und haben viele unterschiedliche Berufserfahrungen, einschließlich ehemaliger Kellnerinnen, aber auch Filmregisseure und Volkskundlerinnen.

»Wenn wir uns treffen, um den Schnitt zu besprechen, sorgen wir dafür, dass wir alle auf dem gleichen Wissensstand sind, was den Inhalt des Gesprächs betrifft«, meinte Miller. »Es gibt viele vergleichende Notizen. Wir sind unterschiedlich alt und kommen aus unterschiedlichen Lebenssituationen. Wir wollen, dass verschiedene Perspektiven zusammenkommen.« Er beschrieb diesen Prozess als »eine Kombination aus den Interpretationen dessen, was gesagt wurde und wie man sich dabei fühlte«. Und diplomatisch fügte er hinzu: »Wir diskutieren ziemlich lebhaft darüber, wie wir das Interview schneiden können.«

Nach Abschluss des Interviews von Gross mit dem Filmregisseur traten die Produzenten Krenzel und Saman aus dem abgedunkelten Studio in den strahlenden Sonnenschein, der durch die deckenhohen Fenster der Büros von WHYY fiel. Sie setzten sich an einen Tisch, um ihre Eindrücke zu besprechen. Krenzel, die in den Sechzigern ist und ursprünglich aus Philadelphia stammt, hat eine lange Karriere im Audio-Bereich hinter sich. Vor ihrer Zeit bei *Fresh Air* war sie Produzentin von Hörbüchern, Übertragungen von professionellen Sportveranstaltungen und mehreren Radiosendungen für WNYC in New York. Saman ist in den Dreißigern, eine ägyptische Amerikanerin der ersten Generation, die in Los Angeles aufgewachsen ist. Sie kommt aus dem Filmgeschäft, schreibt weiterhin Filmdrehbücher und führt Regie. Die beiden gingen das Interview Zeile für Zeile durch. »Wir könnten das rausnehmen … Lass uns das auf jeden Fall behalten … Kann man dieses Zitat kürzen? … Das hat er zweimal gesagt … Diesen Teil nehmen wir später wieder auf … Vielleicht ist das nicht so interessant … Ich fand diesen Teil cool … Dieser Teil hat mich überrascht … Ist das wichtig?«

Sie verdichteten das Gespräch auf seine wichtigsten Aussagen; gemeinsam prüften sie, um zu gewährleisten, dass sie nicht etwas schneiden, das für sie vielleicht nicht entscheidend ist, jedoch für jemand anderen interessant sein könnte. »Wir suchen nach dem, was das Interview am besten wiedergibt und was die befragte Person am besten repräsentiert«, meinte Krenzel zu mir. »Wir wollen natürlich, dass es in einem erzählerischen Bogen Sinn ergibt, aber wir wollen auch, dass die Menschen von den Emotionen gefesselt werden, also müssen wir es wohl so gestalten oder kürzen, dass die wirklich großen Momente zur Geltung kommen.«

Miller, ein regelrechter Derwisch an Energie, ging hin und her und drehte ein paar Runden um den Tisch, an dem Krenzel und Saman saßen, gab Anregungen und zitierte Teile des Interviews, die ihm gefielen, auswendig. Sein Erinnerungsvermögen und seine Sensibilität für Gesprächsnuancen sind Ergebnis von 40 Jahren Arbeit an der täglichen Radio-Show. Er begann in seinen Zwanzigern als Praktikant bei WHYY. Ich konnte die drei fast Hampstens

Tonklumpen über den Tisch werfen sehen. »Wirklich? … Das habe ich nicht verstanden … Oh ja … Wow, nein … Was hältst du davon? … Ich verstehe, was du sagst.«

Auch wenn sie sich beim Endschnitt eines Interviews vielleicht nicht über alles einigen können, sind sie im Allgemeinen einer Meinung, wenn es darum geht, die Teile aufzunehmen, die die emotionale Tiefe der Person zeigen. Das steht im Einklang mit der Forschung, die zeigt, dass Sensibilität im Dialog am stärksten geweckt wird, wenn persönliche Dinge besprochen werden.[154] Andere Dinge, die uns im Gespräch aufmerksam machen, sind je nach Situation und unseren individuellen Eigenheiten variabler, wie etwa, ob wir zufällig gut gelaunt sind, uns auf das Gesagte beziehen können oder aber das Thema überraschend finden. Persönliche Dinge jedoch lassen uns immer die Ohren spitzen.

Die schlimmsten Interviews sind laut Krenzel diejenigen, bei denen Menschen »sich nicht öffnen und nichts von ihrem Leben preisgeben wollen«. Sie geben nur das von sich, was ihnen ihr Pressesprecher vorgegeben hat, meinte sie. »Es fühlt sich alles so distanziert an, so staubtrocken, weil keine emotionale Resonanz da ist.« Der Mangel an emotionaler Resonanz macht normale Gespräche öde und langweilig. Jeder hatte wohl schon mal einen Austausch mit Leuten, die sich so anhören, als ob sie vom Skript ablesen – sie liefern wohlgestanzte Sätze, anstatt spontane Gedanken und Gefühle zu äußern, die typisch für ein Hin und Her im Gespräch sind. Wenn man mithören könnte, wie diese Menschen mit jemand anderem reden, würde man wahrscheinlich die gleichen Geschichten hören, die sie auf die immer gleiche Weise über ihre Jobs, Kinder, Ernährungsgewohnheiten, medizinischen Probleme und so weiter von sich geben.

Mehr als sechs Millionen Menschen schalten jede Woche bei *Fresh Air* ein, weil Gross ein Talent dafür hat, Gäste dazu zu bringen, sich vom Skript zu lösen. Wenn man ihr zuhört, wie sie Interviews vorab redigiert, merkt man, wie sie ihre Gäste subtil von ihren routinemäßigen Gesprächspunkten weglotst. »Dann kann die Aufnahme für uns wirklich interessant werden«, meinte Saman zu mir. »Terry versucht, die Wohlfühlzone der Gäste zu finden. Man kann es wirklich am Sprechrhythmus hören, sobald sie sie an diesem Punkt hat. Manchmal geht es um etwas Persönliches oder über frühere Tätigkeiten, eben alles, was sie beschäftigt. Sie hilft ihnen, loszulassen und nicht mehr alles kontrollieren zu wollen.« Ein guter Zuhörer hat die Fähigkeit, mehr als nur oberflächliches oder ängstliches Geschwätz zu bewirken, sodass die Menschen mehr davon offenbaren, wer sie wirklich sind.

Gross kommt die Vorbereitung zugute, die sie und ihre Produzenten in jede Show stecken. Die Gäste wissen durch ihre Fragen, dass sie ihre Hausaufgaben gemacht hat, dass sie über die Arbeit der Gäste Bescheid weiß und sehr daran interessiert ist. Wenn sich Menschen vertraut und geschätzt fühlen, sind sie eher bereit, sich mitzuteilen. Gross versichert ihren Gästen vor Beginn des Interviews, dass sie sie jederzeit unterbrechen können, falls sie sich in einen Bereich begeben sollte, der für die Interviewpartner unbehaglich werden könnte. Damit beweist sie, dass sie tatsächlich auf deren Gefühle eingeht. Das sollte jeder, der ein besserer Zuhörer sein will, für sich übernehmen. Zeigen Sie also Interesse, indem Sie sich entweder vorher über die Menschen informieren oder im jeweiligen Moment neugierig sind. Versuchen Sie herauszufinden, was sie begeistert. Es macht auch nichts aus, wenn es um eine Sammlung von Flaschenverschlüssen geht; falls sie sich leidenschaftlich dafür begeistern, dann wird auch das interessant sein. Und respektieren Sie auch Grenzen, ziehen Sie sich zurück, wenn Sie vermuten, dass Sie in eine heikle Zone geraten sind. Wechseln Sie behutsam das Thema und seien Sie gnädig, auch wenn Sie mal etwas nicht erfahren. Intimität kann man nicht erzwingen.

Bis eine *Fresh-Air*-Episode ausgestrahlt wird, haben alle drei Produzenten die Gelegenheit, ein Interview noch drei- bis viermal zu hören. Mit jedem Zurückspulen und jeder Wiederholung nehmen sie nicht nur Feinheiten in Ausdruck und Bedeutung auf, sondern auch das beredte Einatmen beim Sprechen, die Pausen und vielleicht eine kaum hörbare Unruhe im Hintergrund. Wenn man mit Saman zusammensitzt, während sie ein Interview mit einem digitalen Tonbearbeitungsprogramm auf Hochglanz bringt, geht es noch um die subtilen Details des Gesprächs. Wann ist ein *hm* oder ein *ah* von Bedeutung? Ist der Atem an dieser Stelle wichtig? Warum hat er dieses Wort mehrfach wiederholt? Daran spürt man, wie viele Informationen sich in einem einzigen Satz verbergen können. Man erkennt auch, warum es viel einfacher ist, sich ein bearbeitetes Interview anzuhören als ein gewöhnliches, alltägliches Gespräch. Echte Gespräche sind nicht so klar und eindeutig. Sie sind schwammiger und chaotischer, und sie wechseln von einem Thema zum anderen.

* * *

Vor allem Gespräche, die auf Englisch geführt werden, können aufgrund der Komplexität und Weitläufigkeit der Sprache verwirrend wirken. Linguisten und Lexikographen sagen, dass die englische Sprache etwa eine Million Wörter umfasst und sich ständig erweitert.[155] Laut dem Literaturkritiker Cyril Connolly ist die englische Sprache wie ein breiter Fluss, »der durch eine Reihe von Müll-Frachtern verschmutzt wurde, die ihren Dreck ausgekippt haben«.[156] Der Schriftsteller Walt Whitman hingegen beschrieb das Englische wohlwollender als »Zunahme und Wachstum aller Dialekte, Rassen und Zeitabschnitte, und es ist sowohl die freie als auch die verdichtete Zusammensetzung von allem«.[157] So oder so, Englisch ist eine der missverständlichsten Sprachen, auch wenn man Muttersprachler ist.

Gerade innerhalb der Vereinigten Staaten von Amerika gibt es Dutzende von regionalen Dialekten, die allerlei Verwirrung stiften können.[158] So verliert beispielsweise westlich des Ohio River das Wort *caramel* (Karamell) an Silben. Und wie man *pecan* (Pekannuss) ausspricht, hängt ziemlich stark von der jeweiligen Zeitzone ab – von PEE-can über pa-CON bis zu PICK-on. In einigen Teilen des Südens hört man anstelle von *etwas verschütten* (to spill) eher *etwas verschwenden* (to waste). Und in den Bundesstaaten der mittleren Atlantikküste ist ein Kreisverkehr ein *traffic circle*, wird aber zu einem *rotary* im Nordosten und zu einem *roundabout* im Westen.

Auch die persönliche Interpretation bringt uns durcheinander, etwa wenn jemand sagt: »Ich würde gern zu einer anständigen Zeit ins Bett gehen.« Man könnte annehmen, 22:00 Uhr sei eine anständige Zeit, wobei die andere Person aber eher 2:00 Uhr morgens im Sinn hat. Die Bedeutung von *harter Arbeit, gutem Sex, nicht weit weg* und *scharfem Essen* hängt davon ab, wer es sagt. Und natürlich gibt es jede Menge Euphemismen wie *von uns gegangen, vollschlank* und *auf Arbeitssuche* (für »arbeitslos«), weil die Menschen immer mit alternativen und manchmal auch kryptischen Formulierungen für das aufwarten, was sie eigentlich gar nicht sagen wollen. Virginia Woolf sagte: »Worte sind voller Echos von Erinnerungen und Assoziationen. Sie sind unterwegs, auf den Lippen der Menschen, in ihren Häusern, auf den Straßen, auf den Feldern, seit so vielen Jahrhunderten.«[159]

Die Dinge werden noch komplizierter, wenn man versucht, mit jemandem zu kommunizieren, der mit einer anderen Sprache aufgewachsen ist als man selbst. Dann ist man mitten in der linguistischen Relativitätstheorie, auch bekannt als Sapir-Whorf-Hypothese, die besagt, dass die

Muttersprache eines Menschen Einfluss darauf hat, wie er die Welt sieht oder erlebt.[160] Eine geistreiche Studie südafrikanischer und britischer Forscher zeigte die sprachliche Relativitätstheorie auf recht elegante Weise auf.[161] Die Forscher ließen schwedische und spanische Muttersprachler die Zeit schätzen, die verstrich, während sie zwei Animationen betrachteten: die eine mit einer länger werdenden Linie, die andere mit einem Behälter, der vom Boden her aufgefüllt wird. Da schwedisch sprechende Personen die Zeit mit Entfernungsbegriffen wie »lang« oder »kurz« beschreiben, Spanischsprechende dagegen volumenbezogene Begriffe wie »groß« oder »klein« verwenden, neigten die Schwedischsprechenden zur Annahme, dass die länger gewordene Linie zeitlich länger dauerte, obwohl sie tatsächlich weniger Zeit in Anspruch nahm, während die Spanischsprechenden dachten, dass das Gefäß länger brauchte, bis es voll war, obwohl es in Wirklichkeit nicht so war.

Doch Emotionen und persönliche Empfindlichkeiten stehen dem Verstehen am meisten entgegen. Da man die Dinge entsprechend dem eigenen Hintergrund und der eigenen psychischen Verfassung interpretiert und man nicht eigens ein Produzententeam einberufen kann, um gemeinsam wie bei *Fresh Air* Gespräche in ihre Einzelteile zu zerlegen, ist es wichtig, sich selbst und seine Schwachstellen zu kennen, um ein guter Zuhörer zu sein.

Angenommen, jemand sagt Ihnen, dass Ihre Ansichten »originell« seien. Wenn Sie jemand sind, der oft das Gefühl hat, nicht richtig dazuzugehören, fassen Sie *originell* vielleicht als *seltsam* auf, obwohl Ihr Gesprächspartner vielleicht gemeint hat, Sie seien erfrischend einzigartig. Wenn Sie wissen, dass Sie diese Schwachstelle haben, kann Ihnen das helfen, darüber nachzudenken, was die Person gemeint hat, und weiter nachzubohren, um es ganz genau herauszufinden. Es ist so ähnlich wie bei der Neujustierung eines Rück- oder Seitenspiegels an Ihrem Auto, um die sogenannten toten Winkel zu minimieren.

Die Forschung zeigt, dass Menschen, die ein höheres Maß an Selbstwahrnehmung besitzen und über das verwandte Konzept der Selbstbeobachtung verfügen, auch teils deshalb besser zuhören, weil sie die Dinge kennen, die zu falschen Schlussfolgerungen verleiten. Dadurch sind sie besser davor gefeit.[162] Die Herausbildung der Selbstwahrnehmung ist eine Frage sowohl der Aufmerksamkeit gegenüber Ihren Gefühlen, während Sie im Gespräch sind, als auch der Erkenntnis, wann Ihre Ängste und Empfindlichkeiten, vielleicht auch Ihre Wünsche und Träume, Ihre Fähigkeit beeinträchtigen, gut zuzuhören. Ein Ehepartner oder enger Freund hat vielleicht Einblicke in das, was Sie außer Gefecht setzt beziehungsweise was Sie aktiviert, oder Sie suchen sich vielleicht lieber einen guten Psychotherapeuten. Obwohl es schwierig sein kann, diese Art der Selbstbewertung durchzuführen, kommt dabei am Ende eine gesteigerte Fähigkeit heraus, andere Menschen zu verstehen und mit ihnen in Kontakt zu kommen. Man kann mit einer anderen Person nur so sehr intim sein, wie man es mit sich selbst ist.

Psychoanalytiker müssen ihre eigene Analyse durchmachen, damit ihre persönlichen Probleme dem Verständnis der Probleme und Gefühle derjenigen nicht im Wege stehen, die ihre Hilfe suchen. Theodor Reik, ein österreichischer Psychoanalytiker und einer der ersten Schüler Sigmund Freuds, schrieb 1948 in seinem Buch *Hören mit dem dritten Ohr. Die innere Erfahrung eines Psychoanalytikers*, dass gut zuhören bedeutet, die Gefühle zu bemerken, die aus dem eigenen Unbewussten aufsteigen: »Tausende von kleinen Zeichen zu beobachten und in Erinnerung zu behalten und sich ihrer heiklen Wirkung bewusst zu bleiben.«[163] Für ihn ist das Bewusstsein für die eigenen reflexartigen Reaktionen und Intuitionen wie ein drittes Ohr, mit dem man hören kann.

Ähnlich werden CIA-Anwärter einem intensiven Screening-Prozess unterzogen, einschließlich psychologischer Tests, um diejenigen auszuschließen, die nicht reflektiert genug sind, ihre Schwächen in angespannten Situationen unter Kontrolle zu bringen. Während unseres Gesprächs im Hotel Four Seasons in Washington, D. C. sagte mir der ehemalige CIA-Agent Barry McManus: »Wenn man seinen eigenen Kram nicht kennt, kann man den Job nicht machen. Wir alle haben unsere Schwächen, Mängel und Verwundbarkeiten. Ich habe sie. Sie haben sie. Aber in diesem Spiel muss ich zuerst Ihre finden, bevor Sie zu den meinen kommen.«

Das führt uns zu der Macht des Zuhörers, zu manipulieren. Bei der Beschreibung von Telefonaufzeichnungen, die verrieten, wie (der ehemalige US-Präsident) Lyndon B.

Johnson seinen Einfluss im Senat ausübte, bemerkte sein Biograf Robert Caro: »Die Leute glauben, dass Johnson die ganze Zeit spricht, aber wenn man sich die Bänder anhört, redet er in den ersten Minuten oft überhaupt nicht. Das Einzige, was Sie von ihm hören, ist ›Mmmm-hmmm-mmm-hmmm‹. Man kriegt das Gefühl, und dann sieht man auch, was kommt, dass er auf das hört, was der Kerl wirklich will, wovor er wirklich Angst hat.«[164]

Genauso sind Abzocker, Gauner und Betrüger in der Regel auch hervorragende Zuhörer. Sie machen subtile nonverbale Hinweise und die tieferen Bedeutungen in spontanen Äußerungen aus, um genau herauszufinden, was Sie am meisten fürchten oder sich wünschen. Und mit diesem Verständnis wissen sie genau, wie sie mit Ihnen spielen können. Aber es muss auch gesagt werden, dass Lügen oft ein kooperativer Akt ist.[165] Es gibt den Lügner und die Person, die hört, was sie hören will. Die Leute sagen: »Ach, darauf würde ich nie reinfallen«, ohne zu merken, wie ernsthaft ihr Zuhören bereits dadurch beeinträchtigt ist, dass sie so sehr glauben wollen, jemand liebt sie oder macht sie reich oder nimmt alles von ihnen, was sie bedrückt.

Der berüchtigte Betrüger Mel Weinberg[166] war sehr abgefeimt, was sein Gespür für die kooperative Dynamik zwischen Lügner und Zuhörer angeht.[*] Deshalb hat das FBI ihn in den späten 1970er-Jahren engagiert, um einen US-Sena-

* Weinberg war Vorbild für Christian Bales Rolle im Film *American Hustle – Amerikanische Abzocke.*

tor und sechs US-Kongressabgeordnete in die Operation Abscam zu verwickeln.[167] »Wenn ein Typ in der Klemme steckt und Geld braucht, ist es meine Philosophie, den Leuten Hoffnung zu geben«, sagte er 1982 dem *New York Times Magazine*. »Wenn du denen sagst, du kannst nichts tun, machst du deren Hoffnung zunichte. Jeder muss Hoffnung haben. Deshalb verraten uns die meisten Leute nicht bei den Bullen. Sie hoffen immer noch, dass wir ehrlich sind.«[168]

Es ist ja nicht so, dass Betrüger irgendwie von Natur aus geschicktere Zuhörer oder bessere Hellseher in Bezug auf menschliche Schwächen sind als ihre Opfer. Der Unterschied ist vielmehr, dass Betrüger geübtere und motiviertere Zuhörer sind, weil sie wissen, dass es sich lohnt. Mehrere Studien haben gezeigt, dass Menschen, die gut motiviert sind, tendenziell auch in ihren Wahrnehmungen genauer sind.[169] Opfer von Betrügereien sind weniger motivierte Zuhörer, weil die Fiktion, die der Betrüger ihnen in diesem Augenblick des Lebens serviert, so ansprechend ist.

Man könnte also sagen, gute Zuhörer können sowohl besser täuschen als auch eine Täuschung besser erkennen. Wenn Sie an die Zeiten in Ihrem Leben zurückdenken, als man Sie betrogen hat, gab es, wenn Sie ehrlich sind, wahrscheinlich Dinge, die Sie übersehen haben oder auch übersehen wollten. Vielleicht der zu nachdrückliche Tonfall. Die Fakten, die nicht ganz aufgingen. Die Feindseligkeit oder Erbitterung in der Stimme der Person, als wir sie etwas fragten. Der Gesichtsausdruck, der nicht ganz mit dem übereinstimmte, was die Person sagte. Das leichte Unbehagen in der Magengrube, das wir nicht genau benennen konnten.

Oft entgehen uns die Lügen, aber auch die Wahrheiten, denn wenn jemand etwas sagt, das keinen Sinn ergibt, halten wir in aller Regel ja nicht an im Gespräch und sagen: »Halt mal. Nochmals zurück. Das verstehe ich nicht.« In ungeschnittenen Versionen von *Fresh-Air*-Interviews kann man oft hören, wie Terry Gross ihre Gäste unterbricht, damit sie erklären, was sie da gerade gemeint haben. Aber in alltäglichen Gesprächen zucken die Leute öfter nur mit den Achseln und machen weiter, weil es die Mühe nicht wert zu sein scheint oder sie der Meinung sind, sie könnten erraten, was die andere Person gemeint hat. Die Leute zögern auch, um eine Erläuterung zu bitten, damit nicht der Eindruck aufkommt, sie seien dumm. Wie oft hat jemand über etwas gelacht, das Sie gesagt haben, das aber gar nicht als Witz gemeint war? Und wie oft haben Sie zustimmend genickt, obwohl Sie keine Ahnung hatten, wovon der andere gerade sprach? Wahrscheinlich öfter, als man zählen kann. »Aus welchem Grund auch immer zögern wir oft, das Gespräch anzuhalten und zu fragen, wenn wir uns nicht sicher sind, was jemand gemeint hat«, sagte der Kommunikationsforscher Graham Bodie von der University of Mississippi.

Neben seiner akademischen Arbeit ist Bodie auch als Unternehmensberater tätig, vor allem als Trainer von Verkäufern, die er zu effizienteren Zuhörern ausbildet. Er sagte, eines der wichtigsten Dinge, vor denen er warnt, ist das Beschönigen von Punkten in Gesprächen, die keinen Sinn ergäben, weil dies eine der Hauptursachen für kostspielige Fehler sei. »Man muss davon ausgehen, dass im Gespräch alles relevant ist. Wenn Ihnen etwas nicht ganz sinnvoll erscheint, müssen Sie aufpassen«, meinte er. »Meistens machen wir, wenn so etwas geschieht, weiter, obwohl wir denken, dass hier etwas nicht stimmt. Also sollten Sie innehalten und die Sache klären. Sagen Sie so etwas wie: ›Als Sie X gesagt haben, war ich verwirrt.‹«

Wir kennen Katastrophen, die daraus entstanden, dass die Verwirrung nicht aufgeklärt wurde: die Challenger-Explosion, die Pleite von Lehman Brothers und medizinische Fehler, die um die 250 000 Todesfälle allein in den USA pro Jahr zur Folge haben.[170] Aber was ist mit all den winzigen Missverständnissen, die bei uns jeden Tag geschehen? Sind auch deren Auswirkungen vielleicht nicht so katastrophal, so sind sie dennoch folgenreich. Für all die Momente, in denen wir ausrufen: »Aha, jetzt verstehe ich«, gibt es viel mehr Missverständnisse, die uns entgangen sind. Wir haben all die verletzten Gefühle vergessen, die verpassten Chancen und die verpfuschten Jobs. Und all das nur, weil wir uns nicht die Mühe machen wollten zu verstehen, was gesagt wurde.

Missverständnisse wie auch Meinungsverschiedenheiten sind wertvolle Hinweise darauf, dass andere Menschen nicht so sind wie wir, auch nicht im Entferntesten.[171] Weil wir nur uns selbst wirklich kennen, ist es ganz natürlich, dass wir zu einem solipsistischen Weltbild neigen. Wir nehmen irrtümlich an, dass die Logik und die Motivationen anderer Menschen unseren eigenen ähneln. Aber natürlich haben sie eine andere Vorgeschichte und einen anderen Hintergrund.

Intellektuell wissen wir das, aber dennoch gibt es immer wieder ein böses Erwachen, wenn jemand auf eine Weise denkt oder sich verhält, die unseren Erwartungen oder Vorstellungen nicht entspricht. Missverständnisse können dann als Chance begriffen werden. Sie sind eine Inspiration, vielleicht auch eine verschärfte Aufforderung, genauer zuzuhören und intensiver nachzuhaken. Mit den Worten von Miles Davis: »»Wenn du alles verstehen würdest, was ich gesagt habe, wärst du ich.«[172]

11

Auf sich selbst hören: Die wortgewandte innere Stimme

Ich habe eine gute Freundin, die wie viele fähige Menschen wirklich hart zu sich selbst ist. Sie ist enorm erfolgreich, attraktiv, herzlich und witzig, aber wenn Dinge in ihrem Leben schiefgehen, verfällt sie standardmäßig in Selbsthass. Plötzlich ist sie eine Idiotin, eine komplette Versagerin, die nichts richtig machen kann. Wenn sie auf diese selbstkritische Tour verfällt, sage ich ihr, sie soll nicht weiter auf Spanky hören. »Spanky« ist ein Codewort für ihre fiese innere Stimme – die in Zeiten von Stress hochkommt und sie erbarmungslos bestraft und kleinmacht.

Wir alle haben solche Stimmen im Kopf. Und wir reden ständig mit uns selbst über alltägliche und womöglich tiefgreifende Dinge. Wir bringen moralische Argumente vor und führen absurde Debatten. Wir nehmen Schuldzuweisungen und Rationalisierungen vor. Wir analysieren vergangene Ereignisse und proben zukünftige. Die Stimmen in unseren Köpfen können ermutigend oder niederschmetternd, fürsorglich oder kritisierend, schmeichelhaft oder erniedrigend sein. Der Psychologe Charles Fernyhough von der englischen Durham University weiß das besser als die meisten, denn er erforscht den inneren Dialog.

Das Interesse dafür rührt aus seiner Doktorarbeit her, die sich damit beschäftigte, wie Kinder laut mit sich selbst sprechen, um Probleme durchzuarbeiten und ihre Gefühle zu regulieren. Wenn wir erwachsen werden, reden wir noch immer mit uns selbst, aber wir lernen, dies im Stillen und für uns zu tun – auch wenn immer noch gelegentlich einige Worte unserem Mund entschlüpfen.[173] Wer hat sich nicht schon einmal laut gefragt, wo er gerade seine Schlüssel hingelegt hat; wer hat nicht schon einmal laut hörbar auf etwas geschimpft, das man in den Nachrichten gehört hat? »Ich habe einen ständigen inneren Dialog, der sich in die äußere Sprache überträgt«, sagte Fernyhough zu mir. Seine Frau hat sich daran gewöhnt, aber er fängt sich belustigte Blicke ein, wenn es im Bus passiert. »Inneres Reden und Selbstgespräche sind etwas, das wir alle machen«, meinte er. »Es ist ein Geben und Nehmen. Wir reden und hören in unserem Inneren.«

Tatsächlich verwenden wir die gleichen Gehirnregionen, wenn wir mit uns selbst sprechen, wie wenn wir mit einer anderen Person reden. Es sind die Gehirnregionen, die mit der sogenannten *Theory of Mind* (Theorie des Geistes) oder der sozialen Kognition in Verbindung stehen, die es uns ermöglichen, uns in die Absichten, Wünsche und Emotionen anderer Menschen einzufühlen und sie zu verstehen.

In seinem Buch *The Voices Within* (dt.: *Selbstgespräche*) schreibt Fernyhough, dass viele große Philosophen und Sozialtheoretiker, darunter William James, Charles Sanders Peirce und George Herbert Mead, glaubten, dass das Selbst Gespräche mit sich führt, indem es die Perspektive eines anderen einnimmt.[174] Ein Beispiel dafür ist ein Athlet, der die Stimme seines Trainers verinnerlichen könnte. Oder Sie selbst haben vielleicht einen Austausch mit sich selbst, was einem Gespräch mit Ihrer Mutter, Ihrem Chef, Ihrem Ehepartner, Ihren Geschwistern, einem Freund oder vielleicht auch mit einem Therapeuten ähnelt.

Anderen zuzuhören bestimmt demnach den Tonfall und die Qualität unserer inneren Dialoge. Unsere bisherigen Interaktionen zeigen uns, wie wir fragen, antworten und kommentieren können, damit wir das Gleiche mit uns selbst tun können, wenn es darum geht, Probleme zu lösen, mit ethischen Konflikten fertigzuwerden und kreativ zu denken. *Das wird schon funktionieren. Oh nein, so geht's besser… Ich werde um eine Gehaltserhöhung bitten. Aber sie haben dich doch erst vor zwei Monaten eingestellt… Ich möchte etwas Eiscreme. Es wird dir das Abendessen verderben… Ich fühle mich wirklich zu ihr hingezogen. Komm schon, Mann, sie ist verheiratet.*

Diese Art der nicht öffentlichen oder inneren Sprache ist mit einer höheren Leistung angesichts kognitiver Aufgaben sowohl bei Kindern und Jugendlichen als auch bei Erwachsenen verbunden.[175] Die Forschung legt die Vermutung nahe, dass man, je mehr Menschen man im Laufe seines Lebens zuhört, desto mehr Aspekte eines Themas für sich erwägen und desto mehr Lösungen sich vorstellen kann. Der innere Dialog fördert und unterstützt die kognitive Komplexität, jene wertvolle Fähigkeit also, eine Bandbreite von Ansichten zu tolerieren, Assoziationen herzustellen und neue Ideen zu entwickeln.

Es hat sich herausgestellt, dass eine differenziertere Sprechweise im privaten Kreis mit einer stärkeren Einbeziehung der Eltern und einem höheren sozioökonomischen Status verbunden ist.[176] Die individuelle Sprachentwicklung wird bei Kindern behindert, die in einem Umfeld aufgewachsen sind, in der die Möglichkeiten zum Zuhören eingeschränkt waren. So zeigen beispielsweise Kinder, die in einkommensschwachen Appalachen-Familien aufgewachsen sind, in einer Kultur also, in der Kinder oft isoliert werden und man sie lieber »sieht, aber nicht hört«,[177] Verzögerungen in der persönlichen Sprachentwicklung, ebenso wie Kinder aus einkommensschwachen städtischen Familien, die vernachlässigt wurden.[178]

Das ist wichtig, denn wie man mit sich selbst spricht, hat Einfluss darauf, wie man andere Menschen hört. Zum Beispiel wird jemand, der eine selbstkritische innere Stimme hat, die Worte eines anderen Menschen ganz anders hören als jemand, dessen innere Stimme dazu neigt, andere zu beschuldigen. *Es ist alles deine eigene Schuld* gegenüber *Es ist deren Schuld*. Mit anderen Worten: Unser innerer Dialog beeinflusst und verzerrt das, was andere Menschen sagen, und das beeinflusst wiederum unser Beziehungsverhalten.

Erinnern Sie sich an die Psychologin und Bindungsexpertin Miriam Steele aus Kapitel 2? Ihre Forschung, die auf der bis in die 1950er-Jahre zurückreichenden Arbeit von Experten für Bindungsforschung beruht, zeigt, dass die Stimmen, die wir im Kopf hören, das widerspiegeln, was wir in der Kindheit gehört haben. Wenn frühe Bindungen stabil sind – wenn Sie Eltern oder Erziehungsberechtigte hatten, die Ihnen zugehört und sich um Ihre Wünsche und Bedürfnisse gekümmert haben –, dann entwickeln Sie eine innere Stimme, die »freundlicher« ist, wie Steele es ausdrückt.

Wir alle haben Schuld und ringen mit uns selbst, meinte Steele mir gegenüber, aber eine innere Stimme, die sagt: *Bist du sicher, dass du das tun willst? Warum versetzt du dich nicht in deren Lage?* und *Ja, das war verletzend, aber vielleicht wollten sie dich nicht verletzen*, ist eine ganz andere Stimme als die, die sagt: *Sie sind alle nur darauf aus, mich zu fertigzumachen* und *Ich bin nicht gut genug*. Die letztgenannte Stimme lässt Sie auf eine Weise reagieren, die nicht eben vorteilhaft für Sie ist.

Die inneren Stimmen der Menschen haben zum Teil enormen Einfluss, weil sie tatsächlich als lauter wahrgenommen werden. Forscher in den USA und China fanden heraus, dass Personen, die gebeten wurden, sich vorzustellen, sie würden wiederholt die Silbe *da* aussprechen, bevor sie einen Ton hörten, diesen äußeren Ton als leiser wahrnahmen, als es der Fall war, wenn sie sich nicht vorgestellt hatten, *da* zu sagen.[179] Außerdem zeigte ihr Gehirn eine geringere Aktivität im Bereich des Hörens, wenn der äußere Klang ertönte. Und das war nur die Auswirkung dessen, wenn Sie sich vorstellten, nur eine einzige Silbe sich selbst vorzusprechen. Stellen Sie sich nun also vor, was passiert, wenn ein vollständiger Dialog in Ihrem Kopf stattfindet. *Er wirkt distanziert. Habe ich ihn beleidigt? Vielleicht hat er heute nur einen schlechten Tag. Nein, ich glaube, er ist sauer auf mich.*

Einige Theoretiker behaupten, dass das Lesen eine Form der inneren Sprache ist. Die Forschung zeigt, dass wir Wörter in unseren Köpfen gleichsam aushorchen, während wir lesen.[180] Wenn es länger dauert, ein Wort auszusprechen, wird es auch länger dauern, es zu lesen. Eine weitere Studie zeigte: Wenn die Probanden Aufnahmen von zwei Menschen hörten, von denen der eine schnell und der andere sehr langsam sprach, und danach gebeten wurden, Auszüge aus Werken zu lesen, die angeblich vom langsamen oder vom schnellen Sprecher geschrieben wurden, dann lasen die Teilnehmer diesen Text in einem Tempo, das mit der Sprechgeschwindigkeit desjenigen übereinstimmte, den sie für den Autor hielten.[181]

Viele Leser, die ganz bestimmte Schriftsteller lieben, berichten, dass sie die einzigartige Stimme dieses Autors hören beziehungsweise die Stimme, von der sie meinen, ihr Autor hätte sie. Sie können auch die verschiedenen Stimmen der Figuren dieses Autors hören. Tatsächlich haben Studien ergeben, dass der stimmempfindliche Bereich der Hörrinde beim Lesen von direkter Rede mehr aktiviert wird, als wenn Sie indirekte Rede lesen – Ihr Gehirn reagiert also, als ob es eine wirkliche Person sprechen hörte, wenn Sie lesen: »Er sagte: ›Ich bin in sie verliebt‹«, aber nicht so sehr, wenn man liest: »Er sagte, er sei in sie verliebt.« [182]

Fernyhough und Kollegen haben sich mit der Zeitung *The Guardian* zusammengetan und 1566 Leser dieser Zeitung befragt.[183] 89 Prozent davon meinten, sie hörten die Stimmen der Figuren in Büchern oft sehr lebhaft. 56 Prozent der Befragten sagten, dass die Stimmen mancher Figuren bei ihnen bleiben würden, auch wenn sie nicht läsen, und sie beeinflussten den Tonfall und den Inhalt ihrer Selbstgespräche. Natürlich sagen viele Romanautoren, dass ihre Charaktere mit ihnen sprechen und den Verlauf ihrer Romane bestimmen. Auf die Frage nach seinem täglichen Schreibrhythmus antwortete Ray Bradbury, dass sein Morgenritual darin bestünde, im Bett zu liegen und auf die Stimmen in seinem Kopf zu hören. »Ich nenne es mein morgendliches Theater«, meinte er. »Meine Charaktere sprechen miteinander, und wenn die Sache eine gewisse Spannung erreicht hat, springe ich aus dem Bett, laufe ihnen hinterher und fange sie ein, bevor sie weg sind.«[184]

Unsere inneren Stimmen werden nicht nur dadurch geformt, dass wir den wirklichen Menschen in unserem Leben zuhören, sondern wahrscheinlich auch von den Stimmen beeinflusst, die wir regelmäßig in den Medien hören. Der Tonfall und der gewählte Sprachstil von beispielsweise Sean Hannity, Oprah Winfrey, oder Judge Judy (US-Reality-TV-Show) kann in Ihrem Kopf nachhallen, je nachdem, ein wie eifriger Fan Sie sind. An wen erinnert Sie Ihre eigene innere Stimme? Was sagt sie Ihnen? Hört sich Ihre innere

Stimme in verschiedenen Situationen unterschiedlich an? Ist sie freundlich? Ist sie kritisch? Das sind alles wichtige Fragen, die Sie sich stellen sollten, denn Ihre innere Stimme hat Einfluss darauf, wie Sie bestimmte Dinge abwägen, Situationen interpretieren, moralische Urteile fällen und Probleme lösen. Und das wiederum beeinflusst die Art und Weise, wie Sie im Leben stehen, ob Sie in den Menschen das Beste oder Schlechteste sehen, ob Sie das Beste oder Schlechteste in sich selbst sehen.

Das Problem dabei ist allerdings, dass die Leute geradezu angestrengt vermeiden wollen, sich wirklich auf sich selbst zu besinnen. Dies wurde in elf Experimenten mit mehr als 700 Menschen bestätigt, die von Psychologen der University of Virginia durchgeführt wurden. Die Mehrheit der Probanden hat nur ungern bloße sechs bis 15 Minuten in einem Raum ganz für sich allein verbracht, wo sie nichts anderes zu tun hatten als nachzudenken. In einem Experiment fingen 64 Prozent der Männer und 15 Prozent der Frauen damit an, sich selbst elektrische Schläge zu verabreichen, anstatt allein mit ihren Gedanken zu sein.[185]

Dies deutet darauf hin, dass viele Menschen innere Stimmen haben, die sich wie Spanky anhören, der Peiniger meiner Freundin. Auch wenn Ihre innere Stimme freundlicher ist, haben die Dialoge, die Sie mit sich selbst führen, oft mit dem zu tun, was Sie belastet – Beziehungsprobleme, berufliche Enttäuschungen, gesundheitliche Probleme und dergleichen. Der Mensch ist von Natur aus ein Problemlöser, und in ruhigen Momenten tut unser Geist genau das.

Unsere Fixierung auf das, was noch erledigt werden muss, ist der Grund, warum manche Menschen keinen Leerlauf aushalten können und immer etwas zu tun haben müssen, damit sie nicht darüber nachdenken, was falsch läuft. Doch der Versuch, die innere Stimme zu unterdrücken, gibt ihr nur umso mehr Kraft. Sie wird lauter und durchdringender, was einige Leute dazu bringt, sich noch mehr zu beschäftigen und sich zu viel vorzunehmen, um diese Stimme zu übertönen. Das funktioniert aber nie. Ihre innere Stimme ist immer da und wenn sie nicht tagsüber Ihre Aufmerksamkeit erregen kann, wird sie Sie um 4:00 Uhr morgens stören. *Hallo! Kennst du mich noch?*

Bei der kognitiven Verhaltenstherapie geht es darum, zu lernen, wie man auf andere Weise mit sich selbst spricht. Eine innere Stimme, die einem nicht hilft und sich wie ein herabsetzender Elternteil oder negativer Freund anhört, wird dabei durch eine Stimme ersetzt, die eher nach Ihrem Therapeuten klingt. Dadurch werden freundlichere und offenere Denkweisen angeregt, die sich als wirksam erwiesen haben, damit man sich insgesamt wohler fühlt. Hilfreich ist ebenfalls, vielen Menschen zuzuhören. Viele Stimmen bringen viele Perspektiven mit sich. Andere Menschen zu befragen und über ihre Antworten nachzudenken ist der Weg, wie man besser darin wird, wenn man das Gleiche tut und innere Dialoge mit sich selbst führt. So schwierig ein Problem auch sein mag: Ein Dialog mit sich selbst ist letztlich der einzige Weg, es zu lösen oder sich zumindest damit zu arrangieren.

Als der große Physiker und Nobelpreisträger Richard Feynman auf seine Eignung untersucht wurde, im Zweiten Weltkrieg den Militärdienst abzuleisten, fragte ihn ein Psychiater: »Führen Sie Selbstgespräche?« Feynman erzählte seinem Biografen: »Ich habe ihm nicht erzählt, was ich hier ruhig sagen kann, nämlich dass ich mich manchmal bei ziemlich ausführlichen Selbstgesprächen ertappe. ›Das Integral ist größer als diese Summe der Terme, sodass der Druck dadurch größer wird, klar?‹ ›Nein, du bist verrückt!‹ ›Nein, bin ich nicht! Nein, bin ich nicht‹. Ich streite mit mir selbst. Ich habe zwei Stimmen, die hin und her reden.«[186]

Feynman meinte, die Gespräche, die er mit seinem Vater, seiner Frau, mit Freunden und Kollegen führte, beeinflussten seine inneren Dialoge und fanden dort ihren Widerhall. In seinem Essaybuch *Es ist so einfach: Vom Vergnügen, Dinge zu entdecken* schrieb er: »Wenn wir die unterschiedlichen Standpunkte, die wir im Kopf haben, miteinander zu vergleichen versuchen, dann bringt uns dies einem Verständnis und der richtigen Einschätzung dessen, wo wir stehen und was wir sind, näher.«[187]

12

Das Gespräch unterstützen, nicht verändern

Jennie Jerome, Angehörige der amerikanischen Oberschicht, auch bekannt als Lady Randolph Churchill, Winston Churchills Mutter, beschrieb in ihren Memoiren, wie sie privat mit Churchills Erzrivalen, den britischen Politikern Benjamin Disraeli und William Gladstone, zu Abend aß: »Als ich das Esszimmer verließ, nachdem ich neben Gladstone gesessen hatte, dachte ich, er sei der klügste Mann Englands. Als ich dann aber neben Disraeli saß, hatte ich das Gefühl, ich sei die klügste Frau.«[188]

Nicht überraschend also, dass sie Disraelis Gesellschaft bevorzugte. Der zweimalige Tory-Premierminister war ein brillanter Redner, aber auch ein leidenschaftlicher Zuhörer, zudem fürsorglich und darauf bedacht, ein Gespräch in Richtung auf die Person zu lenken, mit der er gerade zusammen war. Das machte ihn auch zu einem Liebling Queen Victorias, deren unverhohlene Vorliebe für Disraeli gegenüber Gladstone bei Wahlen nach Meinung einiger Zeitgenossen schon an Verfassungswidrigkeit grenzte. Aber nicht nur der Aristokratie und dem Königshaus schenkte Disraeli seine besondere Aufmerksamkeit. Die Londoner *Times* schrieb bekanntlich, dass er auch im Arbeiter einen konservativen Wähler erkennen konnte, so wie ein Bildhauer im Marmor »den Engel« erkennt.[189]

Disraeli war ein Meister in der Fertigkeit, die der Soziologe Charles Derber eine *support response*, eine *unterstützende Antwort*, nennt. Seit den 1970er-Jahren interessiert sich Derber dafür, wie Menschen um Aufmerksamkeit in sozialen Zusammenhängen buhlen. Nachdem er mehr als hundert informelle Abendessenunterhaltungen aufgenommen hatte, identifizierte Derber zwei Arten von Antworten.[190] Häufiger war die sogenannte *shift response*, die *Wechselantwort*, bei der die Aufmerksamkeit vom Sprechenden weg auf den gelenkt wird, der antwortet. Weniger verbreitet war die »unterstützende Antwort«, Disraelis Stärke. Sie verhilft zur genauen Formulierung des Sprechenden und hilft dem, der antwortet, den Sprechenden besser zu verstehen. Hier einige hypothetische Beispiele:

John: Mein Hund ist letzte Woche abgehauen, und es hat drei Tage gedauert, bis ich ihn wiedergefunden habe.

Mary: Unser Hund gräbt sich immer unter dem Zaun durch, also können wir ihn nicht rauslassen, es sei denn, er ist an der Leine. (Wechselantwort)

John: Mein Hund ist letzte Woche abgehauen, und es hat drei Tage gedauert, bis ich ihn wiedergefunden habe.

Mary: Oh nein. Wo hast du ihn am Ende gefunden? (Unterstützende Antwort)

Sue: Ich habe mir gestern Abend diesen wirklich guten Dokumentarfilm über Schildkröten angesehen.

Bob: Ich stehe nicht auf Dokumentationen. Ich bin eher ein Actionfilm-Typ. (Wechselantwort)

Sue: Ich habe mir gestern Abend diesen wirklich guten Dokumentarfilm über Schildkröten angesehen.

Bob: Schildkröten? Wie bist du darauf gekommen? Stehst du auf Schildkröten? (Unterstützende Antwort)

Bei guten Zuhörern dreht sich alles um die unterstützende Antwort, die entscheidend ist für die Art der Anerkennung und des bewertenden Feedbacks, das in Kapitel 5 besprochen wurde, sowie für die Vermeidung jener Missverständnisse, die in Kapitel 9 beschrieben wurden. Laut Derber sind Wechselantworten symptomatisch für einen *konversationellen Narzissmus*, der jede Chance auf eine Verbindung zum Gesprächspartner zunichtemacht. Wechselantworten sind in der Regel selbstreferenzielle Aussagen, während unterstützende Antworten öfter aus weiterführenden Fragen bestehen. Aber es müssen wirklich neugierige Fragen sein, die dazu dienen, noch mehr Informationen zu erhalten und nicht gleichsam unmerklich die eigene Meinung durchsetzen zu wollen – gemeint sind offene Fragen wie zum Beispiel »Wie hast du reagiert?« und nicht »Hat dich das nicht genervt?«. Das Ziel ist es, den Standpunkt des Sprechers zu verstehen, nicht ihn zu beeinflussen.

Offene Fragen zu stellen ist in diesem Zusammenhang sinnvoll. »Du und Roger habt euch geprügelt, weil …?« Das ist so, als würde man einen Stab übergeben, sodass der Sprechende jede Richtung einschlagen kann, die er will. Versuchen Sie aber nicht, nach zufälligen Einzelheiten zu fragen, die die Menschen von ihrem Gedankenfluss und Gefühlszustand abbringen: »Habt ihr beide, du und Roger, euch im Coffee-Shop an der 55. oder an der 67. Straße gestritten?« Wo die beiden waren, zu welchem Zeitpunkt, was sie bestellt haben – das alles ist nicht so wichtig wie das, was passiert ist, und wie es sich anfühlte.

Weil Menschen gern als sachkundig erscheinen, stellen sie gern Fragen, die darauf hindeuten, dass sie die Antwort bereits kennen. Oder sie formulieren Fragen so, dass sie die Antworten regelrecht hervorrufen, die sie wollen. Gute Fragen beginnen nicht mit: »Meinst du nicht, dass …?«, »Stimmt es nicht, dass …?«, »Findest du nicht auch, dass …?« Gute Fragen enden definitiv nicht mit »… oder?«. Denn das sind in Wirklichkeit getarnte Wechselantworten, und sie werden wahrscheinlich dazu führen, dass die Gesprächspartner unvollständige oder alles andere als ehrliche Antworten geben, die lediglich den Meinungen und Erwartungen des Fragestellers entgegenkommen.

Ebenfalls tödlich sind lange Fragen, die viele bewertende oder selbstbezogene Informationen bergen: »Ich habe eine Ausbildung in Landschaftsarchitektur und bewundere Frederick Law Olmsted, der den Central Park entworfen hat und meiner Meinung nach ein verkanntes Genie ist; ich reise viel und bin beeindruckt von der lange anhaltenden Ausstrahlung und Beliebtheit der großen Parks wie dem New Yorker Central Park, dem St. James's Park in London und dem Bois de Boulogne in Paris, weshalb ich mich frage, ob Sie mir zustimmen, dass wir mehr Ehrgeiz aufbringen müssen, wenn wir über Grünflächen nachdenken?« Das war tatsächlich eine Frage, die jemand auf einem Forum für nachhaltige Entwicklung gestellt hat. Seien Sie nicht wie diese Person.

Hüten Sie sich auch vor Fragen, die versteckte Annahmen enthalten. Ein weiterer bekannter Soziologe, Howard Becker, tadelte mich einmal, weil ich ihm eine solche Frage gestellt hatte. Wir saßen in seinem sonnigen Arbeitszimmer mit Blick auf San Franciscos berühmte steile Lombard Street mit ihren Haarnadelkurven, als ich ihn fragte: »Was hat Sie dazu gebracht, Soziologe zu werden?« Beckers Gesicht verzog sich, als hätte er gerade etwas Schreckliches gerochen. »Sie nehmen also an, dass es eine Entscheidung war«, meinte er. »Sie hätten besser gefragt: ›Wie sind Sie Soziologe geworden?‹«

Becker, der einen Großteil seiner langjährigen Karriere an der Northwestern University in Illinois verbrachte, ist dafür bekannt, monatelang, wenn nicht sogar jahrelang in verschiedene Subkulturen einzudringen und dann wie ein Insider über sie zu schreiben.[191] Zu seinen Themen gehörten unter anderem Jazzmusiker, Marihuana-Raucher, Künstler, Schauspieler und Medizinstudenten. »Ich bin mir nicht sicher, ob ich ein besserer Zuhörer bin als andere, aber wenn ich etwas höre, das ich nicht verstehe, frage ich nach«, sagte er mir. Für ihn sind die schlimmsten Fragen diejenigen, die nie gestellt werden.

91 Jahre alt und lebhaft, versteht Becker nicht, warum die Leute so zurückhaltend sind, wenn es darum geht, Fragen zu stellen. Er ist weit gereist, hat als Dozent und Forscher in vier Ländern gelebt und meint, Zurückhaltung scheine eine weltweite und global auch unproduktive Tendenz zu sein. Heute verbringt er seine Zeit zu Hause in San Francisco und Paris,* er meinte, dass das Wechseln zwischen Kulturen und Sprachen ihn davon abhält, sich mit dem zufriedenzugeben, was er weiß.[192] »Im gewöhnlichen Diskurs wird so viel als selbstverständlich angesehen, besonders wenn es in der eigenen Muttersprache stattfindet. Die Dinge gehen an dir vorbei, und du weißt nicht genau, was eigentlich gemeint war, aber du lässt es gut sein, weil du denkst, es ist nicht wichtig, und du musst es nicht wissen oder dadurch in Verlegenheit geraten.«

Oder die Leute haben Angst vor der Antwort. Offene Fragen zu stellen bedeutet, dass das Gespräch sich in alle Richtungen entwickeln kann, vor allem auf emotionalem Gebiet. Offen zuzuhören erfordert ein gewisses Maß an Abenteuerlust und sogar etwas Mut, weil man nicht weiß, wo man landet. »Viele Leute fühlen sich dabei nicht wohl«, meinte Becker. »Und viele Männer sind auch nicht sehr gut darin. Deshalb neigen männliche Soziologen, anstatt Feld-

---

* Beckers Arbeit und seine Forschungsmethoden, der sogenannte »Beckerisme«, sind Pflichtlektüre an vielen französischen Universitäten.

forschung zu betreiben, dazu, lieber in die Demografie einzusteigen, in die statistische Untersuchung der Bevölkerung, damit sie sich keine intime Kenntnis der Menschen aneignen müssen.«

Das ist nicht nur Beckers Meinung. Die Forschung zeigt, dass sowohl Frauen als auch Männer generell Frauen als offenere und einfühlsamere Zuhörer ansehen.[193] Einige Hinweise legen nahe, dass Frauen sich mehr auf beziehungsmäßige und persönliche Informationen konzentrieren, während Männer gegenüber faktenbasierten Informationen aufmerksamer sind.[194] Infolgedessen erwerben Frauen vermutlich eher das Vertrauen der Menschen und werden eher in persönliche Informationen ihrer Gesprächspartner eingeweiht, was ihre Gespräche interessanter macht und dadurch die Bereitschaft zum Zuhören verstärkt.

Aber es gibt erhebliche Meinungsverschiedenheiten darüber, ob dies angeboren oder anerzogen ist.[195] Einige machen kulturelle Einflüsse dafür verantwortlich, dass Jungen zum Mann heranwachsen und sich nicht für die Gefühle anderer interessieren oder sich davon beeinflussen lassen. Andere wiederum argumentieren, dass die größere soziale Sensibilität von Frauen, auch von Mädchen im Kleinkindalter, nicht ausschließlich auf die Gesellschaft oder elterliche Einflüsse zurückgeführt werden kann.[196] Manche Forscher meinen sogar, dass Autismus, der durch die Schwierigkeit gekennzeichnet ist, emotionale Hinweise in verbaler und nonverbaler Kommunikation aufzunehmen, eine schlimme Form männlicher Intelligenz sei.[197]

In allen Interviews, die ich für dieses Buch gemacht habe, war der Gedanke, dass Frauen bessere Zuhörer als Männer seien, ein ständig wiederkehrendes Thema. Ein Immobilieninvestor in Houston erzählte mir: »Ich interviewe keine Mieter selbst. Ich schicke eine meiner Mitarbeiterinnen, weil sie Menschen viel besser einschätzen können als ich. Ich höre nicht so zu, wie Frauen es können.« Und ein Risikokapitalgeber in San Francisco meinte, dass er die Einschätzung der Gründer von Start-ups immer an eine weibliche Partnerin seiner Firma übergibt. »Sie ist wirklich unglaublich gut darin, Menschen lesen zu können. Kaum fangen die Gründer an zu sprechen, schon hat sie deren Motivation verstanden, ob sie gut oder schlecht ist. Es ist wirklich unglaublich. Ich habe sie gebeten, es mir zu erklären, was sie aber nicht wirklich kann. Sie ist wie meine Mom. Sie kann es einfach. Vielleicht ist es ein Frauending.«

Aber zu sagen, dass alle Frauen bessere Zuhörer sind als Männer, ist, als würde man behaupten, alle Männer seien größer als Frauen. Ich habe viele Frauen interviewt und persönlich kennengelernt, die allesamt schreckliche Zuhörerinnen waren, und viele Männer, die außergewöhnliche Zuhörer waren. Es hat viel mehr mit dem Hintergrund, der Lebenserfahrung und auch der jeweiligen Situation zu tun. Manche Menschen mögen großartige Zuhörer sein, aber nur, wenn sie bestimmten Personen oder unter bestimmten Umständen zuhören.

Jeder Mensch hat mehr oder weniger eine gewisse Angst oder ein gewisses Unbehagen im Hinblick auf starke Gefühle, die aus den Menschen herausströmen können, wenn sie einen bereitwilligen Zuhörer finden. Wir Menschen laufen über vor Emotionen, so sehr wir auch versuchen, sie einzudämmen oder uns zu verstellen. Manchmal fühlt es sich an, als wäre es zu viel, auch noch das innere Chaos anderer Leute zu ertragen, wenn wir schon kaum mit unserem eigenen umgehen können.

Laut Forschern der Université de Lausanne werden Geräusche, die negative Emotionen vermitteln, deutlich lauter wahrgenommen als diejenigen, die neutraler oder positiv klingen, auch wenn sie die gleiche Amplitude haben.[198] Ähnlich haben Forscher der University of Minnesota und der University of Illinois in Urbana-Champaign herausgefunden, dass Angestellte sich fünfmal mehr über negative Interaktionen am Arbeitsplatz ärgerten als sie durch positive Interaktionen positiv gestimmt wurden.[199] Das verbindet sich gut mit den Erkenntnissen des Ehe- und Familienforschers John Gottman von der University of Washington in Seattle. Dessen jahrzehntelange Beobachtungsstudien zeigen, dass gute Interaktionen die negativen mindestens im Verhältnis fünf zu eins übertreffen müssen, damit eine Beziehung gelingt.[200] Das erklärt unseren Instinkt, andere eher auszuschließen, als eine unverhältnismäßig intensive Verletzung zu riskieren.

In dem Buch *There Is No Good Card for This: What To Do and Say When Life Is Scary, Awful, and Unfair to People You Love* (Dafür gibt es kein gutes Rezept: Was Sie tun und sagen können, wenn das Leben von Menschen, die Sie lieben, unheimlich, schrecklich und ungerecht ist) identifizierten die Autorinnen Kelsey Crowe und Emily McDowell indirekt noch eine weitere Art von Wechselantworten, die aus genau diesem Vermeidungsverhalten resultieren.[201] Charles Derber charakterisierte die Wechselantwort als narzisstischen Versuch, das Gespräch auf sich selbst umzuleiten. Die Wechselantwort, die von Crowe und McDowell beschrieben wird, kommt dann ins Spiel, wenn Menschen, die sich angesichts der Gefühle anderer Menschen unwohl fühlen, eher so reagieren, dass sie deren Probleme lösen oder wegzuerklären versuchen, anstatt zuzuhören und den aufgeregten oder gekränkten Menschen ihre Gefühle zu belassen und sie im Gespräch selber die Lösungen finden zu lassen. Die Autorinnen raten, die folgenden Impulse bei sich zu unterdrücken:

- so zu tun, als wisse man, wie sich der andere fühlt,
- die Ursache des Problems zu identifizieren,
- jemandem zu raten, was er gegen das Problem tun soll,
- die Bedenken des Gegenübers zu minimieren,
- mit erzwungener Positivität und Plattitüden eine Perspektive in eine Situation zu bringen,
- die Stärke des Gegenübers zu bewundern.

Sich der Probleme von jemandem bewusst zu sein bedeutet nicht, dass Sie sie lösen sollten. Menschen suchen normalerweise sowieso nicht nach Lösungen, die vom Gesprächspartner kommen, sie wollen nur einen Resonanzboden. Außerdem treiben Sie Menschen in die Inaktivität, wenn Sie ihnen sagen, was sie tun oder wie sie sich fühlen sollten. Egal, wie gut Ihre eigenen Absichten sind oder wie klug der Ratschlag Ihrer eigenen Meinung nach ist, leisten Menschen dennoch reflexartig Widerstand gegen solche Vorschläge und befolgen sie nicht, auch wenn sie behutsam vorgebracht werden. Man kann vielleicht jemandem helfen, einen undichten Wasserhahn zu reparieren, einen Lebenslauf zu bearbeiten oder einen guten Steuerberater zu finden, aber man kann niemandem helfen, eine zerstörte Karriere zu retten, eine zerrüttete Ehe zu kitten oder aus tiefer Verzweiflung aufzutauchen. Die eigene Antwort auf die größten Schwierigkeiten eines anderen gibt nur das wieder, was man selbst tun würde, wenn man dieser Mensch wäre – was man aber nicht ist.

Das Beste, was Sie tun können, ist zuzuhören. Versuchen Sie zu verstehen, womit die Person konfrontiert ist, und versuchen Sie anzuerkennen, wie sie sich fühlt. Dies kann bereits zu Lösungen führen. Der Weg über das Zuhören zur Lösung von Problemen liegt auch der Praxis der Quäker zugrunde, »Klärungskomitees« zu bilden.[202] Das begann in den 1900er-Jahren als eine Vorgehensweise der Gemeindeältesten, anhand derer sie feststellen wollten, ob Paare, die heiraten wollten, zusammenpassten. Im Laufe der Jahre haben diese Klärungskomitees ihr Mandat erweitert und beschäftigen sich nun mit dem, was immer ein Mitglied der Gemeinschaft betrifft – sei es eine Beziehung, eine Karriere oder Glaubensfragen.

Nachdem ein Antrag gestellt wurde, kommt ein Klärungskomitee, das aus ungefähr einem halben Dutzend Mitgliedern besteht, zusammen, um der sogenannten Fokusperson zuzuhören, die ihr Problem darlegt. Dann stellen die Ausschussmitglieder ihre sogenannten »Gewissensfragen«, im Wesentlichen sind es zur Gänze unterstützende Antworten. Es gibt weder kluge Ratschläge oder einen Austausch ähnlicher persönlicher Erfahrungen, noch ist die Befragung dazu gedacht, das Denken der Person zu beeinflussen. Vielmehr sollen die Fragen des Klärungskomitees dazu dienen, dass die Fokusperson tiefer in sich hineinfühlt, sodass daraus eine Antwort hervorgehen kann. So kann Klarheit von innen heraus entstehen.

Der Quäkerausbilder und Autor Parker Palmer hat mir von seinen Erfahrungen mit einem Klärungskomitee in den 1970er-Jahren berichtet, als er vor der Entscheidung stand, Leiter einer großen Bildungseinrichtung zu werden. Zuerst betrafen die Fragen die Position und das, was er dadurch zu erreichen hoffte. Dann stellte jemand eine Frage, die ziemlich einfach schien: »Parker, was reizt Sie daran, Präsident zu werden?« Er zählte all das auf, was er nicht mochte – Politik, das Geldsammeln, nicht mehr selber unterrichten zu können. Als er wieder gefragt wurde: »Aber was mögen Sie daran?«, sprach er wieder über das, was er nicht mochte. »Nun, ich würde ungern meinen Sommerurlaub aufgeben.« Die Ausschussmitglieder beharrten jedoch: »Aber Parker, was mögen Sie denn nun wirklich daran?«

Schließlich und bestürzt über das, was er als Wahrheit erkannte, meinte er: »Am liebsten würde ich mein Bild in der

Zeitung sehen, mit dem Wort ›Präsident‹ darunter.« Eine unangenehme Stille kam auf. Schließlich brach ein anderer Fragesteller das Schweigen. »Parker, können Sie sich einen einfacheren Weg vorstellen, Ihr Bild in der Zeitung zu sehen?« Palmer lachte, als er sich daran erinnerte. »Ich wusste sofort, dass das Annehmen dieses Jobs ein vollkommen falscher Karriereschritt sein würde«, sagte er. Also ging er nach Hause, sprach mit seiner Frau und rief dann die Institution an, um seine Bewerbung zurückzuziehen. »Ich schaue mit großer Dankbarkeit auf die Erfahrung zurück, dass man mir intensiv zugehört hat, umso mehr, als ich dadurch die seltene Gelegenheit hatte, mir selbst zuzuhören«, meinte er. »Das hat mich davor bewahrt, einen Riesenfehler zu begehen.«

Hätte jemand im Komitee zu ihm gesagt: »Schauen Sie, Parker, ich glaube nicht, dass Sie wirklich an diesem Job interessiert sind«, wäre das Ergebnis wahrscheinlich anders gewesen. »Wenn die Leute dir sagen, wie du dich fühlst oder was du tun solltest – ich glaube, die meisten von uns wissen das –, dann bringt uns das in eine Verteidigungshaltung«, meinte Palmer zu mir. »Wir verteidigen dann etwas, das nicht zu verteidigen ist. ›Das ist doch arrogant. Sie kennen mich doch gar nicht. Natürlich bin ich daran interessiert. Es ist eine großartige Chance für mich.‹ Wir fangen an, uns etwas einzureden, das verändert die Dynamik völlig.«

Seine Erfahrung im Fokus eines Klärungskomitees und als Fragensteller bei Dutzenden anderer Klärungskomitees ließ Palmer einen Lehrplan entwickeln, der diesen Prozess

Menschen auch außerhalb der Quäker-Gemeinschaft nahebringen soll. Heute wird das bei Klausurtagungen gelehrt, die vom Center for Courage & Renewal gefördert werden, einer in Seattle ansässigen gemeinnützigen Organisation, die Palmer vor 25 Jahren gegründet hat, um Menschen in Sozial- und Gesundheitsberufen zu unterstützen, zum Beispiel Ärzte, Lehrer und Sozialarbeiter. Die Idee besteht weniger darin, den Menschen beizubringen, wie man in formellen Klärungskomitees verfährt, sondern eher darin, ihnen die notwendigen Techniken des Zuhörens beizubringen, sodass sie bei ihrer Arbeit effizienter sind und besser auf die Menschen in ihrem persönlichen Umfeld eingestimmt sind.

Mehr als 200 000 Menschen haben bislang an solchen Tagungen teilgenommen, und es stellt sich heraus, dass der schwierigste Teil des Lehrplans ist, wie man »gewissenhafte« Fragen zu stellen lernt, die im Einklang mit dem säkularen Charakter dieser Tagungen als »offene und ehrliche« Fragen bezeichnet werden können. Ein Neurochirurg aus Seattle, der an einer dieser Tagungen teilgenommen hat, berichtete mir: »Man merkt nicht, wie sehr die Fragen, die man stellt, die eigenen Interaktionen zu sterilen Transaktionen reduzieren können. Im beruflichen wie auch im privaten Leben ist alles so binär – entweder dieses oder jenes –, dass man die Geschichten der Leute gar nicht mehr hört und den Blick für das Wesentliche verliert.«

Es ist schwer, offene und ehrliche Fragen zu stellen, weil die meisten Menschen Fragen stellen, die in Wirklichkeit verdeckte Empfehlungen oder Urteile sind. Beispiele: »Hast du schon mal daran gedacht, einen Therapeuten aufzusuchen?« und »Warum lässt du dich nicht von ihm scheiden?« sind keine offenen und ehrlichen Fragen. Offene und ehrliche Fragen implizieren keine verborgenen Motive, etwas zu reparieren, zu retten, Ratschläge zu geben oder zu korrigieren. »Es beraubt uns all der Dinge, die wir gern tun«, sagte Palmer. Jedoch sind offene und ehrliche Fragen für ein grundlegendes Verständnis unerlässlich. Sie geben den Menschen Gelegenheit, ihre Geschichten zu erzählen, ihre Realität auszudrücken und die Ressourcen in sich selbst zu entdecken, um so herauszufinden, wie sich ein Problem für sie anfühlt und welche Schritte sie als Nächstes ergreifen können.

* * *

Angenommen, Ihr Sohn oder Ihre Tochter steigt nach dem Fußballtraining ins Auto und sagt: »Ich hasse es. Ich werde nie wieder dorthin gehen. Ich höre auf.« Dies trifft immer einen Nerv bei den Eltern, die wahrscheinlich so reagieren werden: »Du kannst doch nicht aufhören. Wo ist denn dein Teamgeist?« oder: »Oh mein Gott, was ist passiert? Ich rufe den Trainer an!« oder: »Hast du Hunger? Lass uns essen gehen. Danach fühlst du dich besser.« All das hat nichts mit Zuhören zu tun. Den Kindern auf den Zahn zu fühlen kommt einem Verhör gleich. Ihnen zu sagen, dass sie nicht so fühlen sollten, wie sie sich tatsächlich fühlen, heißt, sie kleiner zu machen. Und einfach das Thema zu wechseln macht sie in diesem Zusammenhang nur verrückt. Jugendliche wollen, wie wir alle, nur Gehör finden. Versuchen Sie es eher mit: »Hast du dieses Gefühl schon länger?«, oder: »Was würde es bedeuten, wenn du aufhörst?« Betrachten Sie es als Einladung zu einem Gespräch, nicht als eine Sache, die repariert werden muss oder über die man sich aufregt.

Auch hier sind die Lösungen der Probleme oft schon in den Menschen angelegt, und allein durch das Zuhören helfen Sie ihnen, den optimalen Umgang damit zu finden, jetzt und in Zukunft. Forscher der Vanderbilt University entdeckten, dass es die Problemlösungsfähigkeit der Kinder deutlich verbesserte, wenn Mütter nur zuhörten und keine Hilfestellung gaben oder Kritik äußerten, während ihre Kinder die Lösungen erklärten, um ein Muster zum Erkennen der Probleme zu formulieren – mehr als wenn die Kinder die Lösung sich selbst erklärt oder die Lösung immer wieder im Kopf wiederholt hätten.[203] Frühere Untersuchungen haben gezeigt, dass Erwachsene, denen ein aufmerksamer Zuhörer gegenüberstand, detailliertere Lösungen mit weiteren alternativen Ideen und besseren Rechtfertigungen formulierten, als wenn sie die Lösungen für sich allein entwickelten.[204]

Ob es nun Ihr Kind, ein Liebespartner, Freund, Kollege oder Mitarbeiter ist, der mit einem persönlichen Problem zu Ihnen kommt: Wenn Sie offene und ehrliche Fragen stellen und den Antworten aufmerksam zuhören, dann heißt das so viel wie: »Ich möchte gern mehr von dir erfahren«, und »Deine Gefühle sind begründet.« Wenn man die Sache reparieren, einen Ratschlag erteilen, korrigieren oder vom Problem ablenken will, kommuniziert man damit, dass die andere Person nicht in der Lage ist, mit der Situation umzugehen: »Du schaffst das nicht ohne mich.« Und man teilt auch mit: »Es gibt keinen Platz für ehrliche Emotionen in unserer Beziehung.« Durch Fragen und aufmerksames Zuhören bei den Antworten könnte nun die andere Person Ihnen Fragen stellen und auf diese Weise von Ihrer Erfahrung profitieren. Und auch das ist in Ordnung. Damit haben Sie sich das Recht erworben, über Ihre eigene Annäherung an die Probleme nachzudenken und Ratschlag oder Trost anzubieten. Und das gewährleistet auch, dass die Geschichten und die Gefühle, die Sie kommunizieren, wirklich relevant und hilfreich sind.

Julie Metzger, eine Krankenschwester aus Seattle mit ansteckendem Enthusiasmus, hat sich darauf spezialisiert, Eltern und Jugendliche anzuleiten, einander zuzuhören. Seit fast 30 Jahren bietet ihre gemeinnützige Organisation *Great Conversations* im pazifischen Nordwesten Kurse und Veranstaltungen an, um Teenies, jüngeren Kindern und ihren Eltern dabei zu helfen, über Sex und »andere Sachen, die zum Erwachsenwerden gehören«, zu reden.[205] Trotz des Themas, das einem oft die Schamröte ins Gesicht treibt, sind ihre Kurse voll. Das kommt auch daher, weil Metzger einen ausgeprägten Sinn für Humor hat (sie ist für ihre Vorträge bekannt, bei denen auf witzige Weise Damenbinden an ihrem Pullover kleben), aber auch über die Fähigkeit verfügt, die Familiendynamik anzusprechen. Vor allem die in Familien vorhandene Neigung, Fragen zu stellen, die mehr mit der Organisation des Alltags zu tun haben, statt zu versuchen, miteinander in Kontakt zu kommen.

Denken Sie etwa daran, wenn Ihr Kind von der Schule nach Hause kommt – dann könnten Sie staccatoartig eine ganze Reihe von Fragen abspulen: »Wie war es in der Schule?«, »Hast du schon gegessen?«, »Hast du Hausaufgaben auf?«, »Welche Note hast du in der Französisch-Arbeit bekommen?«, »Hast du deine Brotdose mit nach Hause gebracht?« In ähnlicher Weise könnten Sie, wenn Sie Ihren Ehepartner begrüßen, fragen: »Wie war die Arbeit?«, »Hast du deinen Antrag fertiggestellt?«, »Willst du, dass die Murrays am Freitag zum Abendessen zu uns kommen?«, »Hast du was für die chemische Reinigung?« Es hört sich alles sehr freundlich, fürsorglich und neugierig an, aber Metzger sagt: »Eigentlich spult man eine Checkliste ab, um festzustellen, wie die Dinge stehen und was als Nächstes passieren muss. Es ist kein richtiges Gespräch und kein Zuhören.«

Das soll nicht heißen, dass praktische Fragen nicht gestellt werden sollten. Natürlich sollte das geschehen. Wenn dies allerdings die einzigen Fragen sind, die Sie stellen, leidet die Beziehung. Offenes, ehrliches und nachforschendes Fragen, eine echte Neugierde und das sorgfältige Zuhören, das dieses Fragen voraussetzt, führen nicht nur zu größerer Klarheit über das, was in jemandem vorgeht, sondern bilden auch die Grundlage von Intimität. Es kann eine so einfache Frage sein wie: »Was hast du heute gelernt?« Eine weitere gute Frage ist: »Was war an deinem Tag heute sehr gut und was war sehr schlecht?«

Je mehr Sie wissen und verstehen, wo jemand herkommt, desto näher fühlen Sie sich dieser Person, ganz gleich, ob es sich um geliebte Menschen oder Fremde handelt. Arthur Aron, Psychologieprofessor an der State University of New York in Stony Brook, führte ein Experiment durch, bei dem er Studenten, die sich nicht kannten, zu Paaren zusammenstellte und sie sich gegenseitig 36 tiefergehende Fragen stellen ließ wie:

- Bevor du jemanden anrufst, übst du manchmal, was du sagen willst? Warum?
- Was wäre ein »perfekter« Tag für dich?
- Wann hast du zuletzt für dich selbst gesungen? Für jemanden anderen?
- Wenn du 90 Jahre alt werden und entweder den Geist oder den Körper eines Dreißigjährigen für die letzten 60 Jahre deines Lebens behalten könntest, was würdest du dir dann wünschen?

Nach dieser Übung im gegenseitigen Zuhören haben die einander fremden Paare von intensiven Gefühlen der Verbundenheit berichtet, die noch enger wurde, als die Probanden für eine gleich lange Zeit zu einem Paar zusammengestellt wurden, um ein Problem zu lösen oder eine Aufgabe zu erledigen.[206] Tatsächlich haben zwei Probandenpaare des Experiments später geheiratet. Dieses Forschungsprojekt wurde wenig beachtet, als es vor mehr als 20 Jahren veröffentlicht wurde, erhielt aber eine enorme Aufmerksamkeit, als es 2015 in einem Artikel in der *New York Times* unter der Überschrift »Um sich in jemanden zu verlieben, müssen Sie Folgendes tun« wieder auftauchte.[207] Arons Fragen, die später in »Die 36 Fragen, die zur Liebe führen« umbenannt wurden, sind zu einem Internet-Meme geworden, da Menschen sie weiterhin nutzen, um neue Liebesbeziehungen zu starten und bestehende neu zu beleben.

Gute Zuhörer sind gute Fragensteller. Nachfragen verstärkt das Zuhören und umgekehrt, weil man erst zuhören muss, um eine passende und nützliche Frage zu stellen. Und als Folge davon, dass man die Frage gestellt hat, ist man darauf eingestellt, auch der Antwort zuzuhören. Außerdem sorgt es für sinnvollere und aufschlussreichere Gespräche, wenn man wirklich neugierige und offenherzige Fragen stellt – ganz zu schweigen davon, dass es Missverständnisse verhindert. Und das macht wiederum das Erzählen interessanter, ansprechender und sogar mitfühlender, was ja die Grundlage für den Aufbau aufrichtiger und stabiler Beziehungen ist.

Man kann aber keinen sinnvollen Austausch mit Menschen haben, geschweige denn Beziehungen zu ihnen aufbauen, wenn man nicht bereit ist, den Geschichten der Leute zuzuhören, egal, ob es nun darum geht, woher sie kommen, was sie träumen, was sie dazu veranlasst, die Arbeit zu tun, die sie eben ausführen, oder warum sie vor Punktmustern Angst haben. Was ist Liebe denn anderes als zuzuhören und den Wunsch zu spüren, ein Teil der sich entwickelnden Geschichte einer anderen Person zu sein? Das gilt für alle Beziehungen – Liebesbeziehungen wie platonische. Und einem Fremden zuzuhören gehört möglicherweise zu den freundlichsten und großzügigsten Dingen, die man überhaupt tun kann.

Menschen, die sich bemühen zuzuhören – und auf diese Weise das Gespräch unterstützen, statt es umzuleiten –, sammeln am Ende Geschichten, so wie andere Leute vielleicht Briefmarken, Muscheln oder Münzen sammeln. Das führt dazu, dass sie zu fast jeder Diskussion etwas Interessantes beitragen können. Die besten Anekdotenerzähler und die interessantesten Gesprächspartner, die ich je getroffen habe, sind zugleich die lebendigsten Fragesteller und aufmerksamsten Zuhörer. Die außergewöhnlichen Zuhörer, die ich in diesem Buch erwähne, bekannte und unbekannte, hielten mich mit ihren Geschichten in Atem. Das liegt unter anderem daran, dass sie so viel Material in sich angesammelt haben, aber auch daran, dass sie bewusst oder unbewusst die Klangfarbe, den Tonfall, die Pausen, den Sprachrhythmus und die Redewendungen aufgenommen zu haben schienen, die wiederum unsere Aufmerksamkeit fesseln.

Viele berühmte Schriftsteller, darunter Tom Wolfe, John McPhee, Richard Price und Anthony Doerr, haben berichtet, das Zuhören sei die schöpferische Seele ihrer Arbeit, was ihr Schreiben erst ermögliche.[208] Die Pulitzer-Preisträgerin Elizabeth Strout sagte in einem Interview: »Ich habe mein ganzes Leben lang zugehört. Ich höre ununterbrochen zu.« Eine Romanfigur von ihr, Jim Burgess aus *The Burgess*

Boys (dt.: *Das Leben natürlich*), bemerkt: »Man sagt ja, jeder Mensch gibt sein wahres Ich zu erkennen.«[209] Strout meinte, sie habe ihm diese Worte gern in den Mund gelegt, weil die Leute einem ja tatsächlich mitteilen, wer sie sind, oft ganz gegen ihre Absicht. »Wenn Sie genau zuhören, werden Sie wirklich eine Menge Informationen über andere Leute bekommen«, meinte sie. »Aber ich denke, dass die Leute nicht so viel zuhören.«[210]

Die Geschichten, die wir im Leben sammeln, definieren uns und sind das Gerüst unserer Realität. Familien, Freunde und Arbeitskollegen haben Geschichten, die sie miteinander verbinden. Rivalen und Feinde haben Geschichten, die sie auf Abstand halten. Um uns herum sind die Legenden, Anekdoten, Mythen und die nackte Realität der Menschen, auch das, was sie missbilligen und verherrlichen. Zuhören hilft uns, Fakten von Fiktion zu unterscheiden; es vertieft unser Verständnis für die komplexen Situationen und Persönlichkeiten, denen wir im Leben begegnen. So erhalten wir Zutritt, sammeln Informationen und stellen Verbindungen her, unabhängig von den sozialen Milieus, in denen wir uns befinden.

13

Hammer, Amboss und Steigbügel:

Umwandlung von Klangwellen in Gehirnströme

Die Abholzone für Passagiere am George Bush Intercontinental Airport in Houston war das reinste Chaos. Polizisten brüllten, bliesen in ihre Trillerpfeifen und lenkten den Verkehr um das Gebäude herum. Arbeiter mit Schutzhelmen und orangefarbenen Westen bearbeiteten mit Presslufthämmern den Beton. Ein stinkender Bagger lud ganze Ladungen mit Schutt krachend auf die Ladefläche eines rumpelnden Muldenkippers. Pendelbusse standen im Leerlauf herum, ihre Motoren brummten vor sich hin. Autos hupten, Fahrer ließen ihre Fenster herunter und brüllten Schimpfwörter aus dem Wagen.

Ich sah, wie mein Vater etwa hundert Meter von der Stelle entfernt, wo ich in einer Autoschlange feststeckte, aus dem Terminal trat. Er zog eine Trolley-Tasche hinter sich her, wodurch er einen Schwarm von Tauben vom Bürgersteig verscheuchte. Ich stand auf dem Trittbrett meines Autos und rief: »Dad!« Doch meine Stimme ging im Lärm unter. Trotzdem drehte mein Vater seinen Kopf in meine Richtung. Er winkte und kam entschlossen zu meinem Wagen. »Man hört seine Welpen doch immer«, meinte er.

Sicherlich gibt es Tiere, die ein besseres Hörvermögen haben als Menschen. Ein Hund zum Beispiel kann seine Welpen aus viel größerer Entfernung vernehmen, als mein Vater mich, seine erwachsene Tochter, hören konnte. Das Gehör von Elefanten ist sogar so empfindlich, dass sie das Herannahen von Wolken hören können.[211] Aber der Mensch ist besonders geschickt in der Unterscheidung und Einordnung von Klängen, und – was vielleicht das Wichtigste ist – wir legen dem, was wir hören, Bedeutung bei.

Als mein Vater den Flughafen verließ, geriet er sofort in ein brodelndes Meer von Schallwellen, die in verschiedenen Frequenzen und mit unterschiedlichen Amplituden wogten. Doch es waren die einzigartigen Klangeigenschaften meiner Stimme, die seine Aufmerksamkeit erregt hatten. Meine Stimme löste eine regelrechte Kaskade körperlicher, emotionaler und kognitiver Reaktionen aus, die ihn aufhorchen und reagieren ließen. Unsere Fähigkeit, akustische Informationen wahrzunehmen und zu verarbeiten, betrachten wir gern als selbstverständlich. Wir machen das schließlich immer, den ganzen Tag. Dennoch ist es eine Leistung, die in ihrer Besonderheit und Komplexität verblüffend ist.

Es gab im Laufe der Jahre umfangreiche Forschungen darüber, an welcher Stelle im Gehirn wir die akustischen Informationen umwandeln. Die Prozesse, die dem Erkennen und der Interpretation von Klang zugrunde liegen, wurden an vielen Tierarten untersucht (Affen, Mäuse, Kaninchen, Greifvögel, Seelöwen, Hunde etc.), und man kann Hunderte entsprechender Aufsätze lesen, von den natürlichen Wegen, die die akustischen Signale nehmen, bis zur Erklärung, wie unsere Gene darauf reagieren, je nach entsprechendem Input. Und doch verstehen wir immer noch recht wenig, wie wir hören und uns im Gespräch miteinander verbinden. Das zu verarbeiten, was jemand sagt, erweist sich als eines der kompliziertesten und verwickeltsten Dinge, die wir unserem Gehirn abverlangen.

Wir wissen, dass beide Seiten des Gehirns über einen auditiven Kortex, die sogenannte Hörrinde, verfügen, die zweckmäßigerweise nahe bei den Ohren liegt. Wenn sie verletzt oder entfernt wird, erkennen wir keine Geräusche mehr, obwohl wir vielleicht noch reflexartig darauf reagieren.[212] Wir würden bei einem Donnerschlag zusammenzucken, aber nicht wissen, warum. Entscheidend zum Verständnis von Sprache ist das Wernicke-Zentrum, das in der linken Gehirnhälfte liegt. Es ist nach dem deutschen Neurologen Carl Wernicke benannt, der 1874 seine Entdeckung veröffentlichte, dass Schlaganfallpatienten mit Läsionen in diesem Bereich noch hören und sprechen, aber nicht verstehen konnten, was man ihnen sagte.[213] Man weiß nicht genau, wie viele andere Bereiche des Gehirns am Sprachverständnis beteiligt sind und wie sehr sich Menschen hierin unterscheiden, obwohl man vernünftigerweise von einem sehr guten Zuhörer annimmt, der jede Nuance in einem Gespräch spürt, dass er mehr Neuronen in mehr Teile des Gehirns abfeuert, als ein schlechter Zuhörer dies tut.

Aber es sind nicht nur Worte, die unser Gehirn verarbeitet, wenn wir Menschen zuhören. Auch Tonhöhe, Lautstärke und Klangfarbe sowie der Sprachfluss, *Prosodie* genannt, gehören dazu. Tatsächlich kann der Mensch zuverlässig den emotionalen Aspekt einer Botschaft deuten, auch wenn die Worte völlig verschleiert sind. Denken Sie daran, auf welch verschiedene Weise man sagen kann: »Sicher.« Da gibt es das schwungvolle, hohe »Sicher!«, das man sagt, wenn jemand bereit ist, einer Bitte zu entsprechen. Dann ist da das zaghafte und tiefere »Sicher doch«, das ziemlich lang für einige Sekunden gedehnt werden kann, wenn jemand im Zwiespalt darüber ist oder zögert, der Bitte nachzukommen. Und dann ist da noch das kurzgefasste, fast schnippische »Sicher«, dem ein »aber« folgt, wenn jemand wahrscheinlich darüber nachdenken will, wie man der Anfrage entsprechen könnte, beziehungsweise überhaupt nicht helfen wird.

Forscher beginnen gerade erst zu entdecken, dass spezialisierte Neuronen-Cluster im Gehirn dafür verantwortlich sind, diese leichten Veränderungen in Tonhöhe und Klangfarbe zu erkennen.[214] Je geübter man als Hörer ist, desto besser sind diese Neuronen in der Lage, die Klangvariationen wahrzunehmen, die den emotionalen Inhalt und einen Großteil der Bedeutung dessen ausmachen, was die Menschen sagen. Zum Beispiel reagieren Musiker, deren Kunst davon abhängt, Unterschiede in Tonhöhe und Klangfarbe zu erkennen, leichter auf stimmliche Gefühlsäußerungen als Nichtmusiker.[215] Das verleiht der Vorstellung etwas Wahres, dass Musiker generell als empfindsamere Menschen gelten. Vielleicht ist es daher nicht verwunderlich, dass Musiker, die mit Mandarin-Chinesisch nicht vertraut sind, in der Regel besser als Nichtmusiker die feinen Klangunterschiede in der Sprache erkennen, die die komplette Bedeutung eines Wortes verändern können, zusätzlich zur Übermittlung von Gefühlen.[216]

Es gibt auch Hinweise darauf, dass man unterschiedliche Teile des Gehirns benutzt, abhängig davon, wie man interpretiert, was man hört. Der Neurowissenschaftler Uri Hasson hat gezeigt, wie die Gehirnströme von Sprechenden und Zuhörenden sich synchronisieren, sobald sie sich verstehen, und hat ein weiteres faszinierendes fMRT-Experiment in seinem Labor an der Princeton University durchgeführt, das die bewusstseinsverändernden Auswirkungen von Informationen demonstrierte, die von Vorurteilen durchsetzt waren.[217] Er und seine Kollegen ließen die Probanden eine der Testsituation angepasste Version von J. D. Salingers Kurzgeschichte »Pretty Mouth und Green My Eyes« hören, die ein Telefongespräch zwischen Arthur und Lee beschreibt.[218] Arthur erzählt Lee, dass er seine Frau verdächtigt, eine Affäre zu haben, während eine unbekannte Frau neben Lee im Bett liegt. Bevor sie die Geschichte hörten, hatte man der Hälfte der Probanden gesagt, die Frau, die mit Lee im Bett ist, sei Arthurs Frau. Den anderen Probanden wurde gesagt, dass Arthur paranoid und die Frau Lees Freundin sei.

Dieses eine unterschiedliche Detail reichte aus, um die Gehirnmuster der Probanden signifikant zu verändern, während sie die Geschichte hörten. So konnte Hasson leicht erkennen, wer annahm, die Frau gehe fremd, und wer der Meinung war, sie sei treu. Wenn schon das ausreichte, um Menschen in zwei neuronal unterschiedliche Gruppen einzuteilen, dann denken Sie nur daran, was in den Gehirnen der Leute geschieht, die vor allem Fox News im Gegensatz beispielweise zu CNN hören. Wenn man beiden Fraktionen exakt dasselbe erzählt, wird deren Gehirn es messbar anders hören, da die Signale über verschiedene Wege geleitet werden, abhängig von dem, was sie zuvor gehört hatten. »Es wird Ihren Geist umformen«, sagte Hasson zu mir. »Es wird die Art und Weise beeinflussen, wie Sie zuhören.« Das ist ein Argument dafür, dass man so viele Quellen wie möglich anhören sollte, um das Gehirn so beweglich wie möglich zu halten. Andernfalls funktioniert das Gehirn nur wie ein Auto, dessen Motor nicht auf allen Zylindern rundläuft, oder wie eine Computer-Leiterplatte, auf der elektrische Impulse durch eine nur begrenzte Zahl von Kanälen laufen, wodurch die volle Kapazität verhindert wird.

Ein weiterer interessanter Aspekt bei der Verarbeitung von akustischen Informationen ist die Vorrangstellung des rechten Ohres.[219] Ist man Rechtshänder, versteht man die Bedeutung von Sprache besser und schneller, wenn man sie mit dem rechten Ohr anstatt mit dem linken hört. Dies hat mit der Lateralisation [Aufgabenteilung und Spezialisierung, Anm. d. Ü.] des Gehirns zu tun, sodass das, was man im rechten Ohr hört, zuerst auf die linke Seite des Gehirns geleitet wird, wo sich das Wernicke-Zentrum befindet. Das linke Ohr ist im Vorteil, wenn es um die Erkennung von emotionalen Aspekten der Sprache sowie um die Wahrnehmung und Einschätzung von Musik und Klängen in der Natur geht.[220] Das Gegenteil kann bei Linkshändern auftreten, deren »Gehirnverkabelung« vertauscht sein kann.[221]

Sie können vielleicht besser die Bedeutung von Gesprochenem erkennen als die Emotionen, die der Sprache zugrunde liegen, je nachdem, auf welchem Ohr Sie hören. Diese Erkenntnis resultiert aus Studien mit Versuchspersonen, die sich Stimmen anhörten, die entweder in die linke oder in die rechte Seite eines Kopfhörers geleitet wurden, sowie aus Studien mit Patienten, die einen rechts- oder linksseitigen Hirnschaden erlitten haben.[222] Diejenigen mit Verletzungen auf der rechten Seite des Gehirns hatten zum Beispiel die größten Probleme, Emotionen zu erfassen.

Es gab auch eine originelle Studie von italienischen Forschern, die zeigte, dass Menschen in lauten Nachtclubs öfter ihr rechtes Ohr hinhielten, wenn jemand auf sie zukam und versuchte, mit ihnen zu reden; sie boten jemandem auch mit größerer Wahrscheinlichkeit eine Zigarette an, wenn die Bitte am rechten Ohr ankam anstatt am linken.[223] Dies war eine raffinierte Weise, die Vorrangstellung des rechten Ohres in einer natürlichen »Versuchsanordnung« zu demonstrieren, da es nicht viele Orte gibt, an denen man eine Bitte nur in ein Ohr hineinspricht, ohne dass es total seltsam wirkt.

Dies kann wiederum Auswirkungen darauf haben, mit

welchem Ohr Sie sich einem Redner zuwenden oder welches Ohr Sie benutzen, wenn Sie am Telefon sprechen. Wenn Sie mit Ihrem Chef reden, neigen Sie Ihren Kopf nach links, sodass Ihr rechtes Ohr nach oben weist. Wenn Sie nur mit Schwierigkeiten herausfinden können, ob Ihr Liebespartner verärgert ist, legen Sie den Hörer an das linke Ohr. Sind Sie Linkshänder, machen Sie es umgekehrt. Aber wahrscheinlich wählen Sie unbewusst ohnehin das passende Ohr. Zum Beispiel erklärte mir eine linkshändige weibliche Führungskraft, die in der männerdominierten, erbarmungslosen Ölindustrie in Houston arbeitet, dass sie das Telefon immer an ihr linkes Ohr hält, für Linkshänder wie sie das logischer empfindende, weniger emotionale Ohr. »Wenn ich ein Telefon an mein rechtes Ohr halte, kommt es mir vor, als könnte ich nicht hören«, meinte sie. »Das stimmt natürlich nicht, aber es fühlt sich so an.«

Naomi Henderson, die Fokusgruppen-Moderatorin, erzählte mir, sie habe festgestellt, wenn die Menschen ihren Kopf nach rechts neigen und damit ihr linkes Ohr in die Höhe weist, zeige dies meistens an, dass sie in emotionalere Bereiche von sich einsteigen. Diese Information ist für ihre Kunden sehr wertvoll. Wenn sie also jemanden sieht, der seinen Kopf nach rechts neigt und das linke Ohr anhebt, lässt sie das innehalten und nachhaken, welche Erinnerungen oder Bilder das Produkt oder das Thema, das sie diskutiert haben, den Teilnehmern in den Sinn kommen lässt. Das hat sie eher durch Erfahrung als durch ein wissenschaftliches Experiment entdeckt. Es scheint aber sinnvoll, wenn man davon ausgeht, dass das linke Ohr normalerweise das emotionalere Ohr ist.

Welches Ohr benutzen Sie, wenn Sie am Telefon sprechen? Welches Ohr bringen Sie nach vorne, wenn Sie sich bemühen, etwas zu hören? Benutzen Sie in unterschiedlichen Situationen oder bei unterschiedlichen Personen ein anderes Ohr? Dies ist ein interessantes Experiment und könnte einen Hinweis darauf geben, wie Sie Informationen verarbeiten, oder besser gesagt, welche Aspekte der Informationen in diesem Moment Vorrang haben. Ebenso faszinierend ist es festzustellen, welches Ohr die anderen Menschen Ihnen zuwenden und wie sich das je nach Gesprächsthema ändern kann.

* * *

Wir sollten an diesem Punkt besser einen Schritt zurückgehen und auf die eigentliche Mechanik des Hörens eingehen, die notwendige Vorstufe zum Zuhören. Wir haben darüber gesprochen, wie akustische Informationen verarbeitet werden, wenn sie im Gehirn angekommen sind, aber wir sollten auch verstehen, wie die Informationen dort hineinkommen. Schauen wir uns also die Wunder an, die unsere Ohren ja tatsächlich sind, diese Öffnungen auf beiden Seiten unseres Kopfes, die uns nicht nur das Hören ermöglichen, sondern auch unser körperliches Gleichgewicht erhalten. Man könnte sagen, unsere Ohren helfen uns, uns körperlich wie auch emotional zu orientieren.

Die frühesten Wirbeltiere hatten Innenohren, die die Anfänge des vestibulären oder Gleichgewichtssystems markierten.[224] Menschen mit Schwindelgefühlen wissen nur allzu gut, wie wichtig ein funktionierendes vestibuläres System ist. Es erkennt die Beschleunigung des Körpers und seine Orientierung im Raum und sendet Signale an den Bewegungsapparat, damit wir uns aufrecht halten. Das primitive vestibuläre System unserer glitschigen Vorfahren erkannte nicht nur, welcher Weg aufwärts führte, sondern wurde auch als Reaktion auf Druck in Schwingungen versetzt, zuerst unter Wasser, dann unter freiem Himmel.[225] Das war der Beginn des Hörens, denn was sind Schallwellen anderes als komprimierte Luft? Eine Bach-Sonate, ein Müllwagen, der rückwärtsfährt, das Summen von Mücken – sie alle sind nichts anderes als Luftpartikel, die in regelmäßigen Intervallen zusammengepresst werden, wie eine unsichtbare Spannerraupe, die sich im Raum auf und ab bewegt.

Wenn Schallwellen unsere Ohren erreichen, gelangt die komprimierte Luft in den festen, fleischigen Außenbereich des Ohres, in die sogenannte Pinna, die Ohrmuschel, wodurch der relative Schalldruck um bis zu 20 Dezibel erhöht wird, wenn er unseren Gehörgang erreicht.[226] Die Nervenenden dort sind unglaublich dicht. David Haynes, Direktor der Ohrchirurgie an der Vanderbilt University in Nashville, Tennessee, erzählte mir, dass es pro Quadratzentimeter mehr Nervenstränge gibt, die in das Ohr führen, als irgendwo sonst im Körper. »Es hat sich im Laufe der Zeit so entwickelt, damit wir uns besser schützen können, weil unsere Ohren sehr wichtig für uns sind«, sagte er. Und diese sensorischen Nerven können Empfindungen durch den gesamten Körper übertragen, auch in die inneren Organe und die erogenen Zonen, weshalb sich die Menschen trotz der ernsten Warnungen von Ärzten wie Haynes vor möglichen Schädigungen weiterhin Q-Tips in die Ohren stecken. Es fühlt sich einfach so verdammt gut an, da drin herumzuwühlen.[227] Man nennt es ja nicht umsonst »Ohrgasmus«.[228]

Am anderen Ende des Gehörgangs, etwa zwei bis drei Zentimeter innerhalb des Kopfes, treffen die Schallwellen auf das *Trommelfell* – das schöne, perlmuttartige kleine Trommelfell – das nahebei liegende Knochen mit so wunderbar bildhaften Namen wie Hammer, Amboss und Steigbügel zum Schwingen bringt. Von dort aus steigen die Schallwellen spiralförmig in der mit Flüssigkeit gefüllten *Cochlea* an, die wie ein Schneckenhaus aussieht (*Cochlea* ist griechisch für *Schnecke*). Die Cochlea ist voller winziger Haarzellen, die jeweils auf eine andere Frequenz gestimmt sind. Bedenkt man, wie wichtig Kommunikation und Kooperation für das Überleben unserer Art gewesen ist, sollte es also keine Überraschung sein, dass die Haarzellen, die auf die Frequenzen der menschlichen Klänge gestimmt sind, zugleich die empfindlichsten sind.

Aus jeder Haarzelle ragt ein Bündel von Borsten heraus, die sogenannten *Stereozilien*, wobei jeder Strang nur so breit ist wie die kleinste Wellenlänge von sichtbarem Licht.[229] Wenn Schallwellen diese Filamente vor und zurück bewegen, kitzelt es an den Nervenenden, was allerhand kognitive und emotionale Prozesse in Bewegung setzt. Inmitten also des Trubels am Flughafen haben winzige Haarzellen von der Länge einiger weniger Mikrometer unendlich kleine Veränderungen registriert, die meinen Dad meine Stimme erkennen und darauf reagieren ließen.

Hörverlust entsteht meistens durch die Schädigung dieser Haarzellen durch laute Geräusche.[230] Durch ein Elektronenmikroskop betrachtet sehen gesunde Stereozilien aus wie Soldaten, die kampfbereit in präziser Formation stehen. Aber wenn sie Geräuschen ausgesetzt sind, die die Lautstärke der Sirene eines Krankenwagens erreichen, sehen sie so aus, als hätten sie einen feindlichen Angriff erlitten; sie sind verbogen und umgeklappt.

Ihre Haarzellen könnten sich erholen, wenn das Geräusch nicht zu laut war und nicht allzu lange dauerte. Ein typisches Gespräch findet bei 60 Dezibel statt und verursacht keine Schäden. Doch Musik über Kopfhörer bei großer Lautstärke zu hören, mit etwa 100 Dezibel, sorgt nach weniger als 15 Minuten bereits für bleibende Schäden. Mindern Sie die Lautstärke auf moderatere 88 Dezibel, tritt der Schaden erst nach vier Stunden auf. Ein Presslufthammer oder Düsentriebwerk können in weniger als 30 Sekunden Schäden verursachen.

Eine beängstigend hohe Zahl alltäglicher Aktivitäten kann Ihre wertvollen Stereozilien schädigen, etwa wenn Sie sich die Haare föhnen, einen Mixer benutzen, ein Rockkonzert besuchen, Staub saugen, einen Film in einem Kino anschauen, in einem lauten Restaurant essen, Motorrad fahren oder mit einem Elektrowerkzeug hantieren.[231] Mit der Zeit können die lauten Attacken zu einem erheblichen Hörverlust führen. Das wiederum blockiert Ihre Fähigkeit zuzuhören und trennt Sie von der Welt. Gehörspezialisten weisen darauf hin, dass das Benutzen eines billigen Paares von Schaumstoff-Ohrstöpseln, wenn es laut wird, einen großen Beitrag zur Erhaltung Ihrer Hörfähigkeit leisten kann.

Sie können sich auch Ohrstöpsel individuell an Ihre Ohrmuschel anpassen lassen, für 40 bis 200 Dollar. Die teureren Versionen haben eingebaute Geräuschfiltersysteme, die ein klares, wenn auch lautstärkereduziertes Hören ermöglichen. Solche Ohrstöpsel werden oft von Menschen verwendet, die Berufe mit intensiver Geräuschentwicklung haben, zum Beispiel von Musikern, Piloten, Zahnärzten, Fabrikarbeitern und Computertechnikern. Solche Stöpsel mit Geräuschfilter sind keine schlechte Investition für all die, die in einen Film oder ein Konzert gehen wollen, ohne ihre Ohren zu schädigen. Wenn Sie eine Geräuschmessungs-App auf Ihr Handy laden, werden Sie sehen, dass der Schallpegel bei vielen Filmen den oberen Grenzwert deutlich überschreitet, der von dem den Centers for Disease Control and Prevention (US-Gesundheitsbehörde) unterstehenden National Institute for Occupational Safety and Health (Nationales Institut für Arbeitssicherheit und Gesundheitsschutz) empfohlen wird.

Experten bezeichnen Teenager heute bereits als die »Generation taub«, weil ein fast schon chronischer Gebrauch von Ohrhörern oder Kopfhörern ihr Hörvermögen ruiniert.

Die Weltgesundheitsorganisation hat davor gewarnt, dass 1,1 Milliarden junger Menschen von Hörverlust bedroht sind – wegen des Missbrauchs von Ohrhörern.[232] Eine gute Methode, um zu erkennen, ob Kinder ihrem Gehör schaden, besteht darin, darauf zu achten, ob Sie die Geräusche hören können, die aus dem Ohrhörer oder Kopfhörer Ihrer Kinder dringen. Die Lautstärke ist dann in Ordnung, wenn Sie von außen nichts hören können. Aber natürlich tritt das nicht nur bei jungen Leuten auf. Auch Erwachsene erhöhen quasi routinemäßig die Lautstärke ihrer Telefone, um so Umgebungsgeräusche zu übertönen oder weil die Verbindung schlecht ist.

Etwa 20 Prozent der Amerikaner, was rund 48 Millionen Menschen entspricht, berichten von Hörverlusten.[233] 65 Prozent davon sind unter 65 Jahre alt.[234] Und das sind nur diejenigen, die sich in Umfragen dazu bekannt haben, was wahrscheinlich weitaus weniger ist als die Zahl derer, die tatsächlich Probleme mit dem Hören haben. Deshalb gilt Schwerhörigkeit als bedeutendes öffentliches Gesundheitsproblem; sie wird als dritthäufigste chronische Erkrankung eingestuft, nach Bluthochdruck und Arthritis.[235]

Viele Menschen merken nicht, dass sie ihr Gehör verlieren, bis es zu einem schwerwiegenden Problem geworden ist. Das liegt daran, dass das Gehirn bei leichten bis moderatem Hörverlust die Lücke füllt, indem es die Wörter ergänzt, die man in Gesprächen nicht hört. Das Problem dabei ist nur, dass das Gehirn nicht immer ganz exakt ist. Tatsächlich ist es das oft ganz und gar nicht. Das Gehirn passt sich dem an, was es zu hören erwartet, und nicht dem, was tatsächlich gesagt wird, oder es hört manchmal etwas, auch wenn überhaupt nichts gesagt wurde. Bereits in den 1890er-Jahren haben Forscher aufgezeigt, dass Menschen für akustische Halluzinationen anfällig sind, wenn ein Ton mit einem zusätzlichen Reiz verbunden wird, etwa einem Lichtimpuls.[236] Schon bald »hören« die Probanden den Ton, wenn nur das Licht blinkt. Vermutlich haben auch Sie schon etwas Ähnliches erlebt, wenn Sie Ihr Handy klingeln oder summen hören, auch wenn es das gar nicht tut.

Vor seinem Tod führte der Neurologe Oliver Sacks ein Tagebuch über seine »Missverständnisse«, als sein eigenes Gehör versagte.[237] Was er falsch gehört hatte, schrieb er in Rot auf, was wirklich gesagt wurde, in Grün, und in Lila hielt er die daraus resultierenden Missverständnisse fest, worunter sich einige finden, die einer Sitcom-Episode würdig sind. Dazu gehörte, dass er »Chorprobe« statt »Chiropraktiker« hörte, und »Tintenfisch« (cuttlefish) statt »Publizist« (publicist). Meine persönliche Lieblingsepisode für falsches Hören trug sich zu, als ich einem Freund sagte, dass ich kernlose kleine Wassermelonen (baby seedless watermelons) in meinem Garten züchten würde, er aber verstand: »Baby Jesus Wassermelonen? Musst du die etwa in einer Krippe züchten?«

Eine häufige Form des Verhörens tritt auf, wenn wir nicht in der Lage sind, die Texte von Songs zu verstehen. Unser Gehirn ersetzt sie dann durch etwas, das irgendwie sinnvoll ist. Ein klassisches Beispiel dafür ist, wenn man »Scuse me while I kiss this guy – Entschuldige, wenn ich diesen Kerl küsse« in Jimi Hendrix' »Purple Haze« hört statt des tatsächlichen Textes »Excuse me while I kiss the sky – Entschuldige, wenn ich den Himmel küsse.« Dieses Phänomen hat sogar einen Namen: *Mondegreen.* Die amerikanische Schriftstellerin Sylvia Wright prägte den Begriff 1954 und beschrieb damit, wie sie als Mädchen die Textpassage »and laid him on the green – und legte ihn auf das Grün« in einer schottischen Ballade als »Lady Mondegreen« missverstand.[238]

Verhörer sind manchmal auch auf den McGurk-Effekt zurückzuführen, der auftritt, wenn Menschen widerstreitende visuelle und akustische Reize empfangen.[239] Wenn etwa (in synchronisierten Filmen) die Silben *ba-ba* über die Lippenbewegungen von *ga-ga* gesprochen werden, ist unsere Wahrnehmung *da-da*.

Die Erkenntnis aus all dem ist, dass viele Menschen schlechte Zuhörer sind, weil sie wirklich nicht gut hören können und ihr Gehirn auf seltsame Weise arbeitet, um dieses Manko auszugleichen. Während einige Missverständnisse durchaus humorvoll sein können, führt der Hörverlust auf lange Sicht zu einer ganzen Reihe unglücklicher emotionaler und sozialer Auswirkungen,[240] wozu unter anderem folgende Punkte gehören:

- Reizbarkeit, Negativität, Wut, Erschöpfung, Spannung, Stress und Depression,
- Vermeidung von oder Rückzug aus sozialen Begegnungen,
- soziale Ablehnung und Einsamkeit,

- verminderte Arbeitsleistung und Erwerbskraft,
- schlechterer psychischer und allgemeiner Gesundheitszustand.

Diese Symptome sind nicht so sehr das Ergebnis des Hörverlusts an sich, sondern der daraus resultierenden Unfähigkeit, sich mit Menschen zu verbinden. Also ist es enorm wichtig, dass Sie Ihr Gehör schützen, indem Sie die Lautstärke bei Audiosystemen in einem sicheren Bereich belassen (nicht mehr als 60 Prozent des maximalen Volumens[241]) und in lauten Umgebungen Ohrstöpsel tragen. Gut ist auch, sich die Ohren untersuchen zu lassen, wenn Sie vermuten, dass Ihre Hörprobleme eine physische Ursache haben. Denn auch die Bildung von Ohrenschmalz kann zu Hörverlust führen.[242] Sie werden überrascht sein, wie eine gute Ohrreinigung durch einen HNO-Arzt ein- bis zweimal im Jahr Ihr Gehör verbessern kann.

* * *

Wenn auch unsere Ohren offensichtlich für das Hören unerlässlich sind, sollte man dennoch nicht vergessen, dass Zuhören ebenso eine visuelle wie eine akustische Angelegenheit ist.[243] Wahrscheinlich ist es kein Zufall, dass das Wernicke-Zentrum, wo die Sprache im Gehirn verarbeitet wird, sich an der Schnittstelle von Seh- und Hörrinde befindet.[244] Bei sehr gut verständlichen Gesprächen ist das Lippenlesen für bis zu 20 Prozent Ihres Verständnisses verantwortlich.[245] Außerdem wird allgemein angenommen, dass mindestens 55 Prozent des emotionalen Inhalts einer gesprochenen Nachricht de facto nonverbal übertragen werden.[246] Selbst wenn Sie also Ihre Ohren überprüfen ließen und Ihr Gehör perfekt ist, werden Sie nicht alles mitbekommen, wenn Sie auf Ihr Smartphone sehen oder aus dem Fenster schauen, während jemand mit Ihnen spricht.

So sehr wir auch denken mögen, dass wir es in der Hand haben, wie viel wir preisgeben wollen, verraten doch in aller Regel unser Gesichtsausdruck, unsere Atmung, unser Schweiß, unsere Gesten, die Haltung und zahlreiche andere Arten von Körpersprache viel über uns. Wie Sigmund Freud sagte: »Wer Augen hat zu sehen und Ohren zu hören, überzeugt sich, dass die Sterblichen kein Geheimnis verbergen können. Wessen Lippen schweigen, der schwätzt mit den Fingerspitzen; aus allen Poren dringt ihm der Verrat.«[247] Gute Zuhörer nehmen die subtilen Signale auf, die andere verpassen.

Es gibt universelle Gesichtsausdrücke, die Menschen machen, wenn sie echte Emotionen empfinden. Zu den offensichtlichsten gehören die gerunzelte Stirn, die gespitzten Lippen und das aus verletztem Stolz erhobene Kinn sowie die sanften Falten um die Augen und nicht zuletzt der geöffnete Mund mit leicht nach oben gezogenen Mundwinkeln, der echte Freude vermittelt. Wir haben viele spontane Gesichtsausdrücke (Lächeln, Grimassen schneiden, überraschtes Heben der Augenbrauen) mit den Primaten gemein, was darauf schließen lässt, dass die vielen Formen unseres Gesichtsausdrucks eine unfreiwillige vorsprachliche Angelegenheit sind.[248]

Charles Darwin glaubte, dass die Fähigkeit, »Gefahr!« oder »Leg dich nicht mit mir an« oder »Paaren wir uns!« zu kommunizieren, der Schlüssel zum menschlichen Überleben war, lange bevor wir die Fähigkeit zu sprechen entwickelten. Forscher haben das Ausmaß gemessen, in dem sich die Muskeln im Gesicht von Menschen zusammenziehen, damit es einen bestimmten Ausdruck annimmt, und sie haben festgestellt, dass diese Mimik nicht nur in Verbindung mit gesprochenen oder betonten Wörtern in einem Satz auftritt, sondern dies auch mit der gleichen Häufigkeit geschieht. Man nennt dies die Grammatikalisierung von Gesichtsausdrücken.[249]

Die Ausdrucksformen authentischer Gefühle unterscheiden sich deutlich von denen, die die Menschen nur »aufsetzen«. Sie stellen eine bestimmte Verbindung winziger Muskelkontraktionen dar, besonders um die Augen und den Mund, über die man keine Kontrolle hat. Man kann ein Lächeln imitieren, ein tapferes Gesicht aufsetzen und Überraschung vortäuschen, aber all das wird nicht dazu führen, dass es so aussieht, als würde man die Emotion tatsächlich spüren.

Die Leute können im Allgemeinen gut feststellen, wenn jemand einen unechten Gesichtsausdruck hat, und sie können bei entsprechender Erfahrung auch die wahren Gefühle der Menschen lesen. Menschen, die beispielsweise von emotional oberflächlichen oder auch von ständig deprimierten oder wütenden Eltern großgezogen wurden, haben Schwierigkeiten, die gesamte Bandbreite an Gesichtsausdrücken zu deuten.[250] Studien haben gezeigt, dass dies auch für Menschen gilt, die zu viel Zeit damit verbringen, auf Bildschirme zu starren.[251]

Aber die Auswirkungen davon sind umkehrbar, wenn man die Chancen nutzt, vielen verschiedenen Menschen zuzuhören und sich auf sie einzulassen. In einer Studie mit Kindern in einem Outdoor-Camp ohne elektronische Geräte fanden die Forscher etwa heraus, dass nach nur fünf Tagen ohne Smartphones oder Tablets und bei gleichzeitigem Austausch mit Gleichaltrigen die Kinder den Gesichtsausdruck genau lesen und die Gefühle von Menschen auf Fotos und Videos deutlich besser erkennen konnten als Kinder aus Kontrollgruppen, die nicht am Lager teilgenommen und weiterhin ihre Geräte benutzt hatten.[252]

Das Gesicht verändert nicht nur seinen Ausdruck als Reaktion auf das Gefühl, es ändert auch seine Farbe. Man wird nicht nur rot aus Verlegenheit oder weiß wie ein Gespenst vor lauter Schrecken, vielmehr entspricht eine ganze Reihe feiner Farbabstufungen unterschiedlichen Gefühlszuständen. Die Abstufungen werden durch leichte Veränderungen bei der Durchblutung im Bereich von Nase, Augenbrauen, Wangen und Kinn bewirkt. Zudem sind die Farbmuster oder Farbverhältnisse, welche die unterschiedlichen Emotionen anzeigen, überall gleich, unabhängig von Geschlecht, ethnischer Zugehörigkeit oder Hautfarbe. Achtsame Zuhörer nehmen diese Veränderungen wahr, normalerweise unbewusst.

Forscher der Ohio State University übertrugen die Farbschattierungen verschiedener Emotionen auf neutrale Gesichter; die Probanden konnten genau sagen, was die Person bei fast drei Viertel der Zeit fühlte.[253] Unser Gesicht hat mehr Blutgefäße direkt an der Oberfläche der Haut als jeder andere Körperteil. Das sowie die Tatsache, dass wir weniger Gesichtsbehaarung als Affen haben, deuten darauf hin, dass es ein evolutionärer Vorteil ist, die eigentlichen Hautfarben zeigen zu können. Aber man wird sie nicht wahrnehmen, wenn man nicht mit allen Sinnen hört.

Man bekommt eine regelrechte Flut von Signalen übermittelt, wenn man jemandem zuhört. Viele davon liegen außerhalb der bewussten Wahrnehmung, sie gestalten dennoch den Eindruck, den wir von der Person haben, und bestimmen auch die Deutung der Botschaft. Manchmal aber können all diese eintreffenden Informationen überhandnehmen, vor allem, wenn das Thema des Gesprächs anstrengend ist. Deshalb versuchen Menschen manchmal, ohne es allerdings zu merken, diese Intensität zurückzudrehen, indem sie beispielsweise beim Fahren, Kochen oder bei einer anderen Aufgabe emotionale Themen aufgreifen, ohne dabei die andere Person direkt anblicken zu müssen. Ebenso können Liebespartner ernsthafte Gespräche führen, während sie Seite an Seite in einem dunklen Schlafzimmer liegen. Das Verringern oder Aufweichen visueller Hinweise hält sie davon ab, sensorisch überbelastet zu werden.

Viele Journalisten, darunter Terry Gross von *Fresh Air*, bevorzugen Telefoninterviews gegenüber persönlichen Interviews, damit sie nicht durch das Aussehen der anderen Person oder durch nonverbale Ticks beeinflusst oder abgelenkt werden. Sie wollen vielleicht auch nicht die andere Person aus Versehen mit ihrer eigenen Körpersprache beeinflussen oder verunsichern, indem sie sich Notizen machen oder auf Notizen zurückgreifen, die sie sich in der Vorbereitung auf das Interview aufgeschrieben haben. Diese Idee steckt auch hinter dem Beichtstuhl in der römisch-katholischen Kirche, wo ein Sichtschutz den Priester vom Beichtenden trennt, sodass nichts als Worte zwischen den beiden ausgetauscht werden. Das kann dazu führen, dass Menschen weniger befangen sind und dadurch zu einem offeneren und ehrlicheren Austausch gelangen.

Es ist aber ein Balanceakt zwischen Verlust und Gewinn, wenn man gleichsam blind hört. Weil nonverbale Signale generell mehr als die Hälfte beziehungsweise 55 Prozent des emotionalen Gehalts einer Nachricht transportieren, entgeht einem eine ganze Menge an Informationen, wenn man diese Signale aus der Gleichung herausnimmt. Immer dann, wenn nonverbale Indikatoren der Artikulation der Botschaft im Wege stehen oder Einfluss darauf haben würden, wie die Botschaft genau interpretiert wird, müsste das berücksichtigt werden.

Wenn Sie jemandem zuhören müssen, der nicht anwesend ist, ist es besser zu telefonieren als zu texten oder eine E-Mail zu schicken, weil bis zu 38 Prozent der Gefühle und Einstellungen durch den Tonfall vermittelt werden. Das bedeutet, dass Sie bei vielen Gesprächen nur sieben Prozent der Bedeutung durch die bloßen Wörter übermittelt bekommen, die man auch tippen könnte.[254] Denken Sie daran, dass die Art, wie jemand »*Sicher*« sagt, Ihnen zeigen kann, ob diese Person sehr aufgeschlossen, gleichgültig oder ablehnend gegenüber einer Bitte um Hilfe ist. Abgesehen von den unterschiedlichen Schriften sieht das Wort »*Sicher*« auf einem Bildschirm aber immer gleich aus.

Natürlich hängt die Wahrnehmung der Sprachmelodie während eines Telefonats von einer anständigen Verbindung ab, die man immer schwieriger bekommt. Terry Gross hat den Vorteil, dass sie mit anderen Menschen über eine ISDN-Leitung sprechen kann, die eine außergewöhnlich hohe Audioqualität aufweist. Aber für diejenigen, die über ihre Handys telefonieren, machen die Verzerrungen, Verzögerungen und Unterbrechungen es schwieriger, die Nuancen in der Sprechmelodie wahrzunehmen, die das Verständnis erleichtern.

Jerry Gibson, Elektroingenieur und Professor an der University of California in Santa Barbara, sagte mir, einer der Gründe, warum es so schwer ist, ein vernünftiges Gespräch über das Handy zu führen, liege darin, dass Sprachanrufe für den Serviceanbieter nur eine niedrige Priorität haben. Es gebe eine höhere Nachfrage nach Video und Daten, sagte er, sodass Mobilfunkanbieter geizig geworden sind, was die Bandbreite beziehungsweise die Bitraten angeht, die sie für Sprachanrufe bereitstellen. Daraus resultiert eine schlechte Klangqualität, aber mit weniger Unterbrechungen im Gespräch.

»Sie kalkulieren, dass man von einer schlechten Verbindung weniger frustriert sein wird als von einer unterbrochenen«, sagte Gibson, der ein Experte für mobile Kommunikationstechnologie und Autor mehrerer Bücher zu diesem Thema ist mit Titeln wie *Information Theory and Rate Distortion Theory for Communications and Compression* (»Informationstheorie und Rate-Verzerrungs-Theorie für Kommunikation und Komprimierung«). Mit anderen Worten, es gibt technologische Gründe, die zur Abneigung beitragen, am Telefon zu reden.[255] »Hat man eine genügend schmale Bandbreite, wird der Anruf blechern, bricht immer wieder ab und klingt nicht sehr gut«, meinte Gibson. »Kein Wunder, dass die Leute eher texten.«

Ist schon die Technologie, die zur digitalen Übertragung der menschlichen Stimme zwischen Mobiltelefonen eingesetzt wird, kompliziert, so ist sie doch nichts im Vergleich zur Komplexität dessen, wie Menschen Sprache wahrnehmen, verarbeiten und letztlich Bedeutung daraus ableiten. Die Wissenschaft hat immer noch nicht alles darüber herausgefunden. Wir wissen aber, dass das Zuhören kompliziert ist und mehrere Sinne umfasst. Wir wissen auch, dass die Mechanik des Zuhörens – die Strukturen in unseren Ohren – empfindlich ist und geschützt werden sollte. Und schließlich – und das ist höchst beruhigend – wissen wir, dass unsere Hörfähigkeit, gemessen an der Genauigkeit unseres Verständnisses, durch Motivation und Übung verbessert werden kann.

14

Süchtig nach Ablenkung

Es gab eine Zeit, in der Menschen in untätigen oder angespannten Momenten nach einer Zigarette griffen. Die Zigarette glühte, während man sich um ein Problem Sorgen machte, eine Tasse Kaffee trank, auf einen Freund wartete, im Auto fuhr, sich auf einer Party unter die Leute mischte und sich nach dem Sex entspannte. Heute greifen Menschen in vergleichbaren Situationen genauso reflexartig nach ihrem Smartphone. Wie Raucher, die nervös ihre Taschen nach Zigaretten abklopfen, werden die Leute ohne ihr Smartphone nervös. In der Tat sagen Experten für psychische Erkrankungen, dass die Geräteabhängigkeit viele dem Drogenmissbrauch vergleichbare verhaltensbedingte, psychologische und neurobiologische Eigenschaften aufweist.[256]

Während unsere Smartphones möglicherweise gar nicht zulassen, dass wir ein anständiges Gespräch führen (»Kannst du mich jetzt hören? Und wie ist es jetzt?«), scheinen sie uns so ziemlich alles andere anzubieten – soziale Medien, Spiele, Nachrichten, Karten, Rezepte, Videos, Musik, Filme,

Podcasts, Shopping und Pornografie, wenn man Lust darauf hat. Letztlich ist nichts davon emotional befriedigend oder so wichtig für unser Wohlbefinden wie der Kontakt zu einem lebenden Menschen. Und doch tippen, scrollen und wischen wir wie ein Süchtiger weiter, als ob wir an dem Hebel eines Spielautomaten ziehen würden, in der Hoffnung, schließlich doch noch den Jackpot zu knacken.

Dieser Zwang, getrieben von der Angst, etwas zu verpassen, verhindert eine anhaltende Aufmerksamkeit und macht das Zuhören oder jede andere Aufgabe, die Denken erfordert, schwierig. Es ist schwer, sich auf das zu konzentrieren, was in der realen Welt passiert, wenn man mit dem beschäftigt ist, was in der virtuellen passieren könnte. Experten haben Bedenken geäußert, dass wir sogar unsere Fähigkeit zum Tagträumen verlieren, da auch das Fantasieren eine gewisse Aufmerksamkeit erfordert.[257] Viele der größten Fortschritte in Wissenschaft,[258] Kunst und Literatur sind durch Tagträume entstanden.[259] Albert Einstein, Alexander Graham Bell, Charles Darwin, Friedrich Nietzsche, T. S. Eliot und Lewis Carroll – sie alle schrieben ihr geniales Können langen Perioden ungestörten Sinnierens zu. Könnten Sie Ihr Handy für eine Stunde weglegen? Für eine halbe Stunde? Für fünf Minuten?

Eine von Microsoft durchgeführte Studie ergab, dass seit dem Jahr 2000 die durchschnittliche Aufmerksamkeitsspanne von zwölf auf acht Sekunden gesunken ist.[260] Zum Vergleich: Ein Goldfisch hat eine Aufmerksamkeitsspanne von neun Sekunden, wie derselbe Bericht besagte. Während Journalisten, Psychologen und Neurowissenschaftler sich seitdem damit auseinandergesetzt haben, wie man die Aufmerksamkeit (eines Menschen oder eines Goldfisches) misst und ob es sich tatsächlich um eine im Abnehmen begriffene Fähigkeit handelt oder ob sie einfach stärker verteilt ist,[261] leben Werbetreibende und Medienunternehmen bereits damit, dass es schwieriger ist als je zuvor, die Aufmerksamkeit der Leute auf sich zu ziehen.[262]

Deshalb postet die *New York Times* online jetzt tägliche Briefings im Umfang weniger Sätze, die begleitet sind von lebhaften Bildern, Videos und animierten Grafiken, die den früheren Teaser, den Aufreißer der Topstory von der Länge eines ganzen Absatzes, ersetzen, wie er noch vor einem Jahrzehnt Standard war. Experten der Web-Analytik berichten, dass die Mehrheit der Internetnutzer den online gestellten Artikeln etwa 15 Sekunden Zeit gibt, bis sie sich entscheiden zu bleiben oder weiterzuscrollen, und wenn es mehr als drei Sekunden dauert, bis eine Website geladen ist, werden die Benutzer sehr gereizt und suchen woanders weiter.[263] Eine Studie eines britischen Anzeigenkunden fand heraus, dass die Menschen am Schreibtisch zu Hause durchschnittlich 21 Mal pro Stunde zwischen ihren Geräten wechseln (Smartphone, Tablet oder Laptop), wobei noch im Hintergrund der Fernseher läuft.[264] Wenn Sie also dieses Buch mit seinen vielen Seiten immer noch lesen, gerate ich geradezu in Ekstase.

Comedy-Sketche auf der Second-City-Bühne in Chicago wurden von fünfzehn Minuten Dauer auf fünf Minuten reduziert. Die Regisseure, die sich der verminderten Aufmerksamkeitsspanne ihres Publikums sehr bewusst waren, erzählten mir, dass sie die Handlung in hohem Tempo vorantreiben und dazu auch eine aktivere (bewegliche, blinkende, sich drehende) Beleuchtung einplanen müssten. Es sei vollkommen undenkbar, dass sich ein Gag langsam zur Schlusspointe entfaltet. Regisseure und Darsteller meinten, die Leute würden sonst ihre Smartphones checken, bevor die Schauspieler zur Pointe kommen würden.

Websites, Apps für Smartphones, Videospiele und Social-Media-Plattformen sind so konzipiert, dass sie die Aufmerksamkeit der User auf sich ziehen und sie binden.[265] Unternehmen wie Facebook, Google und Epic Games (Schöpfer des beliebten Third-Person-Shooter-Videospiels *Fortnite*) vermengen Informatik, Neurowissenschaften und Psychologie für die Entwicklung von Strategien, die den User süchtig machen sollen. Das tun sie oftmals, indem sie soziale Ängste, Eitelkeit und Gier ausnutzen. Das tun sie, weil sie mit Ihren Taps, Swipes, Scrolls und Klicks ihr Geld verdienen. Ob es uns gefällt oder nicht: Wir sind Teil einer Aufmerksamkeitsökonomie, in der Werbetreibende Milliarden an Medienunternehmen zahlen, damit sie uns von all den Dingen abbringen, auf die wir uns sonst vielleicht konzentrieren wollen. Aufmerksamkeit ist zu einer Ware verkommen, die an hoch entwickelten elektronischen Börsen gekauft und verkauft wird, wo das Bieten in Echtzeit auf der Grundlage von Daten vonstattengeht, die von unseren Handys oder Webbrowsern stammen.[266] Die Qualität unserer Aufmerksamkeit spielt keine Rolle. Tatsächlich gilt: Je mehr die Aufmerksamkeit geteilt ist, desto leichter ist man zu überzeugen, und desto wahrscheinlicher drücken wir den Button: *Jetzt kaufen.*

Unser menschliches Gehirn ist nicht dafür gemacht, diesen Ansturm zu bewältigen. Eine Hausfrau in Boise, Idaho, erzählte mir: »Früher kannte man einfach die Geschichten der Menschen in seiner unmittelbaren Umgebung, aber jetzt betrifft es das ganze Universum, mit Updates jede Minute. Die Dinge werden uns aufgedrängt. Es gibt ständige und dringende Unterbrechungen. Was hat Präsident Trump jetzt getan? Ein Taifun in Asien hat wie viele Menschen getötet? Ich habe das Gefühl, ständig hin- und hergerissen zu werden. Man hat mehr damit zu tun, sich auf dem Laufenden zu halten, aber das hält einen nur davon ab, irgendetwas zu erledigen.«

Da Maschinen im Lauf des letzten Jahrhunderts immer mehr um unsere Aufmerksamkeit buhlen, hat sich die durchschnittliche Zeit, die die Menschen damit verbringen, während ihrer Wachzeiten einander zuzuhören, um fast die Hälfte reduziert, von 42 Prozent auf 24 Prozent.[267] Und jetzt geht sogar die Zeit, die man damit verbringt, aufgezeichnete Sprache zu hören, noch zurück, da Speed Listening zum neuen Schnelllesen geworden ist.[268] Dabei hören die Menschen Hörbücher mit doppelter Geschwindigkeit, und oft tun sie dabei noch etwas anderes, sie trainieren vielleicht oder fahren Auto. Apps wie Overcast erlauben es den Leuten, Podcasts in doppelter oder dreifacher Geschwindigkeit zu hören – das nennt man *Podfasting*. Und der Hörbuch-Händler und -Produzent Audible hat eine Funktion »Take Me to the Good Parts« eingeführt, die den Hörer zu den erotischen Abschnitten der Liebesromane dieses Produzenten leitet.

Obwohl Live- und persönliche Geschichten unendlich viel interessanter sein können, beanspruchen sie ein gewisses Maß an Geduld, das für Menschen schwer zu ertragen sein kann, die daran gewöhnt sind, Audio-Inhalte auf ihren Smartphones beschleunigt oder erotisch aufgeladen abzuhören. Untersuchungen deuten darauf hin, dass diejenigen, die regelmäßig mit höherer Geschwindigkeit abgespielte Audio-Dokumente hören, anschließend große Schwierigkeiten haben, ihre Aufmerksamkeit aufrechtzuerhalten, wenn sie von jemandem angesprochen werden, der normal spricht – das entspricht ungefähr dem Gefühl, das einen befällt, wenn man von einer Autobahn kommt und dann durch eine Tempo-30-Zone fahren muss.[269] Außerdem verliert man die Fähigkeit, Gesprächsnuancen wahrzunehmen und wertzuschätzen, weil Änderungen im Tonfall, subtile Seufzer, ein ausländischer Akzent und auch durch Whisky und Zigaretten rau gewordene Stimmen fast vollständig untergehen, wenn man sie mit doppelter Geschwindigkeit hört.

Gesprächspartner werden auf diese Weise ganz einfach zu einem weiteren Gerät, auf das man umschalten kann. Menschen checken regelmäßig ihre Smartphones, anstatt sich voll und ganz auf denjenigen Menschen zu konzentrieren, der gerade mit ihnen spricht. Was es nur noch wahrscheinlicher macht, dass sie Gespräche führen, die nur schleppend und nervtötend sind. Eine Studie von Psychologen an der University of Essex fand heraus, dass die bloße Anwesenheit eines Smartphones auf dem Tisch – auch wenn es stumm geschaltet ist – dazu führt, dass diejenigen, die um den Tisch sitzen, sich eher voneinander getrennt fühlen und wenig Lust haben, über etwas Wichtiges oder Sinnvolles zu sprechen, da sie wissen, dass sie wahrscheinlich unterbrochen werden, wenn sie ein solches Gespräch führen.[270] Es ist eine seltsame Volte des Smartphones, dass es eine Situation herbeiführt, in der die Leute über Dinge sprechen, die es nicht wert sind, dass man zuhört, was wiederum die Wahrscheinlichkeit erhöht, dass man nicht mehr zuhört und stattdessen auf das Smartphone schaut.

Mehrere Studien über die Interaktion von Eltern und Kindern in öffentlichen Räumen wie Spielplätzen und Fast-Food-Restaurants offenbarten, dass die überwiegende Mehrheit der Eltern die Kinder zugunsten ihrer Smartphones ignorierte.[271] Kinderärzte sagen, dass ein solches Verhalten die Entwicklung der Kinder beeinträchtigt, die ja davon abhängt, dass sie von ihren Eltern betreut werden. Wie bereits erwähnt neigen wir dazu zuzuhören, wenn man uns als Kindern zugehört hat, was darauf hindeutet, dass die sogenannte Bildschirmgeneration, die jetzt erwachsen wird, größere Schwierigkeiten haben kann, sich mit anderen zu verbinden.

* * *

Aber nicht nur mobile Geräte und die damit verbundene Online-Ablenkung stehen dem Zuhören im Weg. Es sind auch die modernen akustischen Umgebungen, die wir selbst geschaffen haben. Heutige Arbeitsplätze, von den kleinsten Start-ups bis hin zu den größten Konzernen, sind typischerweise als »Open Office« angelegt, als offene Büros mit wenigen Zwischenwänden oder abgetrennten Bereichen, sodass jeder Telefonanruf, jeder Tastaturklick und jeder Rülpser nach dem Essen zu einem konstanten täglichen Spektakel beiträgt. Es ist schwer, sich selbst denken zu hören, und noch viel schwerer kann man sich voll und ganz auf jemanden konzentrieren, der einem vielleicht etwas Wichtiges sagen will.

Ein ruhiges Gespräch in einem Restaurant ist noch weniger wahrscheinlich. Laut Studien der Lebensmittelindustrie und Recherchen von mehreren Nachrichtenagenturen liegt der durchschnittliche Schallpegel in Restaurants in den Vereinigten Staaten bei 80 Dezibel (wobei ein Gespräch im Durchschnitt bei etwa 60 Dezibel angesiedelt ist).[272] Die beliebtesten und trendigen Restaurants haben einen Geräuschpegel von über 90 Dezibel, was noch vor dem Dessert einen Hörverlust verursachen kann. In der Tat ergab der jüngste Zagat Dining Trends Survey [Zagat ist eine US-Restaurant-Plattform, Anm. d. Ü.], dass der Lärm in Restaurants der häufigste Grund für Beschwerden der Gäste war.[273] Es gibt auch Hinweise darauf, dass dieser Lärm die Gäste übermäßig viel essen und eine weniger gesunde Auswahl an Gerichten treffen lässt.[274]

Geschäfte wie Abercrombie & Fitch, H&M und Zara weisen einen Geräuschpegel von 85 bis 95 Dezibel auf. Ähnlich können Sie auch kein Café, keinen Lebensmittelsupermarkt und nicht einmal ein Autohaus betreten, ohne dass aus dem Hintergrund Musik ertönt, die auch bei niedriger Lautstärke die Aufmerksamkeit verringert und Gespräche schwer verständlich macht. Die Ablenkung macht Kunden anfälliger für aggressive Verkaufsmethoden und für Spontankäufe.[275] Ich kann Ihnen aus eigener Erfahrung sagen, dass Sie bei Verhandlungen über den Autopreis im Nachteil sind, wenn Survivors »Eye of the Tiger« im Verkaufsraum des Händlers dröhnt.

Die Menschen haben auch ihr Zuhause nicht gerade zu einem Zufluchtsort der Ruhe gemacht. Die Fernseher sind fast immer eingeschaltet, mit dem Gedröhne von Nachrichten, Wiederholungen, ständigen Wetterberichten oder Kochshows. Heute haben die meisten Menschen auch noch ein Soundsystem, selbst wenn es nur ein kleiner, tragbarer Lautsprecher ist, der an ein Smartphone angeschlossen wird. Streaming-Dienste wie Apple Music, Pandora und Spotify ermöglichen es, dass auch Personen ohne große Musiksammlung ständig Hintergrundmusik hören können – hervorragend geeignet, um eine Stimmung zu erzeugen, aber auch abzulenken, wenn Sie einem Familienmitglied oder einem Freund aufmerksam zuhören möchten.

Während man vielleicht denkt, man könne solche Dinge ignorieren, zeigt die Forschung immer wieder, dass man das eben nicht kann.[276] Die Fähigkeit zu Multitasking ist eine

Illusion. Jeder Input beeinträchtigt Ihre Aufmerksamkeit. Der Psychologe Daniel Kahneman schrieb die denkwürdigen Sätze: »Die häufig verwendete Bemerkung ›Achtung‹ ist hier angebracht: Sie verfügen nur über ein begrenztes Budget an Aufmerksamkeit, die Sie bestimmten Aktivitäten widmen können, und Sie werden scheitern, wenn Sie versuchen, Ihr Budget zu überschreiten.«[277]

Das aber will besagen, dass wir erst die passende Umgebung kreieren müssen, wenn wir wirklich zuhören wollen, was mit einem für die Aufnahme geeigneten physischen Raum wie auch einem entsprechenden Geisteszustand zu tun hat. Man braucht Ruhe und Freiheit von Unterbrechungen. Es sollte keine Hintergrundgeräusche geben, schon gar nicht das aufdringliche Klingeln eines Mobiltelefons. Das scheint alles sehr einleuchtend zu sein, aber wie oft halten wir uns daran?

Es ist ja nicht so, dass man mit Menschen nur in abgelegenen oder schalldichten Räumen effektiv und sinnvoll interagieren kann. Das ist absolut unmöglich. Aber Sie können jemanden in Ihr Büro winken und Ihren Computer in den Ruhezustand versetzen. Sie können ruhige Restaurants wählen, Ihr Smartphone abschalten und es außer Sichtweite ablegen. Sie können eine Parkbank finden, in einer ruhigen Straße spazieren gehen oder sich einfach in eine Toreinfahrt begeben, weg vom Strom des Fußgängerverkehrs, um dort zu sprechen. Das sind allesamt Möglichkeiten, Ihre Empfangsbereitschaft dafür zu signalisieren, dass sie den Worten zuhören wollen, die jemand zu sagen hat. Ob das Gespräch nun lang oder kurz, geschäftlicher oder persönlicher Natur, kontrovers oder ruhig ist: Sobald man einen ruhigen Moment wählt oder einen ruhigeren Moment in dem Chaos, das einen umgibt, kann man besser mit der betreffenden Person in Kontakt treten und verstehen, was sie gerade beschäftigt.

Eine Gruppe von Harvard-Forschern arbeitete 2010 an einem Pilotprogramm, dem Family Dinner Project. Es wurde ins Leben gerufen, um elektronikfreie und zuhörorientierte gemeinsame Mahlzeiten von Familien zu fördern. Der Anstoß dazu war eine Reihe von Studien aus den zurückliegenden 15 Jahren, die zeigten, dass Familien, die zusammen aßen und Erfahrungen miteinander austauschten, weniger von Drogenmissbrauch, Teenager-Schwangerschaften und Depressionen betroffen waren, und dass sich bei ihnen gleichzeitig der Wortschatz der Kinder sowie deren Notendurchschnitt, Belastbarkeit und Selbstwertgefühl verbesserten.[278]

Das Projekt hat sich seitdem aus den ursprünglich 15 Familien aus der Gegend von Cambridge, Massachusetts, zu einer landesweiten Initiative entwickelt, die Hilfsmittel, Workshops und Tipps anbietet, wie man Familien dazu bringt, gemeinsam zu essen und Gespräche zu führen, die nicht unterbrochen werden. »Ich weiß, dass Sie jetzt denken: ›Du lieber Himmel, sind wir jetzt schon an dem Punkt angelangt, wo wir einen Workshop dafür brauchen?‹«, meinte John Sarrouf, der während der ersten Jahre Leiter des Family Dinner Projects war. »Ja, wir sind genau an diesem Punkt angelangt.«* Unter den Gesprächseinstiegen, die vom Family Dinner Project empfohlen werden, sind Fragen wie »Was ist das beste Geschenk, das du jemals erhalten hast?« und »Wenn du hundert oder zweihundert Jahre in der Geschichte zurückgehst und drei Dinge aus dieser Zeit mitbringen könntest, was würdest du mitbringen?« Ähnlich wie bei den bereits erwähnten »36 Fragen, die zur Liebe führen« drücken diese Gesprächseinstiege eher Neugierde aus, anstatt etwas zu bewerten, und sie wollen auch nicht herausfinden, was jemand erreicht hat, sondern wer diese Person wirklich ist. Es ist also nicht nur das gemeinsame Essen, das von Vorteil ist. Jeder, der unter der angespannten Atmosphäre bei gemeinsamen Mahlzeiten der Familie gelitten hat, weiß, dass es stimmt. Das Potenzial zur Verbesserung von Beziehungen und zur Förderung der Gesundheit ergibt sich vielmehr daraus, dass die Mahlzeit als Gelegenheit genutzt wird, Fragen zu stellen und einander wirklich zuzuhören, und zwar voller Neugierde und mit offenem Herzen.

Wenn man bei einer gemeinsamen Familienmahlzeit oder einer anderen Versammlung von Menschen ganz und gar aufmerksam ist, bezeugt dies eine Form von Gastfreundschaft, so der Literaturwissenschaftler Ronald Sharp, der gemeinsam mit Eudora Welty das *Norton Book of Friendship*,

---

* Sarrouf ist derzeit stellvertretender Geschäftsführer bei Essential Partners, einer der in Kapitel 7 erwähnten Gruppen, die Einzelpersonen in Gemeinden und Organisationen dabei helfen, besser zuzuhören, um die »Wir gegen sie«-Mentalität zu überwinden.

das »Buch der Freundschaft«, herausgegeben hat, eine Anthologie von Werken über den Wert und die Bedeutung von Freundschaften, in denen das Zuhören eine wichtige Rolle spielt.[279] »Sie nehmen die Worte und Gefühle eines anderen Menschen in Ihr Bewusstsein auf«, meinte er. »Man erlaubt dieser Person, die Schwelle zu übertreten und sich in Ihrer Welt niederzulassen.«

Welty war geradezu legendär, was diese Art von Gastfreundschaft betraf. Sharp erklärt, sie sei eine der aufmerksamsten Zuhörerinnen, die ihm je begegnet seien. Dies sei nicht nur die Basis ihrer Intelligenz und ihres Humors gewesen, die sich beide so deutlich in ihrem Schreiben widerspiegeln, sondern auch ihrer Fähigkeit zur Freundschaft. »Viele Leute glaubten, sie sei die staunenswerteste Freundin gewesen, die sie je hatten«, sagte er. Sharp wiederholte damit die Worte anderer Menschen, die ihr nahe waren, und er erinnerte sich daran, dass sie sich immer Zeit für ihn genommen und aufrichtiges Interesse an dem gezeigt habe, was er zu sagen hatte. »Sie hat einen nie bedrängt oder versucht, deine Gedanken zu Ende zu führen«, sagte Sharp. »Sie hat dich aufgefordert, deine Geschichte zu erzählen, und, was noch wichtiger ist, sie hat dich tatsächlich deine Geschichte erzählen lassen.«

Eine solche Aufforderung kann eine nachhaltige Wirkung haben. Das zeigt sich am Beispiel des ehemaligen Polizeichefs von Dallas, David Brown, der 2016 nach den tödlichen Schüssen auf fünf örtliche Polizeibeamte bei einem Protest gegen rassistisch motivierte polizeiliche Gewalt landesweite Aufmerksamkeit erregte. Brown, ein Afroamerikaner, wurde damals weithin gelobt, weil er die Menschen dazu ermutigt hat, sich hinzusetzen und einander zuzuhören, anstatt auf der Straße und im Internet zu protestieren. Er forderte Demonstranten auf, sich der Polizei anzuschließen, um dort sinnvolle Veränderungen zu bewirken.[280] Nach seiner landesweit im Fernsehen übertragenen Pressekonferenz stieg die Zahl der Bewerbungen bei der Polizei von Dallas.

Später erzählte Brown einem Interviewer, was er die Menschen zu tun bat, sei nichts anderes gewesen als das, was ein weißer Klassenkamerad getan hatte, als er Brown zum Abendessen zu sich nach Hause einlud, als sie beide elf Jahre alt waren. Als er sich dem Haus seines Freundes näherte, sagte Brown, fühlte er sich wie Sidney Poitier in dem Film *Guess Who's Coming to Dinner* (dt.: *Rat mal, wer zum Essen kommt*). Er hatte Angst, dass er nicht willkommen sei, wenn die Eltern seines Freundes herausfinden würden, dass er schwarz war. Aber sie hießen ihn sehr wohl willkommen, servierten ihm Potpie, eine Fleischpastete, und interessierten sich für das, was er zu sagen hatte. »Warum sind wir nicht klüger als Sechstklässler? Warum können wir das nicht kapieren?«, meinte Brown.[281] »Es braucht keine große Gruppe, kein Gebrüll und Schreien, sondern vielmehr ein ›Lasst uns hinsetzen, einander zuhören und jemanden zum Essen einladen.‹«

Damals, als der spätere Polizeichef Brown mit seinem Kindheitsfreund zu Abend aß, lagen keine Smartphones auf dem Tisch. Keiner checkte neue Newsfeeds zwischen den Bissen, fotografierte die Potpies, um sie auf Instagram zu posten. Als Ronald Sharp Eudora Welty besuchte, hatte sie keine TV-Nachrichten im Hintergrund laufen oder ein MacBook auf den Knien. In beiden Fällen gab es keine Ablenkungen. Der Fokus lag auf dem Gast, und man interessierte sich für ihn. Dieser einfache Akt der Höflichkeit hinterließ einen bleibenden Eindruck bei beiden Männern. Sie erinnerten sich noch Jahrzehnte später mit Zuneigung und Dankbarkeit an die Menschen, die ihnen zuhörten.

15

Was Worte verschweigen und die Stille enthüllt

Die Weihnachtseinkaufszeit war angebrochen, und ich saß an einem hochglanzpolierten Esstisch aus Kirschbaumholz bei Gallery Furniture in Houston, Texas. Am Tisch saß auch Greg Hopf, Chefverkäufer von Gallery Furniture, was in einem Megastore etwas besagen will, der für mehr als 200 Millionen Dollar pro Jahr Waren verkauft. Bei uns waren Mrs Horton, 76 Jahre alt, die zaghaft auf der Stuhlkante saß, und Mr Horton, 83, der hinter ihr stand, Arbeitsstiefel trug und unablässig auf den Füßen wippte. Sie überlegten, diesen Tisch für ihre Frühstücksecke zu kaufen. Sie dachten auch an eine Kommode für ihr Gästezimmer, die Hopf ihnen zuvor gezeigt hatte.

Anscheinend noch unentschlossen, hatte dieses Paar seit fünf oder zehn Minuten nichts mehr gesagt. Die Stille wurde immer bedrückender, und ich wurde bereits unruhig. Ich war nur als Beobachterin hier, aber ich musste mich sehr beherrschen, nicht wenigstens einen behutsamen

Kommentar oder Vorschlag zu machen, der sie dazu bringen könnte, sich schon jetzt zu entscheiden. Hopf arbeitet auf Provisionsbasis, die mit der Anzahl der Verkäufe, die er tagsüber tätigt, steigt. Ich wusste, dass er andere potenzielle Kunden verpasste, die in Scharen durch die Eingangstür strömten, da Ferienzeit war.

Doch Hopfs Gesichtsausdruck war so ruhig wie ein See an einem windstillen Tag. Er sah das Paar mit ernster Miene an; seine feuchten Augen wirkten, vergrößert durch eine große Brille, noch mitfühlender. Er hatte schon denselben Gesichtsausdruck, als Mrs Horton uns erzählte, dass ihr Bein ihr immer noch Probleme bereitete, nachdem sie es sich vor sechs Jahren gebrochen hatte. Und auch, als Mr Horton berichtete, dass er während seines Militärdienstes in Korea Fußpatrouille gegangen war. »Der Schlamm ging einem bis hierher«, meinte er und zeigte auf die Mitte seiner Oberschenkel.

Kurz bevor ich in der bedrückenden Stille den Verstand zu verlieren glaubte und mir sicher war, dass diese beiden nichts kaufen würden, meldete sich Mrs Horton zu Wort. Sie würden den Tisch und auch passende Stühle und, ach ja, auch die Kommode nehmen und, was soll's, eine Unterhaltungskonsole auch noch, einfach, na ja, weil. Ich war verblüfft. Hopf, der seit 30 Jahren Möbel verkauft, war es nicht. »Ich habe gelernt, ruhig zu sein«, sagte er mir, nachdem wir das Paar zur Kasse begleitet hatten. »Ich garantiere Ihnen, wenn ich etwas gesagt hätte, als wir dort saßen, hätten sie einfach nur die Kommode oder auch gar nichts gekauft.«

Hopf passt nicht ganz zu der etwas karnevalistischen Atmosphäre von Gallery Furniture – es gibt hier Papageien und Affen in Käfigen, kostenlos Kuchen und Süßigkeiten und eine fast hektargroße Fläche aus zusammengeschobenen Matratzen, auf denen Kinder hüpfen können. Der Besitzer von Gallery Furniture, Jim McIngvale, den man hier als Matratzen-Mack kennt, hüpft in der TV-Werbung ebenfalls auf Matratzen herum, hat dabei die Hand voller Geld und schreit: »Gallery Furniture schenkt Ihnen Geld!«

Hopf ist im Gegensatz dazu viel gelassener; er führt seine Kunden absichtlich in relativ ruhige Ecken des Ladens und lässt sie einfach reden – oder sie reden auch nicht –, wenn sie nachdenken oder etwas durcheinander sind. Er unterbricht und beschwatzt sie nicht, redet ihnen nicht gut zu, korrigiert und widerspricht nicht. Wenn Kunden vom Thema abkommen, hört er bloß zu und gewinnt dadurch neue Erkenntnisse. Ein älterer Mann sagte ihm, er besitze keinen Computer, weil Computer die Welt ruinierten; also wusste Hopf, es wäre sinnlos, ihm einen komplizierten HD-Fernseher zu zeigen. Eine gehetzte junge Mutter klagte darüber, dass sie im Verkehr feststeckte, als sie ihre vier Kinder im Vorschulalter zu ihrer Großmutter bringen wollte. Hopf lenkte sie zu Sofas, die mit strapazierfähigen Stoffen bezogen sind, die Schmutz und Eisflecken widerstehen.

»Es sieht vielleicht so aus, als würde es länger dauern, wenn ich die Leute einfach machen lasse, aber tatsächlich geht es schneller und einfacher, und man macht weniger Fehler«, meinte Hopf. Ich bemerkte auch, dass seine Bereitschaft, die Geschichten der Kunden anzuhören, diese weniger zurückhaltend werden ließ, und sie gewannen Vertrauen zu ihm. Das ist kein schlechter Weg, denn, wie Hopf mir sagte, »wenn man die Geschichten der Leute hört, will man sie auch richtig verstehen«.

Das Auffälligste an Hopf ist seine ungewöhnlich stark ausgeprägte Fähigkeit, Stille zu ertragen; er bleibt völlig unbeeindruckt, wenn Kunden wie die Hortons schweigen. Das ist eine seltene Eigenschaft, vor allem in westlichen Kulturen, wo sich die Menschen extrem unwohl fühlen, wenn es Gesprächspausen gibt. Wir nennen so etwas *Sendepause*. Ein Zögern oder Pausieren wird oft als unerträglich empfunden, als etwas, das man auf jeden Fall vermeiden sollte. Die Menschen sind bereit, schon beim geringsten Hinweis darauf einzuspringen, wenn ein Redner aus dem Konzept geraten zu sein scheint, selbst wenn er seinen Gedanken noch nicht ganz abgeschlossen hat.

Als Forscher etwa 50 000 Pausen oder Übergänge aufzeichneten, die bei auf Englisch geführten Gesprächen auftraten, erhielten sie eine dramatisch ansteigende Glockenkurve zwischen –1 und +1 Sekunden (negative Zahlen geben an, wie häufig die Leute zu reden anfingen, ehe der andere Sprecher aufgehört hatte zu reden).[282] Der Gipfel lag bei 0–200 Millisekunden, was bedeutet, dass es keine Pause zwischen den Sprechenden gab oder höchstens eine, die weniger als einen Wimpernschlag dauerte. Studien zu entsprechenden Verhältnissen in den Niederlanden und in Deutschland führten zu ähnlichen Ergebnissen.[283]

In Japan hingegen lassen die Menschen längere Gesprächspausen zu.[284] Studien haben gezeigt, dass japanische Geschäftsleute ein Schweigen tolerieren, das fast doppelt so lange dauert, wie Amerikaner es aushalten: 8,2 Sekunden gegenüber 4,6 Sekunden.[285] In der Beziehung von Arzt und Patienten in Japan nimmt Schweigen mehr Raum ein als in Amerika, 30 Prozent gegenüber acht Prozent.[286] In Amerika sagen wir: »Das quietschende Rad wird geölt«, während es in Japan heißt: »Der schweigende Mann ist der, dem man am besten zuhören sollte.«[287]

In den nordischen Ländern fühlt man sich in der Stille ähnlich wohl, vor allem in Finnland. Wie die Japaner legen auch die Finnen einen größeren Wert aufs Zuhören, auf Zurückhaltung und Privatsphäre im Vergleich zu Amerikanern und vielen Westeuropäern.[288] Es ist etwas Wahres dran an dem Witz über die zwei Finnen auf dem Weg zur Arbeit, wobei der eine sagt: »Hier habe ich mein Messer verloren.« Und auf dem Heimweg am Abend meint der andere: »Dein Messer, hast du gesagt?« Es gilt in Finnland als unhöflich und überheblich, zu schnell etwas zu sagen, wenn jemand gerade dabei ist, einen Gedanken zu beenden, geschweige denn, ihn zu unterbrechen. Momente der Stille gelten nicht nur als positiv, sie gehören auch ganz wesentlich zum Anstand. Forscher haben aber auch bemerkt, dass Menschen in stilleren Kulturen größere Angst davor haben könnten, ihr Gesicht zu verlieren oder gedemütigt zu werden, was dazu führt, dass sie noch widerwilliger sprechen.

Es gilt aber immer, wenn wir über kulturell bedingte

Toleranz gegenüber Stille sprechen, dass die Unterschiede in der Regel nur im Bereich von Sekunden oder sogar von Bruchteilen von Sekunden liegen. Generell mögen Menschen den sogenannten Verlust des Gesprächsflusses nicht. Wenn die Stille zu lange dauert, länger als es die kulturelle Norm zulässt, werden Menschen unruhig, besonders wenn sie mit jemandem sprechen, der kein enger Freund ist. Intimität mit und Vertrauen zu einem Gesprächspartner machen es weniger wahrscheinlich, dass man das Bedürfnis verspürt, das Geplauder auf Touren zu bringen, wenn es verlangsamt. Die Forschung hat gezeigt, dass die Fähigkeit, gut mit Stille zurechtzukommen, eigentlich Zeichen einer sicheren Beziehung ist.[289] Menschen mit höherem Sozialstatus lassen sich auch weniger wahrscheinlich durch Gesprächslücken irritieren, weil sie sich vermutlich ihrer Position sicherer sind.[290]

In westlichen Kulturen neigen Menschen dazu, ein Schweigen, das länger als etwa eine halbe Sekunde dauert, als Missbilligung, Sanktion oder Ausgrenzung zu interpretieren, weshalb sie schnell etwas sagen, um zu versuchen, sich wieder in ein gutes Licht zu rücken. Eine Stille von nur vier Sekunden reicht schon aus, damit Menschen ihre Meinung ändern oder genauer erläutern, weil sie das Schweigen so interpretieren, dass ihre eigenen Ansichten aus dem Rahmen fallen.[291] Die frühere technische Direktorin und heutige Autorin und Karriere-Coach Kim Scott hat über Apples CEO Tim Cook und seinen Hang zur Stille geschrieben: »Ein Freund hat mich davor gewarnt, Tim würde dazu neigen, lange Momente der Stille zuzulassen, weshalb ich mich nicht verunsichern lassen oder das Bedürfnis entwickeln sollte, diese Momente auszufüllen. Trotz dieser Warnung habe ich in unserem ersten Interview auf eine lange Zeit des Schweigens reagiert, indem ich ängstlich ununterbrochen geredet habe, und dabei habe ich ihm versehentlich viel mehr über einen Fehler berichtet, den ich gemacht hatte, als ich beabsichtigt hatte.«[292]

Eine niederländische Studie zeigte, dass Zugehörigkeitsgefühl und Wohlbefinden der Teilnehmer während Video-Chat-Sitzungen mit entsprechenden Pausen oder Verzögerungen zwischen den einzelnen Antworten zurückgingen.[293] Dies war auch dann der Fall, wenn den Probanden gesagt wurde, dass die Unterbrechungen im Gesprächsfluss möglicherweise durch technische Schwierigkeiten bewirkt würden. Die leitende Forscherin, die Sozialpsychologin Namkje Koudenburg, vermutete, dass Menschen sich vergleichbar, wenn auch unbewusst, unbehaglich und unsicher fühlen könnten, wenn sie mit jemandem über eine Mobilfunkverbindung sprächen, die eine Verzögerung aufweist, oder sogar auch dann, wenn jemand nicht sofort auf einen Text reagiert.

Sicherlich gibt es Momente, in denen Schweigen Missbilligung bedeutet. Man denke an die plötzliche Stille, nachdem jemand einen unangemessenen oder schlüpfrigen Witz erzählt hat. Aber es gibt einen großen Unterschied, ob man »mit jemandem schweigt« oder »jemanden anschweigt«, so wie auch ein großer Unterschied zwischen

»lachen mit« und »lachen über« besteht. In einem normalen Gespräch passiert es häufiger, dass Pausen entstehen, weil die andere Person nachdenkt oder tief Luft holt, ehe sie fortfährt. Die Menschen halten inne, während sie überlegen, was oder wie viel sie einem sagen wollen, und vielleicht brauchen sie auch einen Augenblick, um ihre Emotionen zu bewältigen. Der Komponist Gustav Mahler sagte: »Das Beste an der Musik findet man nicht in den Noten.«[294] Oft ist es aber in den Noten angelegt, wenn der Klang sich verändert und dann verschwindet. Deshalb ist es auch im Gespräch wichtig, darauf zu achten, was die Worte verbergen und was das Schweigen enthüllt.[295]

Ein guter Zuhörer zu sein bedeutet, Pausen und auch Schweigen zu akzeptieren, denn diese Pausen voreilig geschweige denn präventiv zu füllen, hindert den Redner daran, das zu vermitteln, was ihm vielleicht schwerfällt. Es unterdrückt eine genauere Ausführung seiner Gedanken und verhindert, dass wirkliche Anliegen an die Oberfläche kommen. Also warten Sie einfach. Geben Sie der anderen Person die Chance, dort weiterzumachen, wo sie aufgehört hat. Als Journalistin habe ich viel zu lange gebraucht, um zu erkennen, dass ich gar nichts sagen musste, um ein Gespräch am Laufen zu halten. Einige der interessantesten und wertvollsten Informationen gehen nicht auf meine Fragen zurück, sondern darauf, dass ich den Mund gehalten habe. Man gewinnt so viel mehr aus Interaktionen, wenn man den Menschen dabei Zeit und Raum gibt, ihre Gedanken zusammenzutragen.

Christentum, Judentum, Islam und tatsächlich die meisten Weltreligionen, von Bahai bis zum Zen-Buddhismus, kennen irgendeine Form der meditativen oder kontemplativen Stille, bei der die Gläubigen versuchen, auf eine höhere Ordnung zu hören oder zumindest auf ihr eigenes Selbst. Trappistenmönche glauben, dass Stille den Geist für die Inspiration durch den Heiligen Geist öffnet. Es gibt im Talmud eine Lehre, in der es heißt: »Ein Wort hat den Wert einer Münze, Schweigen hat den Wert von zweien.«

Die Quäker haben die sogenannte *Stille Andacht*. Die Gemeindemitglieder kommen zusammen und sitzen gemeinsam in der Stille, damit sie offen und empfänglich werden für die göttliche Erkenntnis. Aber auch Quäker können sich in der Stille unwohl fühlen. Ein Mitglied einer Quäkergemeinde aus Richmond, Indiana, hat mir erzählt, dass man an dem Sonntag, der der Stillen Andacht gewidmet ist, keine Probleme hat, einen Sitzplatz zu finden, weil »viele Menschen nicht kommen; sie finden die Stille zu anstrengend«.

Dieses Unbehagen gegenüber dem Schweigen bringt bekanntlich viele westliche Geschäftsleute aus dem Tritt, wenn sie versuchen, mit ihren weniger redseligen asiatischen Kollegen Geschäfte zu machen. Charles Freeman, Abteilungsleiter für Asien in der US-Handelskammer, meinte, dass Westler – insbesondere Amerikaner – das Schweigen nicht aushalten könnten, während Asiaten es gern akzeptieren. Immer wieder habe er beobachtet, dass Amerikaner sich während Verhandlungen über den Außenhandel in schlechte Verhandlungspositionen hineinredeten.

»Amerikaner reden im Allgemeinen, um die Stille zu füllen, als ob Stille etwas Schlechtes wäre, aber Asiaten sind da ganz anders«, sagte Freeman zu mir. »Im Verlauf einer Verhandlung erledigen Asiaten tatsächlich eine Menge Dinge, indem sie einfach nur ehrerbietig dasitzen und alles aufnehmen. Das ist ein echter Vorteil.« Wenn man schweigt, fügte er hinzu, kann man viel über die Stimmung und Kompromissbereitschaft der anderen Seite erfahren und auch darüber, was sie dazu bringen könnte, Verhandlungen abzubrechen – ganz einfach dadurch, wie man das Problem darstellt. »Wenn Sie bei einer Verhandlung nicht zuhören, sind Sie ganz schnell im Nachteil«, sagte er.

Für den kanadischen Komponisten und Musikpädagogen R. Murray Schafer ist Stille ein »Sack voller Möglichkeiten«. Um diese Idee zu verbreiten, verlangt er manchmal von seinen Studenten, dass sie einen Tag lang schweigen. Anfangs mochten seine Studenten das nicht, weil ihre Gedanken deutlicher vernehmbar und zudringlicher waren. Einige meinten, sie fühlten sich hohl, wenn sie sich selbst hören. Aber nach 24 Stunden berichteten viele Studenten von einem größeren Bewusstsein und einer größeren Wertschätzung nicht nur für die Geräusche aus der Umgebung wie das Zischen eines Rasensprengers oder das Blubbern einer kochenden Suppe, sondern auch für Feinheiten im Gespräch, die sie überhört hätten, wenn sie hätten sprechen können.

Eine aufstrebende Sängerin und Songschreiberin aus Los Angeles sagte mir, sie habe eine ähnliche Erfahrung gemacht, als sie nach einer Stimmbandoperation sechs Wochen lang nicht sprechen durfte. Sie führte ein Whiteboard mit sich, auf dem stand: »Hi, ich mache gerade eine Stimmpause.« Das erzwungene Schweigen ließ sie erkennen, dass sie keine sehr gute Zuhörerin war. »Anders als beim wirklichen Zuhören neigst du ständig dazu, dein Messer zu wetzen und zu überlegen, wie du beweisen kannst, dass du recht hast«, sagte sie. »Ich fing an, die Menschen besser zu verstehen, weil ich ihnen ja nicht mehr meine Meinung sagen konnte, und das hat mich auch dazu gebracht, mehr von anderen zu akzeptieren, weil ich ja nun in der Lage war zuzuhören.« Wie Schafer empfiehlt auch sie, sich einen Tag freizunehmen, um in den »Sack voller Möglichkeiten« einzutauchen, der die Stille ist.[296] »Wenn man das 24 Stunden lang aushält, lernt man, ein besserer Zuhörer zu werden«, meinte sie. »Dann spürt man die Unwichtigkeit der eigenen Worte und die Bedeutung der Worte anderer Menschen.«

Wenn Ihnen ein ganzer Tag zu unheimlich erscheint, dann versuchen Sie, während eines einzigen Gesprächs zu schweigen. Sagen Sie nichts, es sei denn, man stellt Ihnen eine Frage. Schauen Sie, was passiert. Lernen Sie von Barkeepern – Ihr Gesprächspartner wird es wahrscheinlich gar nicht bemerken. In den Nächten, die nur langsam vergehen, können Barkeeper einem Kunden stundenlang zuhören, ohne ein einziges Wort sagen zu müssen. »Man könnte sagen, das liegt daran, dass Bier die Zunge lockert«, meinte ein langjähriger Barbesitzer in New Orleans. »Ich glaube aber, das kommt daher, weil die Leute es nicht gewohnt sind, dass man ihnen zuhört, also erzählen sie Ihnen

Sachen, die sie nicht einmal ihren Eltern oder anderen nahestehenden Menschen sagen.«

Die Barkeeper, die ich interviewt habe, meinten auch, dass die Gäste in Nächten, in denen viel los ist, nicht so sehr miteinander reden, sondern aufeinander einreden, wobei sie weder viel Ahnung haben, was der andere sagt, noch was sie selbst zum Besten geben. »Die Leute reden oft, um den leeren Raum zwischen ihnen und einem Fremden zu füllen«, sagte eine ehemalige Buchbinderin, die Barkeeperin in Asheville, North Carolina, wurde. »Sie versuchen, die Leere einer Beziehung, die noch gar nicht begonnen hat – oder nicht sehr tief ist –, mit Geräuschen zu füllen.« Und sie fügte hinzu: »Menschen, die sich in ihrer eigenen Haut wohlfühlen, kommen mit der Stille klar.«

In unserer Kultur der Selbstdarstellung ist die Tatsache untergegangen, dass man sich nicht in eine Beziehung hineinreden kann. Geschwätzigkeit füllt wohl die Stille, errichtet aber zugleich eine Wand aus Worten, die einen von anderen Menschen trennt. Erst das Schweigen lässt andere Menschen herein. In der Stille liegt eine Großzügigkeit, aber auch ein klarer Vorteil. Menschen, die sich in der Stille wohlfühlen, erhalten mehr Informationen und sagen nicht zu viel, weil sie sich vielleicht unbehaglich fühlen. Widersteht man dem Drang zum Unterbrechen, wird es wahrscheinlicher, dass man aus einem Gespräch mit zusätzlichen Erkenntnissen und mehr Verständnis herauskommt. Und wenn Sie Greg Hopf von Gallery Furniture sind, dann werden Sie alle anderen darin sogar übertreffen.

16

Die Moral des Zuhörens:

Warum Klatsch gut für uns ist

Guter Klatsch riecht für mich wie Whisky. Beide wurden wirklich während der Cocktailstunde im Haus meiner Urgroßtante in Galveston, Texas, serviert. Die Menschen waren scharf auf die Einladungen, nicht so sehr auf den Alkohol, sie wollten ganz einfach das Allerneueste hören. Bis zu ihrem Tod im Alter von 97 Jahren verbrachten meine Urgroßtante und ich viele Stunden miteinander – beim Hochseefischen im Golf von Mexiko, beim Zurechtstutzen der Erbsen in ihrem Garten, beim Herumfahren mit geöffnetem Verdeck in ihrem alten stahlblauen Oldsmobile-Cabrio. Obwohl sie sich sicherlich dagegen gesträubt hätte, als Klatschtante bezeichnet zu werden, sprachen wir nur über das, was wir an anderen Menschen liebten und was wir an ihnen verabscheuten.

Während Klatsch oft eine negative Konnotation hat, hat er tatsächlich eine positive soziale Funktion. Es gibt gute

Gründe dafür, warum immerhin zwei Drittel der Erwachsenengespräche aus Klatsch bestehen, die dadurch definiert sind, dass mindestens zwei Leute über jemanden sprechen, der abwesend ist.[297] Männer tratschen so viel wie Frauen,[298] und auch Kinder sind längst versierte Klatschtanten, wenn sie fünf Jahre alt sind.[299] Wir alle tun es (wenn auch nicht mit so viel Charme wie meine Urgroßtante), denn der Klatsch ermöglicht uns zu beurteilen, wer vertrauenswürdig ist, wem wir nacheifern wollen, wie viel wir uns erlauben können und wer wahrscheinlich ein Verbündeter oder ein Gegner ist.[300] Es trägt also zu unserer Entwicklung als ethische, moralische Mitglieder der Gesellschaft bei, wenn wir Klatsch und Tratsch hören.

Wir sind sozialisiert durch den Klatsch, den wir von unseren Familien, Freunden, Kollegen, Lehrern und religiösen Führern hören. Was sind die Jesus-Gleichnisse und Buddha-Geschichten anderes als Gerüchte, die schriftlich festgehalten wurden? Niederländische Forscher fanden heraus, dass das Hören von positivem Klatsch Menschen dazu brachte, sich auf ähnliche Weise zu verhalten; das Hören von negativem Klatsch bewirkte, dass die Menschen besser über sich selbst dachten.[301] Eine andere Studie hat gezeigt, dass Klatsch umso eher eine Lektion ist, je schockierter oder verärgerter man darüber ist.[302]

Natürlich werden Sie sich wahrscheinlich auch ändern, wenn Sie selbst zum Thema von Klatsch geworden sind. Forscher an der Stanford University und der University of California, Berkeley, fanden heraus, dass Probanden, wenn sie die Möglichkeit dazu hatten, sehr bereitwillig über andere plauderten, die in einem Finanzspiel nicht vertrauenswürdig waren, was wiederum die Betrüger dazu brachte, sich wieder anständig zu benehmen, um erneut Ansehen zu erlangen.[303] Die Schlussfolgerung daraus war, dass Organisationen, die ihren Mitgliedern Klatsch erlauben, kooperativer sind und Egoismus besser unterbinden als solche, die es nicht tun.

Das gilt auch dann, wenn der Klatsch nicht immer genau der Wahrheit entspricht. Sozialpsychologen und Wirtschaftswissenschaftler in Australien und im Vereinigten Königreich arbeiteten gemeinsam an einer Studie, die erwies, dass jede Art von Klatsch, egal, ob zutreffend oder nicht zutreffend, die Forderung nach »Seriosität« aufkommen lässt.[304] Sie ließen Probanden ein Spiel spielen, das auf Vertrauen beruhte und wozu die Verteilung von Belohnungen gehörte. Wenn die Spieler offen die Integrität ihrer Mitspieler loben oder infrage stellen konnten – auch ungerechtfertigt –, benahmen sie sich besser und gingen effizienter vor als die Vergleichsgruppe, die nicht schwatzen durfte. Die Forscher stellten fest, dass Unrichtigkeiten meist durch den Wunsch aufkamen, schlechte Mitspieler strenger zu bestrafen (zuweilen ließ man die Betrüger schlimmer aussehen, als sie es in Wahrheit waren). Wenn man hört, wie Menschen über andere sprechen, gleichgültig, ob sie Wahres oder Unwahres verbreiten, kann das genau so viel oder sogar noch mehr über diese Menschen selbst aussagen als über diejenigen, von denen sie reden.

Kein Wunder also, dass Klatsch Menschen dazu bringt,

sich reflexartig vorzubeugen und die Stimme auf ein konspiratives Flüstern zu senken. Das ist sehr nützlich. Meine Großtante und ich berührten uns fast an der Stirn, wenn wir etwas besonders Heikles besprachen, auch wenn kein anderer Mensch in der Nähe war. Anstatt trivial, oberflächlich oder einfältig zu sein, belegt eine überraschend große Anzahl von Hinweisen, dass das Anhören von Klatsch tatsächlich eine intelligente Aktivität und unerlässlich für die eigene Anpassungsfähigkeit ist. Forscher, die sich mit Klatsch beschäftigen (es gibt mehr davon, als man annimmt), behaupten, dass das Reden über Menschen eine Erweiterung des Lernens am Modell ist.[305] Man lernt aus den Triumphen und Beschwerlichkeiten anderer Menschen, die man kennt, sogar von denen, die man nicht kennt.

Der britische Anthropologe und Evolutionspsychologe Robin Dunbar, den wir in Kapitel 4 kennengelernt haben, hat Klatsch im Zusammenhang mit seiner Arbeit über Freundschaft erforscht. Er erzählte mir, dass trotz der weit verbreiteten Ansicht, Klatsch sei meist bösartig, tatsächlich nur drei bis vier Prozent des Klatsches gemein sind.[306] »Zu klatschen heißt, sich über den Zaun zu lehnen, auf der Veranda zu sitzen und im Schaukelstuhl zu schaukeln«, meinte er. »Der Großteil davon ist das Reden über die Schwierigkeiten, die zwischen einem selbst und einer anderen Person auftreten, aber es geht auch darum, was in der Öffentlichkeit vor sich geht und welchen Status die Menschen um einen herum haben – wer hat sich mit wem verkracht.«

Die gesellschaftliche Dynamik verändert sich schnell und

ist unglaublich kompliziert. Jede zwischenmenschliche Entscheidung, jedes entsprechende Verhalten ist das Ergebnis unzähliger Faktoren zwischen bestimmten Menschen, die zu einem bestimmten Zeitpunkt aufeinandertreffen. Je nach Variable kann die gleiche Interaktion unbedeutend sein oder aber außer Kontrolle geraten. Diese Komplexität zu verstehen ist äußerst schwierig, sagte Dunbar, und deshalb »haben wir ein so großes Interesse am Anhören und Betrachten vieler Beispiele, um zu verstehen, wie das Spiel gespielt wird, damit wir es besser handhaben können«. Tatsächlich kamen die Leute zu den Cocktailpartys meiner Urgroßtante, um genau diese Informationen zu bekommen. Galveston ist vielleicht eine schläfrige Küstenstadt, aber es war und ist immer noch schwer, dort über alle Possen und Intrigen auf dem Laufenden zu bleiben.

Laut Dunbar brauchen wir, um die Ursprünge des Klatsches zu verstehen, nur die Fellpflege von Menschenaffen zu betrachten.[307] Man nimmt an, dass sich frühe Menschen – wie eben auch die Affen – durch die gegenseitige Fellpflege sozial verbunden haben. Gegenseitiges Streicheln und die peinlich genaue Untersuchung des Fells fördern das Wohlwollen, sodass die beiden Tiere später Bananen teilen oder sich gegenseitig verteidigen mögen. Doch als die Menschen immer intelligenter wurden und auch die Komplexität unserer Aktivitäten sowie die Größe unserer Gruppen wuchsen, ersetzte Sprache – und gerade auch der Klatsch – die Fellpflege als Möglichkeit, Bündnisse zu schließen und aufrechtzuerhalten.

Der Vorteil von Klatsch gegenüber der Fellpflege, so Dunbar, besteht darin, dass er »ein wirksamerer Mechanismus für unsere sozialen Bindungen und unser soziales Lernen ist«. Fellpflege ist in hohem Maße eine Aktivität von zwei Partnern, die durchaus einige Zeit in Anspruch nehmen kann (je nachdem, wie verheddert oder verlaust das Fell des Partners ist), während Gespräche von Angesicht zu Angesicht schneller vonstattengehen und bis zu vier Personen umfassen können (einen Sprechenden und drei Zuhörer).[308] Jede größere Gruppe neigt dazu, sich wiederum in kleinere Gruppen aufzuteilen. Das haben Sie vermutlich schon bei großen Partys erlebt, bei denen die Gäste spontan verschiedene Gesprächsrunden von zwei bis vier Personen bilden.

Das erklärt vielleicht auch, warum Social Media so verführerisch sind. Die Geschwindigkeit, mit der Klatsch online zugänglich gemacht wird, sowie die schiere Menge sind mehr, als man selber bei persönlichen Begegnungen je aufbringen oder bewerkstelligen könnte. Das bewirkt diesen Zwang, ständig nachzusehen, um sicherzugehen, dass man noch dabei ist. Aber natürlich kann man nie mit allem Schritt halten, und bei so vielen Geschichten und Interpretationen sinken natürlich Qualität und Wert der Informationen.

* * *

Die sozialwissenschaftliche Literatur spricht oft von Klatsch in wirtschaftlichen Begriffen, die dem Gesetz von Angebot und Nachfrage unterliegen.[309] Die Dinge etwa, die mir meine Urgroßtante streng vertraulich erzählt hat, waren für mich wertvoller als das, was sie auf einer Cocktailparty von sich gegeben hat, wo ja alle Anwesenden im Wesentlichen die Freiheit hatten, jedem anderen zu erzählen, was sie wollten. Man kann wahrscheinlich nur vermuten, wie vergleichsweise wenig nach Aussage von Wirtschaftswissenschaftlern Klatsch im Internet wert ist. Der Wert von Informationen steht im umgekehrten Verhältnis zu seiner Verfügbarkeit und Trivialität.

Der Soziologe Peter Michael Blau von der University of Chicago hat seine Theorie zum sozialen Austausch in den 1960er-Jahren veröffentlicht; diese Theorie wandte die Ökonomie auf soziale Interaktionen an, auch auf Informationen, die wir uns gegenseitig offenbaren.[310] Blau war ein Schüler von Robert Merton, dem Vater der Fokusgruppen, und er behauptete, dass den Geschichten der Menschen zuzuhören im Wesentlichen ein Privileg sei, das man sich verdienen müsse. Die Menschen beginnen mit unbedeutenderen Dingen, bei denen die Informationen noch nicht so heikel sind; deshalb sei es nicht schlimm, wenn diese Informationen weitergetragen würden. Aber da beide Partner durch ihre gegenseitige Aufmerksamkeit, Sensibilität und Diskretion ihre Vertrauenswürdigkeit unter Beweis stellen, wird ihre Beziehung vertieft, was dazu führt, dass sie sich auf wichtigere Transaktionen einlassen (also auf die Offenlegung von Informationen, die ansonsten stärker zurückgehalten werden).

Zuhören heißt also nicht nur, wie wir lernen, tugendhafte Mitglieder der Gesellschaft zu werden; es ist eine Tugend an sich, durch die wir uns der wertvollsten Informationen als würdig erweisen. Der französische Philosoph Emmanuel Levinas glaubte, dass menschliche Interaktionen die Grundlage der persönlichen Ethik bilden und dass das Zuhören, das Verständnis sowie die Empathie, die diese Interaktionen erzeugen, unserem Leben Sinn und Richtung geben. Levinas, Jude und während des Zweiten Weltkriegs in Gefangenschaft, betonte die Bedeutung dessen, das »Andere« zu erleben.[311] Damit meinte er, sich auf andere Menschen von Angesicht zu Angesicht einzulassen und zu erfahren, dass alle unsere Geschichten unterschiedlich sind und dennoch gleich, was die zugrunde liegenden Emotionen angeht. Dem »Anderen« zuzuhören ist genau das, was uns an die Verletzlichkeit und Zerbrechlichkeit erinnert, die uns Menschen gemeinsam sind, und es erlegt uns den ethischen Imperativ oder die Pflicht auf, niemandem zu schaden.

Man wird nicht mit Integrität und Charakter geboren; beide entwickeln sich Tag für Tag durch die Entscheidungen, die Sie treffen, und das gilt auch im Hinblick darauf, wem und wie gut Sie jemandem zuhören. Ethisches Verhalten erfordert, dass Sie berücksichtigen, wie sich die eigenen Worte und Taten auf andere auswirken, und Sie können kein Gefühl dafür bekommen, ohne dass Sie zuhören. In einem rein praktischen und evolutionären Kontext haben wir als Spezies überlebt, indem wir mit anderen zusammengearbeitet haben, als wir auf der Suche nach Nahrung waren und Großwild jagten. Die frühen Menschen waren gezwungen zuzuhören und zusammenzuarbeiten, oder sie starben. Verhaltensnormen und Höflichkeitsregeln entstanden aus diesen frühen gemeinsamen Aktivitäten, die später unsere Vorstellungen von Moral prägten.[312]

Der zeitgenössische französische Intellektuelle Pascal Bruckner argumentiert in seinem Buch *The Temptation of Innocence: Living in the Age of Entitlement* (dt.: *Ich leide, also bin ich. Die Krankheit der Moderne*), dass der moderne Individualismus uns womöglich zurückwirft. Er stellt fest, dass es kein Gefühl für soziale Verpflichtungen gibt, wenn man vor allem sich selbst gegenüber verpflichtet ist. Und »nur von der Leuchte seines eigenen Verständnisses geleitet, verliert das Individuum jede Gewissheit über Orte, Ordnungen und Definitionen. Es mag die Freiheit erlangt haben, aber hat die Sicherheit verloren.«[313] In unserer selbstbewussten Gesellschaft glauben wir, dass wir für unser eigenes Glück, für das eigene Fortkommen und den eigenen Erfolg verantwortlich sind. »Jeder muss sich als Person verkaufen, um akzeptiert zu werden«, so Bruckner. Aber diese ständige Selbstdarstellung und Imagepflege haben ihren Preis. Wir verlieren den Kontakt zu anderen und damit letztlich unser Gefühl der Zugehörigkeit und Bindung, alles, was wir in erster Linie wirklich wollten.

Wir modernen Menschen sprechen immer mehr und hören immer weniger zu, trotz der Tatsache, dass erst das Verständnis und das Eingehen auf die Geschichten, Ideen und Anliegen anderer Menschen unsere gesamten Errungenschaften ermöglicht haben, von der Jagd auf wollige Mammuts bis hin zur Landung eines Menschen auf dem

Mond. Nicht aufeinander zu hören vermindert genau das, was wir erreichen können, und somit können wir es auch als moralisches Versagen ansehen. Wir scheitern nicht nur als Individuen, sondern auch als Gesellschaft.

Wenn die Menschen zudem die Dringlichkeit verspüren, sich ständig selbst zu verkaufen, neigen sie zur Übertreibung, was wiederum das Niveau des Diskurses senkt und den Zynismus fördert. Auf die Frage nach seinem IQ meinte der Physiker und Kosmologe Stephen Hawking: »Ich habe keine Ahnung. Leute, die mit ihrem IQ angeben, sind Verlierer.«[314] Und das von einem Mann, den viele als den klügsten Menschen der Welt bezeichneten. Meine Urgroßtante hat beobachtet, dass diejenigen, die am meisten angaben, meistens diejenigen waren, die am wenigsten im Leben erreicht hatten. Das sollte man im Hinterkopf behalten, wenn man versucht ist, sich wieder einmal zu profilieren, anstatt herauszufinden, was wirklich toll ist an dem Menschen, der einem gegenübersteht.

Menschen neigen dazu, eher das Nicht-Zuhören zu bedauern als das Zuhören, und sie bereuen auch eher Sachen, die sie gesagt haben, als solche, die sie verschwiegen haben. Jemandem ein Stück der eigenen Befindlichkeit zu zeigen scheint nicht das Gelbe vom Ei zu sein. Obgleich man vielleicht das Gefühl hat, es wäre dringend notwendig, den anderen zu sagen, wie man sich fühlt, ist das nicht immer hilfreich. Man stellt das eigene Ego vor die Verletzlichkeit der anderen Person. Das bedeutet nicht, dass man unehrlich sein oder sich selbst verleugnen soll, aber man muss tatsächlich genug zuhören, um zu wissen, wann die andere Person bereit ist, das anzuhören, was man selbst zu sagen hat. Nicht alles muss gesagt werden, wie man es im Moment gerade spürt. In der Tat ist es manchmal besser zu warten, bis sich das entsprechende Gefühl abgeschwächt hat.

Immer wieder kam das Thema Reue zur Sprache, als ich Menschen für dieses Buch interviewte. Viele von ihnen drückten ihr tiefes Bedauern darüber aus, dass sie an einem entscheidenden Punkt in ihrem Leben nicht zugehört haben. Sie waren zu abgelenkt gewesen, oder vielleicht mussten sie auch »ihre Meinung sagen« und haben dabei die möglichen Auswirkungen ihres Handelns nicht berücksichtigt. Hierbei dachten sie an jemanden, der gestorben ist, an eine Beziehung, die zu Ende ging, an einen Job, den sie verloren haben, oder an eine Auseinandersetzung, die sie geführt haben, und nun wünschten sie, sie könnten noch einmal hingehen und weitere Fragen stellen und sorgfältiger auf die Antworten hören.

Laut der Psychologin Amy Summerville, Direktorin des Regret Lab an der Miami University in Oxford, Ohio, ist ein soziales Bedauern, das mit Beziehungen zu tun hat, tendenziell intensiver als in den meisten anderen Fällen von nicht sozialem Bedauern, das beispielsweise darüber aufkommt, wo man zur Schule gegangen ist, oder bezüglich einer Investition, die man getätigt hat.[315] Die Forschung zeigt außerdem, dass wir am meisten die Dinge bereuen, die wir hätten anders machen können, nun aber nicht umkehren können, um sie noch einmal anzugehen.[316] Nicht zuzuhören ist ein Grund zur Reue, denn nachdem die Gelegenheit einmal vorüber ist, kann man diesen Moment nie mehr neu erschaffen, und man merkt oft nicht, was man verpasst hat, bis es zu spät ist.

»Nicht zuzuhören kann an diesem Punkt der Dinge wirklich Reue aufkommen lassen mit der Zeit«, meinte Dr. Summerville zu mir. »Es ist wichtig für Beziehungen, und wir können auch ganz leicht erkennen, dass wir es vollständig unter unserer Kontrolle haben.« Reue ist ganz allgemein der zweithäufigste emotionale Zustand nach der Liebe,[317] sagte sie, und die beiden Gefühle sind miteinander verflochten, da die stärkste Reue durch das Vernachlässigen derer entsteht, die wir lieben. Beziehungen scheitern am häufigsten wegen Vernachlässigung. Eine der Grundformen von Vernachlässigung besteht in mangelnder Aufmerksamkeit. Ob wir das Zuhören als evolutionäre Überlebenstaktik betrachten, als grundlegende moralische Tugend oder als das, was wir denen schulden, die wir lieben: Zuhören ist etwas, das uns als Menschen vereint.

Was mich zu einer letzten Bemerkung über meine Urgroßtante bringt. Wir frühstückten, nur wir beide, und saßen zusammengekauert an einem Ende ihres Mahagoni-Esstisches. Es war Frühling, und der Geruch von Glyzinien wehte durch die offenen Fenster ins Zimmer. Wir hatten über jemanden gesprochen, der einige Dinge zutiefst bereute, die er getan hatte. Ich fragte meine Urgroßtante, die damals in ihren Neunzigern war, ob auch sie etwas bereuen würde. »Wozu soll das gut sein?«, meinte sie.

17

Wann man mit dem Zuhören aufhören sollte

Vor ein paar Jahren habe ich für die *Times* an einer Geschichte über gespieltes Lachen gearbeitet.[318] Ich wollte wissen, warum wir so oft lachen, wenn gar nichts Lustiges passiert ist, und habe deshalb einen Psychologen und Universitätsprofessor angerufen, der über das Lachen forscht. Er begann das Gespräch, indem er mir ein paar Witze erzählte. Das war vielleicht bei jemandem nicht weiter überraschend, der sich professionell mit Lachen beschäftigt, aber es waren keine wirklich lustigen Witze, sondern eher lahme. Ich gab ein gezwungenes *Ha-ha* von mir, um höflich zu erscheinen. Mit anderen Worten, es war ein künstliches Lachen.

Der Professor ging dann über zu einer ausführlichen Vorlesung über das menschliche Lachen, das sich aus dem Hecheln von Affen entwickelt habe. »Ich glaube, das beantwortet Ihre Frage«, meinte er schließlich. »Na ja … nicht direkt«, gab ich zurück, und ich versuchte noch einmal, ihm zu sagen, dass es in meiner Geschichte um gespieltes Lachen ging, vor allem darum, warum Menschen lachen, wenn sie sich unwohl fühlen. Er korrigierte mich. Man könne kein Lachen vortäuschen. »Sie haben doch während unseres Gesprächs gelacht, es war ein echtes Lachen, und das ist doch positiv. Okay?«, meinte er. Er hatte keinerlei Zweifel an der Aufrichtigkeit meines *Ha-ha*. Und er fuhr fort: »Männer sind diejenigen, die sich am effektivsten die Lacher einfangen. Dabei geht es nicht um Sexismus in der Unterhaltungsindustrie; es ist nur schwieriger für Frauen als für Männer, einen Lacher zu bekommen. Auf der ganzen Welt sind die wirklich guten Clowns männlich. Männer kriegen nun mal die besten Lacher, sei es als Komiker oder auf der nächsten Cocktailparty. Okay?«

Als der Redaktionsschluss näher rückte und meine Frage immer noch unbeantwortet geblieben war, dankte ich ihm sehr, dass er Zeit für mich erübrigt hatte. Nicht dass der Anruf gänzlich unnütz gewesen wäre. Denn er hat meine These über künstliches Lachen eindrucksvoll unter Beweis gestellt. Aber es war an der Zeit, ihm nicht länger zuzuhören. Vier Psychologen, drei Neurowissenschaftler und einen Experten für Humor später hatte ich tatsächlich neue Erkenntnisse gewonnen, warum wir echt lachen und manchmal nur zum Schein und wie man den Unterschied benennt. (Hinweis: Künstliches Lachen enthält noch Klänge von Sprache: *Ah-ha-ha-ha-ha* oder *Oh-ho-ho-ho-ho.*) Ich habe auch erfahren, dass es wahrscheinlich kein Geschlechtermonopol auf Humor gibt, doch Frauen täuschen das Lachen eher vor, wie ich es selber so gekonnt demonstriert hatte.

Aber der wichtigere Punkt hier ist, dass man sich manchmal dazu entschließen muss, nicht weiter zuzuhören. Obwohl man von jedem etwas lernen kann, heißt das nicht, dass man jedem zuhören muss, bis ihm die Luft ausgeht. Offensichtlich ist das nicht möglich. Wie George Eliot in ihrem Roman *Middlemarch* schrieb: »Hätten wir einen scharfen Blick und ein waches Gefühl für das alltägliche Leben der Menschen, so wäre es, als hörten wir das Gras wachsen und das Herz des Eichhörnchens schlagen, und wir würden an dem Getöse sterben, das jenseits des Schweigens herrscht.«[319] Außerdem hat der Tag nur eine bestimmte Zahl von Stunden. Also entscheiden wir bewusst und unbewusst, wer unsere Zeit und Aufmerksamkeit erhält.

Nach Ansicht des britischen Sprachphilosophen und Theoretikers Herbert Paul Grice haben Menschen unbewusst bestimmte Erwartungen im Gespräch, die, wenn sie nicht erfüllt werden (wie es mir mit meinem unkomischen Lachexperten passiert ist), uns weniger geneigt machen zuzuhören.[320] Das ergibt sich aus der Tatsache, dass die Kommunikation grundsätzlich ein kooperatives Unterfangen ist. Wenn wir also merken, dass unser Gesprächspartner seinen Teil der Abmachung nicht einhält, fühlen wir uns betrogen und wollen aus der Abmachung aussteigen. Grice fasst unsere Gesprächserwartungen in vier Grundsätzen zusammen:

1. Qualitätsgrundsatz – wir erwarten die Wahrheit.
2. Grundsatz der Menge – wir erwarten, dass wir Informationen erhalten, die wir noch nicht haben, aber nicht so viele, dass wir uns davon überfordert fühlen.

3. Grundsatz der Verhältnismäßigkeit – wir erwarten Relevanz und logischen Ablauf.
4. Grundsatz des Verhaltens – wir erwarten, dass der Sprechende sich angemessen kurz, ordentlich und unmissverständlich ausdrückt.

Einige Wissenschaftler haben sich für die Einbeziehung von Höflichkeit und Fairness im Umgang miteinander ausgesprochen, aber die vier Grundsätze von Grice werden weithin anerkannt als das, was die meisten Menschen in einer zivilisierten Gesellschaft erwarten, auch wenn sie sich dessen nicht bewusst sind.[321] Es erklärt, warum es so schwierig ist, mit Menschen zu sprechen, die an Demenz oder einer Psychose leiden. Sie sind nicht mehr an Realität und soziale Normen gebunden, können also fantastische, ungeordnete, mehrdeutige, vage und/oder unzusammenhängende Ideen vorbringen. Das ist auch der Grund, warum der Anruf beim technischen Support so unglaublich ärgerlich ist.[322] Die schriftlich ausgearbeiteten Antworten haben oft keinen logischen Zusammenhang mit dem, was man sagt, geben zu wenig oder zu viel Informationen und sind oft falsch, nach dem Motto: »Es ist Ihr Gerät, nicht unseres.«

Der Gesellschaftsvertrag, der sich aus den Grundsätzen von Grice ergibt, bezieht sich auf alle Kulturen, ganz gleich, ob der Austausch freundlich oder feindlich ist. Die Menschen können wohl wütend aufeinander sein, aber trotzdem befolgen sie die Regeln, um eine produktive Auseinandersetzung zu führen. Obwohl Grices Grundsätze ziemlich universell sind, werden sie auch universell mehr oder weniger stark missachtet, vielleicht weil die Menschen sehr unterschiedliche Vorstellungen davon haben, was wahrheitsgemäß, relevant, logisch, kurzgefasst, ordentlich oder unmissverständlich ist. Trotzdem erwarten wir genau das in unserer eigenen Vorstellung. Und wenn wir vollständigen Unsinn in einem Gespräch bemerken, wenn jemand einen Gedankensprung macht oder sich in geisttötenden Details über etwas auslässt, das uns kaltlässt – dann neigen wir dazu, uns zu ärgern, und wir melden uns gleichsam ab.

So seltsam es sich auch anhören mag, die meisten Leute, die gegen Grices Grundsätze verstoßen, sind keine schlechten Redner, sondern eher schlechte Zuhörer. Die besten Kommunikatoren, egal, ob sie eine Menschenmenge oder eine einzelne Person ansprechen, sind Menschen, die früher zugehört haben, und zwar gut zugehört haben, und auch jetzt im Moment weiterhin gut zuhören. Sie sind in der Lage, Menschen zu begeistern, zu unterhalten und zu inspirieren, weil sie zuerst versuchen, ein Gefühl für ihr Publikum zu entwickeln, und erst danach dementsprechend Inhalt und Vortragsstil auswählen.

Und sie bleiben auch während des Sprechens auf ihr Publikum eingestimmt und achten auf verbale und nonverbale Hinweise sowie auf die Energie im Raum, um festzustellen, ob die Menschen ihnen folgen und das Thema aufnehmen. Es ist in etwa so, dass man einen spezifischen Erzählstil wählt, je nachdem ob man zum Beispiel mit der Großmutter statt mit der Freundin, mit einem Mitarbeiter statt mit einem Kunden oder mit einem liberalen Freund statt mit einem konservativen Freund spricht.

Die Geschichten, die Sie erzählen, sowie die Art, wie Sie sie erzählen, hängen davon ab, wie Sie Ihr Publikum einschätzen – zumindest sollte es so sein. Sie können feste Werte und Überzeugungen haben, aber Sie können nicht mitreißend, klar oder überzeugend wirken, wenn Sie nicht beachten, wen Sie vor sich haben. Nicht jeder hat die gleichen Interessen, Empfindlichkeiten oder auch das gleiche Verständnisniveau, und diese Unterschiede nicht zu erkennen und zu respektieren ist der sicherste Weg, andere zu langweilen, zu verärgern oder anderweitig zum Schweigen zu bringen.

Man sollte nicht nur dann zuhören, wenn ein anderer redet; man sollte es auch tun, *während* man selber spricht. Ist mein Gegenüber wirklich daran interessiert, noch mehr über das Oboenkonzert meines Kindes zu hören? Ist der andere zusammengezuckt, als Sie anfingen, über Politik zu reden? War da ein Seufzer der Erleichterung, als Sie sagten: »Der langen Rede kurzer Sinn …«? Wenn Sie die Reaktionen anderer Leute nicht gut einschätzen können, während Sie sprechen, dann fragen Sie sie doch einfach. Haken Sie nach. »Habe ich dich abgehängt?«, »Bin ich dir zu nahe getreten?«, »Was meinst du?«, »Kannst du mir noch folgen?«, »Reicht es jetzt?«, »Langweile ich dich?«, »Ergibt das einen Sinn für dich?«, »Ist es zu viel?«

Ein Gespräch ist im besten Fall eine kontinuierliche Feedbackschleife, die über das Hören abläuft und formt, was Menschen sagen und wie sie es sagen. Ralph Waldo Emerson schrieb: »Ein guter Leser macht das gute Buch.«[323] Ebenso ist es der gute Zuhörer, der das gute Gespräch macht. Wenn beide Parteien in einem Gespräch fokussiert und engagiert sind, ist es wie ein wunderbarer Tanz, bei dem die beiden einander aufmerksam zuhören, unabhängig davon, wer gerade spricht. Nicht nur Ihre Gehirnströme sind synchron – wie Uri Hasson und seine Kollegen entdeckten –, sondern die Forschung zeigt auch, dass man anfängt, sich körperlich und klanglich aneinander auszurichten. Man spiegelt den Sprechstil, die Körperhaltung, die Blicke und Gesten des anderen.[324]

Sich mit jemandem zu unterhalten, der nicht gut zuhört, der nicht dem folgt, was Sie sagen, und auch nicht berücksichtigt, wie Sie sich fühlen bei dem, was Sie hören, ist so, als würde man mit jemandem tanzen, der einem anderen Rhythmus oder auch gar keinem Rhythmus folgt. Das ist peinlich. Passen Sie also auf Ihre Zehen auf. Vielleicht hat ja Ihr Gegenüber durchaus etwas Wertvolles zu sagen, aber es braucht viel mehr Energie und Selbstdisziplin, um hierbei zuzuhören und herauszufinden, was es ist.

Oder der andere ist ganz schlicht ein Idiot. Das sind Menschen aber selten. Ihr selbstzentrierter Gesprächsstil zeugt weit häufiger von tiefen Unsicherheiten, Ängsten oder blinden Flecken. Manchmal fangen sie auch wirklich an zuzuhören, indem sie ganz einfach hören – nicht nur Sie, sondern auch sich selbst. Und dann wird das Gespräch zusammenhängender, sinnvoller und zugänglicher. Die Macht des Zuhörers liegt darin, dass Sie selbst entscheiden können, welchen Aufwand Sie treiben wollen und wann Sie genug haben.

Jeder, der schon einmal ein schlechtes Date erlebt hat, weiß, wie viel Arbeit es bedeutet, mit jemandem zusammen zu sein, mit dem man ganz und gar nicht auf einer Wellenlänge ist. Wenn Sie es vergessen haben sollten, schalten Sie ein paar Folgen von *Second Date Update* ein. Für die Uneingeweihten: Diese Sendung wird während der morgendlichen Fahrt im Auto zur Arbeit in Pop- und Country-Musik-Radiosendern in größeren Städten wie Houston, Seattle, Chicago und Boston ausgestrahlt. Dabei ruft ein Mann oder eine Frau in der Sendung an, nachdem er oder sie zuvor eine tolle Verabredung gehabt hat und jetzt nicht versteht, warum die andere Person nicht auf Texte oder Anrufe wegen einer zweiten Verabredung reagiert. Die Morgenradiomoderatoren rufen also den betreffenden Mann oder die betreffende Frau an, um herauszubekommen, was schiefgelaufen ist. Das passiert, während der Anrufer, der auf ein zweites Date hofft, und unzählige Pendler dem Gespräch lauschen. Es ist faszinierend und entsetzlich, komisch und tragisch zugleich, wenn Menschen, die sich so nach einer Beziehung sehnen, den Objekten ihrer Sehnsucht nicht zuhören.

Jonas zum Beispiel, der Marias Unbehagen bei ihrem ersten Date nicht bemerkte, als er ihr seine »kleinen Banditen« vorstellte. So nannte er die wilden Waschbären, die er von Hand fütterte und denen er so gern dabei zusah, wie sie sich auf dem Waschbären-Spielplatz tummelten, den er in seinem Hof aufgebaut hatte. Und dann war da noch Hannah, die Nates Missfallen nicht registrierte, als sie damit anfing, sich zu vernetzen – indem sie Visitenkarten verteilte und dadurch den Raum einer Kinder-Wohltätigkeitsveranstaltung umfunktionierte, zu der er sie eingeladen hatte. Man könnte das Argument vorbringen, dass der Umgang mit Tieren, die Tollwut haben könnten, oder unermüdliche Selbstdarstellung in Beziehungen problematisch sind, doch die Unfähigkeit, die Worte und Reaktionen von Menschen zu beachten, mit denen man sich verabredet hat, ist sicherlich genauso problematisch.

Genau das macht *Second Date Update* so abstoßend. Die Anrufer haben nicht auf ihre Date-Partner gehört, als sie mit ihnen zusammen waren, und so kam garantiert kein zweites Treffen zustande. Unbeirrt bitten sie die Radiomoderatoren, für sie zuzuhören, und dann, wenn sie mitbekommen, wie ihre Date-Partner ihre Gefühle erklären, hören sie immer noch nicht zu, unterbrechen meist den Anruf und behaupten, der oder die andere habe alles falsch verstanden. »Wir können zwar bereitwillig akzeptieren, dass wir uns irren können«, schrieb der in Polen geborene Sozialpsychologe Robert Zajonc, »aber wir irren uns nie bei dem, was wir mögen oder nicht mögen.«[325] Es ist besser, auf die Gefühle der Menschen zu hören, als sie davon zu überzeugen versuchen, sich anders zu fühlen. Man kann Zuneigung nicht herbeireden; echtes Zuhören ist der sicherste Weg, um eine Bindung herzustellen.

* * *

So großartig es auch ist, jemanden zu finden, eine Liebespartnerin oder einfach nur einen guten Freund, mit dem Sie leicht reden können und die Sie so gut versteht wie Sie diese Person, so erwarten Sie nicht, dass Sie beide in der Lage sind, diesen Grad der Verbindung die ganze Zeit über aufrechtzuerhalten. Sorgfältiges Zuhören ist anstrengend, unabhängig von Ihrer Persönlichkeit, Begabung oder Motivation. Sie können es nicht ständig tun. Fluglotsen haben Schichten von höchstens eineinhalb bis zwei Stunden, bevor sie eine Pause einlegen müssen. Jüngere Fluglotsen absolvieren kürzere Schichten, weil sie noch nicht genug Ausdauer erworben haben. Fluglotsen müssen nicht nur auf Informationen achten wie etwa die Anfragen der Piloten und die Wiedergabe von Anweisungen, sondern auch auf die geringste Spur von Unruhe oder Verwirrung in den Stimmen der Piloten, um zu beurteilen, ob die Situation im Cockpit womöglich heikel werden könnte.

»Man wird geistig erschöpft und ist wie erschlagen, wenn man zu lange zuhört«, meinte ein Fluglotse aus Dallas-Fort Worth. »Man muss vorsichtig sein, denn es passiert manchen Leuten früher als anderen.« Er sagte, er fühle sich oft so, als hätte er seine Fähigkeit zuzuhören aufgebraucht, wenn seine Schicht vorbei sei. »Es gibt Tage, an denen ich nach Hause komme, und das Letzte, was ich dann gebrauchen kann, ist, mich auf meine Familie einzulassen«, sagte er. »Alle laufen eh schon wie auf Eierschalen um Dad herum, aber ich kann einfach niemandem mehr zuhören.«

Naomi Henderson, die Moderatorin der Fokusgruppe, sagte mir, ein Nachteil davon, ein guter Zuhörer zu sein, bestünde darin, dass die Leute einen ständig anrufen und von ihren Problemen erzählen. Sie ist dafür bekannt, dass sie deshalb ihr Telefon mit zur Haustür nimmt und dort die Klingel selbst läutet, um dann sagen zu können: »Oh, da ist jemand an der Tür. Ich muss aufhören.« Andernfalls, sagte sie, käme es so: »Du bist wie eine Schüssel Mousse au Chocolat, und alle anderen haben einen Löffel.« Wenn jemand einem zuhört, kann es sich wie Liebe anfühlen, und einige Leute kennen den Unterschied wohl nicht. Um ein guter Zuhörer zu sein, muss man seine eigenen Grenzen kennen und auch anderen Menschen Grenzen setzen.

Nicht zuzuhören, weil man mit jemandem nicht einverstanden oder mit sich selbst beschäftigt ist oder weil man meint, man wisse bereits, was jemand sagen wird, macht Sie zu einem schlechten Zuhörer. Aber nicht zuzuhören, weil man nicht die intellektuelle oder emotionale Energie hat, um in diesem betreffenden Moment zuzuhören, macht Sie menschlich. Dann ist es wahrscheinlich am besten, das Gespräch an diesem Punkt zu beenden und später wieder darauf zurückzukommen. Wenn man jemandem nur halb zuhört oder ihm so zuhört, als würde man ein Buch durchblättern, wird die andere Person darauf reagieren. Selbst kleine Kinder wissen, wenn man ihnen nicht zuhört. Zum Beispiel das Kleinkind meiner Freunde, das wiederholt die Handys seiner Eltern in die Toilette geworfen hat – keine anderen Gegenstände, nur die Handys. Das Kind weiß genau, dass dieses Handy Mom und Dad davon abhält, ihm zuzuhören.

Es gibt auch Zeiten, in denen man zugeben muss, dass man, wie sehr man sich auch müht, nicht auf die Wellenlänge von jemandem anderem kommen kann. Es könnte sein, dass uns etwas in uns daran hindert, dem anderen zuzuhören; es könnte aber auch sein, dass die andere Person gar nicht gehört werden will und sich zurückhält. Oder der andere ist nur toxisch. Das sind Menschen, die, wann immer man ihnen zuhört, einen deprimieren, schwächen oder bedrücken. Man kann niemandem zuhören, wenn diese Person beleidigend oder grausam ist. Kathryn Zerbe, Psychiatrieprofessorin an der Oregon Health & Science University in Portland, wiederholte die Aussagen mehrerer Psychotherapeuten, die ich bereits interviewt hatte, als sie sagte: »In unserer Branche gibt es einige Patienten, die man einfach nicht behandeln kann. Aber auch im Leben draußen gibt es Geschichten, die man einfach nicht hören kann. Jeder Mensch muss das wissen. Es ist die Grenze dessen, was ein Mensch an Erfahrungen aufnehmen kann, und das ist auch in Ordnung.«

Das Problem ist: Wir dazu neigen dazu, zu früh aufzugeben. Nur wenige Leute, wenn überhaupt, sind ohne große Anstrengung redegewandt, und oft brauchen sie eine gewisse Zeit, um genug Vertrauen in uns und vielleicht auch in sich selbst aufzubauen, um frei zu reden. Ob man nun seinem Chef zuhört, ob Kollegen, Freunden, Angehörigen oder Fremden – es dauert eine Weile, bis die Leute herausbekommen, was gemeint ist. Sie können um den heißen Brei herumreden oder sich hinter Humor verstecken. Vielleicht sagen sie auch zu viel oder zu wenig. Und sie können sogar Dinge sagen, die sie nicht meinen. Gute Zuhörer nehmen sich die Zeit und bemühen sich, dem Gesprächspartner dabei zu helfen, die eigene Stimme zu finden, und indem man das tut, kommen Nähe und Verständnis auf. Gute Zuhörer erwerben durch diese Begabung und durch anhaltende Aufmerksamkeit das Vertrauen anderer Menschen. Und wünschen wir uns nicht alle, dass Menschen so lange am Ball bleiben, solange wir noch dabei sind herauszufinden oder auszuarbeiten, was wir sagen wollen oder sogar müssen?

Manchmal braucht es mehr als ein Gespräch, um einen anderen Menschen wirklich zu hören. Manchmal habe ich ein Interview mit dem Gefühl verlassen, als hätte ich alles verstanden. Und dann, nachdem ich eine Weile darüber nachgedacht hatte, kehrte ich zurück und stellte weitere Fragen oder sogar die gleichen Fragen erneut, vielleicht auf eine andere Weise, in der Hoffnung auf noch mehr Klarheit. Das Zuhören kann immer weitergehen, auch wenn der Sprechende nicht mehr anwesend ist, man denkt darüber nach, was dieser Mensch gesagt hat, und man erhält dadurch zusätzliche Einblicke. Das heißt nicht, dass man zwanghaft etwas wiederkäut oder Gespräche gleichsam auseinandernimmt. Das hat, wie Kathryn Zerbe feststellte, normalerweise mehr mit Unsicherheit als mit ehrlicher Reflexion zu tun. Man spürt, dass man genau das tut, wenn man immer und immer wieder darüber nachdenkt, wie man sich bei etwas fühlt, das jemand anderer gesagt hat, anstatt über die Gefühle nachzudenken, die den anderen dazu gebracht haben, genau dies zu sagen.

Journalismus ist für Anthony Doerr, Autor des mit dem Pulitzer-Preis prämierten Buches *Alles Licht, das wir nicht sehen*, eine Form des reflektierenden Hörens. Der heute 47-Jährige hat Tagebuch geführt, seit er sechzehn war. »Es ist wirklich eine Art, sich selbst zu trainieren, wenn man zusieht und zuhört«, sagte er. »Man verlangsamt eine große verwirrende Welt und übersetzt sie, es ist fast wie ein Gebet.« Guter Journalismus hat eine vergleichbare Qualität. Porträts im *New Yorker* etwa sind die Reflexionen des Autors über Gespräche mit einem Gesprächspartner; sie zeigen, was der oder die Betreffende gesagt hat, aber auch, was dieser Mensch nicht gesagt hat, und auch Eigenheiten und Gebaren werden aufgenommen. Vielleicht nicht überraschend erzählt Gillien Todd den Studenten in ihren Kursen über die Kunst der Verhandlung an der Harvard Law School, dass sie der gegnerischen Seite so zuhören sollen, als müssten sie einen Zeitungs- oder Zeitschriftenartikel über sie schreiben.

Ich selbst bin eine unverbesserliche Zitatensammlerin. Ich notiere mir alle interessanten, lustigen oder zum Nachdenken anregenden Dinge, die ich im Laufe des Tages höre oder zufällig mitbekomme. Ich habe mehrere Notizbücher sowie Dateien auf meinem Computer, die allesamt voller prägnanter und tiefsinniger Zitate von Freunden, Familienmitgliedern, Kollegen, Fremden und natürlich von Leuten sind, die ich interviewt habe. Wenn Sie anfangen, aufmerksam zu sein, werden Sie überrascht sein, wie viele Dinge es wert sind, aufgezeichnet zu werden. Und wenn Sie diese Zitatensammlung noch einmal durchlesen, nehmen Sie interessante Themen auf, die genauso viel Aufschluss über Sie selbst geben wie auch über die Menschen, die Sie zitieren.

Wenn man darüber nachdenkt, was jemand gesagt hat, sind die Gedanken und Gefühle dieser Menschen in einem selbst. Es ist eine Erweiterung der Idee des Zuhörens im Sinne einer Form von Gastfreundschaft. Man lädt jemanden in das eigene Bewusstsein ein. Und die Gespräche, die einem wichtig sind, sind eben diejenigen, die man in Erinnerung behält. Alexander Nehamas, Philosophieprofessor an der Princeton University und Autor einer Abhandlung *Über Freundschaft*[326], sagte mir einmal: »Die besten Freundschaften sind die, bei denen man das Gespräch sofort wieder aufnehmen kann, wo man aufgehört hat, weil man die Worte der betreffenden Person noch im Ohr hat.« Eines der beglückendsten Dinge, die man zu einem anderen Menschen sagen kann, ist: »Ich habe darüber nachgedacht, was du gesagt hast.« Ebenfalls sind Freunde gerade die Menschen, die das, was Sie im Moment äußern, mit dem verbinden können, was Sie früher gesagt haben, um Ihnen zu helfen, Probleme zu lösen, Ihr Denken zu klären oder Sie in einigen Fällen über diese Assoziation einfach zum Lachen zu bringen.

Doch in einer Zeit, in der das Zuhören schon als Belastung angesehen wird, fühlen sich Menschen oft beschämt, verlegen oder schuldig, wenn ihnen jemand zuhört oder gar über das Gesagte nachdenkt. Sie können durchaus ihre Seelen in das digitale schwarze Loch namens Internet entleeren, sich aber jemandem im selben Raum zu offenbaren, der ihnen volle Aufmerksamkeit schenkt, ist eine ganz andere Sache. »Es kann wirklich zu anstrengend und zu spät und nicht einmal wünschenswert sein, nach so langer, vertrauter Kälte gekannt und gehört und gesehen zu werden«, schrieb Amy Bloom in ihrem Roman *Das Mädchen im Pelzmantel*.[327]

Jerry Jacobs, ein Friseur in New York City, sagte mir, dass sich viele seiner Kunden dafür entschuldigen, dass sie sich bei ihren Terminen in seinem Salon geistig entleeren. »Sie denken, sie würden etwas falsch machen«, meinte er. »Aber ich sage ihnen, sie sollen sich deshalb nicht sorgen. Es hilft, wenn man redet. Ich laufe nicht vor den Problemen anderer davon.« Wenn Sie Jerrys Salon aufsuchen, dann sehen Sie, wie Menschen ihre aufgestauten Gedanken und Emotionen loslassen können. Zunächst spürt man Intimität, wenn jemand nahe bei einem steht und den Kopf berührt. Und Jacobs stellt sehr persönliche Fragen: »Wie fühlst du dich mit deinem Aussehen?« und »Wie willst du aussehen?«

Wenn sie vor einem Spiegel sitzen, scheinen seine Kunden zu antworten, als würden sie sowohl mit sich selbst als auch mit ihm sprechen. »Ich habe das Gefühl, dass viele von ihnen keinen anderen Menschen haben, der ihnen zuhört, oder sie haben nur jemanden, der vielleicht nicht besonders gut zuhört«, sagte Jacobs. Ob die Person auf dem

Friseurstuhl eine junge Frau ist, die mit türkisfarbenen Streifen experimentieren möchte, oder ein Mann mittleren Alters, der seine kahlen Stellen tarnen will: Die Details über ihre gescheiterten Beziehungen, über Probleme mit ihren Kindern, mit ihrer Gesundheit, über soziale Ängste oder Geldprobleme häufen sich wie Berge von abgeschnittenem Haar auf dem Fußboden.

Wenn man nicht unterbricht oder über andere Leute redet, hält man sie auch nicht davon ab, ihre Sätze und Gedanken selbst zu beenden. Manchmal sagen sie dann Dinge, die sie selbst nicht erwartet haben und vielleicht auch nicht einmal wussten. Das kann verwirrend sein, und sie mögen es vielleicht auch nicht gut finden. Ich habe Leute interviewt, denen später das, was sie sagten, peinlich war, oder, schlimmer noch, sie bestanden darauf, es niemals gesagt zu haben, auch wenn ich es auf Band oder sonst wie aufgezeichnet hatte, wie sie sehr wohl wussten. Ebenso mögen sich Menschen in bestimmten Situationen dafür entschuldigen, zu viel gesagt zu haben, oder sie verhalten sich später distanziert oder kühl Ihnen gegenüber, weil sie sich ärgern, dass Sie nun wissen, was man Ihnen erzählt hat. Psychotherapeuten sagten mir, es sei nicht ungewöhnlich, wenn Patienten besonders heikle Informationen während einer Sitzung preisgeben, dass sie dann ihre nächsten Termine absagen oder vielleicht gar nicht mehr zur Therapie kommen. »Sie fühlen sich exponiert, sodass man vielleicht eine Ewigkeit lang nichts mehr von ihnen hört«, meinte Zerbe.

Diese Verletzlichkeit unterstreicht, wie wichtig es ist,

dass man Vertraulichkeit einhält. Es gibt einen riesengroßen Unterschied zwischen Klatsch (über das Verhalten anderer Menschen zu sprechen, um zu versuchen, es zu verstehen) und einem Vertrauensbruch, indem man preisgibt, was diese Person einem unter vier Augen gesagt hat. Laut der Communication-Privacy-Management-Theorie (CPM) haben private Informationen einen Wert wie Geld.[328] Wenn man indiskret mit den privaten Informationen anderer Leute umgeht, ist das so, als würde man ihr Geld ohne ihre Zustimmung ausgeben. Man kann so viele Informationen über sich selbst preisgeben, wie man will, so wie man auch das eigene Geld ausgeben kann, wie es einem passt. Aber wenn man anfängt, vom Konto anderer Leute Geld abzuheben, werden sie wütend. Das gilt auch dann, wenn Sie der Meinung waren, die betreffende Information sei bereits weithin bekannt, oder Sie dachten, dass es sich nicht um peinliche oder sensible Informationen handelt. Die Informationen dürfen Sie dennoch nicht weitergeben, es sei denn mit ausdrücklicher Genehmigung. Es ist besser, ein zuverlässiger Vertrauter zu sein. Andernfalls werden die Leute es sich zweimal überlegen, Ihnen etwas Wichtiges zu sagen, oder sie stellen sogar die Kommunikation insgesamt mit Ihnen ein.

Mit all seinen potenziellen Gefahren und Fallstricken mag das Zuhören zu mühsam erscheinen, um dabei auch noch Fragen zu stellen. Und bei manchen Leuten ist es gelegentlich auch so. Öfter aber ist Zuhören ein lohnendes Unterfangen. Zu erfahren, wie andere Leute mit den Kämpfen des Lebens umgehen, hilft Ihnen herauszufinden, wie Sie mit eigenen Problemen umgehen können – entweder indem Sie die Bewältigungsstrategien der anderen übernehmen oder das Gegenteil tun, wenn Sie sehen, dass sie bei den anderen nicht funktionieren. Das Zuhören hilft einem dabei zu erkennen, dass wir alle mit ähnlichen Themen zu tun haben – wir wollen alle geliebt werden, wir suchen alle nach einem Sinn im Leben, und wir alle haben Angst vor dem Ende. Man lernt, dass man nicht allein ist. Wenn man zuhört, akzeptiert und umarmt man die Welt, die sich außerhalb unseres Kopfes abspielt, was einem wiederum hilft herauszufinden, was im eigenen Kopf überhaupt vor sich geht. Und im Gegensatz zu den meisten Dingen im Leben haben wir das Zuhören vollständig unter Kontrolle. Man darf entscheiden, wer Aufmerksamkeit verdient. Zuhören ist unser Geschenk an andere, niemand kann uns dazu zwingen zuzuhören.

Aber genauso, wie man achtsam und bewusst sein sollte, wenn man das Geschenk der eigenen Aufmerksamkeit weitergibt, sollte man versuchen, ebenso achtsam und bewusst zu sein, wenn man es einbehält. Nicht zuzuhören ist unter bestimmten Umständen gerechtfertigt und zudem eine Frage der Praktikabilität, aber man kommt um die Tatsache nicht herum, dass es auch eine Form der Ablehnung ist. Bewusst oder unbewusst entscheidet man sich dafür, etwas anderem Aufmerksamkeit zu schenken, was bedeutet, dass diese Person nicht so interessant, wichtig oder lohnend ist, zumindest nicht in diesem Moment.

Jemandem nicht zuzuhören kann auch verletzend sein, selbst wenn man es nicht beabsichtigt, und es kann grausam sein, wenn es als Waffe benutzt wird. Deshalb ist das *Ghosting,* der vollständige Kontaktabbruch gegenüber einer anderen Person ohne Warnung oder Erklärung, so unglaublich schmerzhaft. Eine Studie, die im *Journal of Research in Personality* veröffentlicht wurde, fand heraus, dass im Vergleich zu anderen Trennungsstrategien das Ghosting (technisch ausgedrückt: die Vermeidungs-/Rückzugsstrategie) die verletzendste Strategie war und am meisten Wut und Ärger auf der Seite derjenigen bewirkte, die vor vollendete Tatsachen gestellt wurden.[329] Diejenigen, die noch eine Erklärung und somit die Möglichkeit bekamen, sich zu äußern, waren tatsächlich weniger wütend und gekränkt.

Einer der häufigsten Gründe, warum Menschen sich zurückziehen, ist die Reaktion auf Kritik. Aber man sollte sich manchmal daran erinnern, dass das, was wir am wenigsten hören wollen, den größten Nutzen bringen kann. Ein Tadel kann wehtun, aber wenn wir wirklich zuhören, ohne dass unser Ego uns im Weg steht, und womöglich über das auch taktlos Gesagte nachdenken, können wir erkennen, auf welche Weise wir danebenliegen. Wenn wir der Meinung sind, dass die Kritik ungerecht ist, gibt das uns die Möglichkeit zu erkennen, wie wir zu unserer Ansicht gekommen sind, und unsere wahren Absichten zu erklären. Zudem sind gute Zuhörer bei Kritik widerstandsfähiger, weil sie sich einer ganzen Reihe von Gedanken und Meinungen aussetzen. Sie wissen, dass die Worte der anderen nicht unbedingt maßgeblich oder hundertprozentig genau sind.

Eine gute Übung in diesem Sinne ist es, wenn Sie über die Menschen in Ihrem Leben nachdenken, bei denen es Ihnen schwerfällt zuzuhören, und sich fragen, warum das so ist. Verurteilen sie uns? Erzählen sie immer wieder die gleichen Geschichten? Übertreiben sie? Geben sie zu viele Details preis? Reden sie nur davon, wie toll sie sind? Schildern sie die Fakten falsch? Sind sie zu negativ? Sind sie zuckersüß oder oberflächlich? Beleidigend? Stellen sie Ihr Denken infrage? Sind sie nicht einverstanden mit Ihnen? Machen sie Sie neidisch? Geben sie Hinweise oder benutzen sie Wörter, die Sie nicht kennen? Sind ihre Stimmen nervtötend? Sind sie gesellschaftlich oder beruflich für Sie uninteressant? Haben Sie Angst vor der Nähe, die sich entwickeln könnte? Sie haben Ihre Gründe für Ihr Verhalten. Bringen Sie in Erfahrung, warum das so ist und ob Ihre Gründe vielleicht doch mehr über Sie selbst aussagen als über den anderen. Sie sollten auch wissen, dass sich Menschen ändern, und Ihre Sicht auf sie ändert sich ebenfalls, wenn Sie wirklich zuhören. Es lohnt sich oft, sich erst diese Mühe zu machen, bevor man sich entscheidet, den Stecker zu ziehen.

Schluss

Man weiß, dass man die Basilika Unserer Lieben Frau von San Juan del Valle erreicht hat, wenn ihr glitzerndes Mosaik an der Fassade, das Jesus und die Madonna von San Juan darstellt, über den Werbeplakaten für Kautionsbüros und Whataburger (US-Fastfood-Kette) an der Interstate 2 in der Grenzstadt San Juan, Texas, auftaucht. Der andere Hinweis, dass man sein Ziel erreicht hat, sind die Tausenden von Menschen, die in die Kirche strömen. Sie kommen, um Kerzen anzuzünden und ihre Opfergaben zu bringen. Doch die längsten Menschenschlangen stehen vor den Beichtstühlen und winden sich in engen S-Kurven wie bei den Sicherheitsabsperrungen im Flughafen. Priester besetzen die sechs Beichtstühle in ständiger Rotation; sie hören in Dreistundenschichten bis zu zwölf Stunden pro Tag zu, wobei sie oft ihre Zeiten überziehen, anstatt jemanden wegzuschicken.

Pater Jorge Gómez, der junge, rundgesichtige Pfarrer der Basilika, sagte mir, dass die Warteschlangen für die Beichte jede Woche länger zu werden scheinen, trotz der Skandale um sexuellen Missbrauch, die viele Menschen dazu gebracht haben, sich vom katholischen Glauben abzuwenden. Pater Gómez weiß nicht genau, was er von den ansteigenden Zahlen halten soll. Er glaubt nicht, dass es nur daran liegt, dass wir in einer sündigeren Gesellschaft leben oder dass sich die Menschen wegen dem, was sie getan haben, schuldiger fühlen. Tatsächlich sprechen viele, die kommen, auch nicht über Sünde. Einige sind nicht einmal katholisch. »Wenn die Leute hierherkommen, ist es so, als würden sie in ein Feldlazarett gehen«, sagte Pater Gómez. »Sie müssen dringend angehört werden, als hätten sie eine Wunde; sie sind in einem kritischen Zustand.«

Wir gingen um den Chorraum herum, während wir sprachen, und sein schwarzes Gewand wogte im Rhythmus seiner Schritte. Als ältestes von zwölf Kindern aus dem ländlichen Mexiko stammend, behält er sein Gefühl des ungläubigen Staunens darüber bei, dass er nun hier in der Basilika gelandet ist. Diese Kirche vom Ausmaß einer Sportarena und ihr weitläufiger Campus ziehen an jedem Wochenende mehr als 20 000 Besucher an, sodass dies eine der meistbesuchten katholischen Kirchen in den USA ist. Die Gläubigen kommen aus ganz Nordamerika, Lateinamerika, Asien, Afrika, Europa, aus der Karibik – aber es sind keine Touristen wie die vielen, die zum Beispiel das Nationalheiligtum Basilika der Unbefleckten Empfängnis (Basilica of the National Shrine of the Immaculate Conception) in Washington, D. C. oder die Saint Patrick's Cathedral in New York City besuchen. Die Menschen, die zu Unserer Lieben Frau von San Juan kommen, tun dies, um zu beten, genauer, sie kommen, um angehört zu werden.

Die Menschen, die an dem Tag, an dem ich dort war, in der Schlange standen, um sich zu erleichtern, gehörten allen Altersgruppen, Ethnien und Nationalitäten an. Mehrsprachige Priester nahmen die Beichte in vier Sprachen ab. Einige Menschen in der Schlange sahen aus, als würden sie in den nahegelegenen Zitrushainen arbeiten, während andere wie europäische Hipster aussahen, mit eng sitzenden Anzügen und teuren italienischen Schuhen samt goldenen Schnallen. Die meisten von ihnen starrten auf ihre Smartphones, während sie warteten, bis sie an die Reihe kamen.

»Allmählich denke ich, dass es in unserer Welt von heute eine Krise des Zuhörens gibt«, meinte Pater Gómez. »Viele Leute wollen reden, aber nur sehr wenige wollen zuhören, und wir sehen, dass die Menschen darunter leiden. Ich lasse die Leute einfach reden. Ganz am Schluss sagen sie, wie schön es war zu reden, aber ich habe gar nicht gesprochen. Ich denke, es geht nur darum, sich zur Verfügung zu stellen, um den Menschen zuzuhören. Das ist das, wonach sie hungern.«

In den katholischen Seminaren gibt es nur sehr wenig Ausbildung, wie man die Beichte abnimmt, verriet mir Pater Gómez. Für ihn war es die beste Vorbereitung, regelmäßig selbst zur Beichte zu gehen. »Ich muss mich mit demütigem Herzen vor einem anderen Priester niederknien und meine eigenen Sünden bekennen, was mir ein zartes Mitgefühl gibt, wenn ich auf der anderen Seite des Sichtschutzes bin«, sagte er.

Diese Art der Empathie ist wichtig für jeden Zuhörer. Es

ist schwer, Sensibilität und Respekt für die Verwundbarkeit einer anderen Person zu entwickeln, ohne zu wissen, wie es sich anfühlt, selbst verwundbar zu sein. Diejenigen, die in ihren Gesprächen oberflächlich bleiben oder die ganze Zeit nur Witze machen, wissen nicht, wie es ist, etwas von sich selbst preiszugeben, und haben daher auch große Mühe, selber zu empfangen.

Jeder, der etwas Persönliches mitgeteilt und darauf eine gedankenlose oder verständnislose Antwort erhalten hat, weiß, wie die eigene Seele sich in solchen Momenten verkriechen will. Ganz gleich, ob jemand eine Missetat gesteht, eine Idee vorbringt, einen Traum erzählt, von einer Angst berichtet oder sich an ein wichtiges Ereignis erinnert – man gibt ein Stück von sich selbst preis. Und wenn man damit nicht sorgfältig umgeht, wird man zukünftige Gespräche mit anderen vorher gleichsam filtern, weil man weiß: »Mit dieser Person kann ich nicht aufrichtig sein.«

Wenn Sie sich auf jemanden einlassen, passiert zweierlei: 1) Es fördert oder verhindert das Verständnis, und 2) Es stärkt oder schwächt die Beziehung. Zuhören ist das Beste, was Sie in beiden Fällen tun können. Wie in diesem Buch beschrieben, ist es möglich, dass Sie mit Bewusstsein und Geduld Ihre eigenen Fähigkeiten als Zuhörer entwickeln, und dies in vortrefflicher Weise tun. Trotzdem wird es immer wieder Zeiten geben, in denen Sie den Fokus oder die Toleranz verlieren, oder sogar beides. Auch Pater Gómez sagte, dass es Zeiten gebe, in denen er sich zurückzieht. Zuhören ist wie das Ausüben einer Sportart oder das Spielen eines Musikinstruments: Man hat die Möglichkeit, mit Übung und Ausdauer immer besser zu werden, aber man wird es nie zur vollständigen Meisterschaft bringen. Einige haben vielleicht große natürliche Fähigkeiten, andere müssen sich vielleicht mehr anstrengen, aber jeder kann profitieren, wenn er sich bemüht.

Die Menschenschlangen in Unserer Lieben Frau von San Juan sprechen für ein grundlegendes, dringendes Bedürfnis der Menschen, gehört zu werden. Wenn etwas Wunderbares oder Schreckliches passiert mit einem, was ist dann der erste Instinkt? Wahrscheinlich will man jemandem davon erzählen. Wir werden über unsere Probleme und Triumphe mit Fremden, Haustieren und sogar Topfpflanzen sprechen, wenn niemand sonst da ist. Das Zuhören ist die Kehrseite dieses Impulses und wohl nicht minder entscheidend für unser Wohlbefinden. Wir sehnen uns so sehr danach, etwas zu empfangen, wie wir uns auch danach sehnen, etwas weiterzugeben. Wenn wir zu beschäftigt sind, um zuzuhören, wenn wir unsere Smartphones betrachten und zu früh mit unseren Meinungen herausrücken oder Vermutungen anstellen, verhindern wir, dass die Gedanken und Emotionen anderer Menschen ihren wirklichen Ausdruck finden. Und am Ende sind wir hohl und leerer, als es sonst der Fall wäre.

Zuhören schärft unser Bewusstsein. Es vermittelt uns Gefühle. Wenn man mehr auf die Gedanken und Gefühle anderer eingestimmt ist, wird man lebendiger für die Welt, und die Welt wird lebendiger für einen selbst. Das Leben kann sonst eine sehr schweigsame Angelegenheit sein, mit Tagen, an denen man sich in absolute Überzeugungen und feste Konzepte einhüllt, wo man nichts über die Grenzen dessen hinaus wagt, was man bereits weiß oder als wahr annimmt, auch wenn die Welt und die Menschen in dieser Welt sich ständig verändern. Es gibt einem wohl ein Gefühl der Sicherheit, aber eigentlich erstickt es einen.

Der Schweizer Psychologe Jean Piaget hat über den *kollektiven Monolog* von Vorschulkindern gesprochen.[330] Man bringe mehrere dieser Kinder zusammen, und sie quasseln vor sich hin und reden kaum miteinander. Die Parallele zwischen einem solchen typischen Sandkasten-Zusammentreffen und dem, was heute als Diskurs durchgeht, ist offensichtlich. Das wäre wohl einigermaßen lustig, wenn wir nicht unter den entsprechenden politischen, wirtschaftlichen, gesellschaftlichen und psychischen Folgen leiden würden. In einen *kollektiven Dialog* einzutreten, was Piaget als Zuhören und Aufeinander-Reagieren definiert hat, heißt reif zu sein, mit all der Beziehungsfähigkeit, die damit eingeschlossen ist.

Henry David Thoreau schrieb: »Das größte Kompliment, das mir je gemacht wurde, war, als man mich fragte, was ich denke, und man sich mit meiner Antwort befasste.«[331] Es ist schmeichelhaft, wenn uns jemand zuhört, weshalb wir uns zu den immer seltener gewordenen Menschen hingezogen fühlen, die das tatsächlich tun. Zuhören ist ein Zeichen von Höflichkeit und, wichtiger noch, ein Zeichen von Respekt. Man kann unmöglich jemanden davon überzeugen, dass man ihn respektiert, indem man es ihm sagt. Man muss es ihm zeigen, und das Zuhören ist der einfachste Weg dazu.

Doch Zuhören ist nicht leicht. Unser wunderbares Gehirn stürmt schneller voran, als andere sprechen können, wodurch wir leicht abgelenkt werden. Wir überschätzen das, was wir bereits wissen, und spüren, gefangen in unserer Arroganz, nicht, was wir alles missverstehen. Wir haben sogar Angst, dass wir, wenn wir zu aufmerksam zuhören, merken könnten, dass unser eigenes Denken fehlerhaft ist, dass die Gefühle anderer Menschen zu intensiv sind, als dass wir sie ertragen könnten. Und so ziehen wir uns in unsere eigene Welt zurück, reden übereinander oder greifen nach unseren Smartphones.

Die Technologie stört das Zuhören nicht so sehr, sondern lässt es eher unnötig erscheinen. Unsere Geräte geben unserer Angst vor Intimität nach, indem sie uns vorgaukeln, wir wären sozial verbunden, auch wenn wir geradezu schmerzlich allein sind. Wir vermeiden die Unordnung und Unvollkommenheiten anderer und ziehen uns mit Hingabe in die relative Sicherheit der Geräte, des Swipens und des Löschens zurück. Das führt zu einem Verlust der Vielfalt und der Nuancen in unseren sozialen Interaktionen, und wir leiden unter einem schleichenden Gefühl der Unzufriedenheit.

Nicht zuzuhören senkt das Diskursniveau. Wir erleben und bewerten unsere Worte anders, wenn wir sie einem aufmerksamen Zuhörer laut zusprechen, als wenn sie in unseren Köpfen gefangen sind oder mit 140 Zeichen getippt werden. Ein Zuhörender lässt den Sprechenden reagieren. Das sorgfältige Zuhören hebt das Gespräch auf eine höhere Stufe, weil die Sprechenden verantwortungsbewusster werden und spüren, was sie gerade sagen.

Zuhören ist zwar der Inbegriff von Zuvorkommenheit, aber dennoch keine Höflichkeit, die wir jedem schulden. Das können wir nicht leisten. Es ist aber vorteilhaft für uns, wenn wir so vielen verschiedenen Menschen mit so viel Neugierde zuhören, wie es nur möglich ist. Letztlich müssen wir selbst entscheiden, wann und wo wir die Grenze ziehen. Ein guter Zuhörer zu sein bedeutet nicht, dass man Dummköpfe frohen Mutes oder auf unbestimmte Zeit aushalten muss; es hilft vielmehr, die Dummköpfe leichter zu erkennen, und macht uns weise im Hinblick auf ihre Dummheit. Und das vielleicht Wichtigste ist: Zuhören hält uns davon ab, selbst zum Narren zu werden.

Zuhören gilt oft als das sanfte Gegenstück zum Reden, aber innerhalb der Kommunikation hat es eigentlich die mächtigere Stellung. Man lernt, wenn man zuhört; man erkennt auf diese Weise Wahrheit und Täuschung. Und obwohl das Zuhören bedingt, dass wir die anderen Menschen zu Wort kommen lassen, bedeutet es nicht, ständig still zu bleiben. Wie man reagiert, ist tatsächlich der Maßstab eines guten Zuhörers und wohl auch das Maß für einen guten Menschen.

In unserer schnelllebigen und hektischen Kultur gilt das Zuhören als eine Art Bremsklotz. Gespräche entwickeln sich langsam und müssen möglicherweise noch einmal überdacht werden. Zuhören ist anstrengend. Verständnis und Intimität müssen erst verdient werden. Wenn Menschen oft sagen: »Ich kann jetzt nicht reden«, meinen sie tatsächlich: »Ich kann im Moment nicht zuhören.« Und es scheint, dass viele niemals dazu kommen. Zuhören ist nur dann möglich – trotz allem, was wir uns im Leben am meisten wünschen: nämlich zu verstehen und verstanden zu werden –, wenn wir unser Tempo drosseln und uns die Zeit nehmen zuzuhören.

Danksagung

Im Journalismus ist eine Geschichte nur so gut wie die Quellen, weshalb ich den vielen Menschen zutiefst dankbar bin, die mir großzügig ihre Zeit und ihr Wissen geschenkt haben, als ich für dieses Buch recherchiert habe. Keiner von ihnen *musste* meinen Anruf entgegennehmen, auf meine E-Mail antworten oder mich persönlich treffen. Und doch taten sie es. Ich schätze ihre Bereitschaft, sich mit mir zu beschäftigen, mehr, als ich dies angemessen ausdrücken kann.

Diese Menschen sind viel zu zahlreich, um sie hier aufzulisten, und wirklich möchten viele auch nicht namentlich erwähnt werden. Aber jedes Gespräch hatte Konsequenzen für das, was ich schrieb, und beeinflusste es. Als ich außerdem die aufgezeichneten Interviews noch einmal hörte und mich an die Stimmen der Menschen erinnerte, während ich meine Notizen las, war ich immer in guter Gesellschaft, auch an den Tagen des einsamsten Schreibens. In vielerlei Hinsicht ist dieses Buch meine Gegengabe.

Ich möchte auch den vielen Menschen danken, deren Arbeit ich zitiert habe. Ich bin all denen dankbar, die mir in ihrer Eigenschaft als Entwicklungspsychologen, Verhaltensforscher, Gesellschafts- und Neurowissenschaftler freundlicherweise ihre kompletten Studien geschickt und meine Fragen geduldig beantwortet haben. Und ich bin auch den Forschern dankbar, die für mich ihre Aufsätze frei und online leicht zugänglich gemacht haben.

Ich danke auch dem Projekt Gutenberg und dem Internet Archive, die sich als unschätzbar wertvoll erwiesen, wenn ich versuchte, ein obskures Buch oder einen obskuren Text aufzuspüren. Diese beiden gemeinnützigen und ehrenamtlich unterstützten Initiativen haben Millionen digitalisierter Bücher und Texte produziert, die nun für Forscher und Wissenschaftler und alle Neugierigen kostenlos zur Verfügung stehen. Ich wäre sehr nachlässig, wenn ich nicht auch meine örtliche Houston Public Library und die Fondren Library der Rice University erwähnte, dazu die Perry-Castañeda Library an der University of Texas in Austin. Ich habe aus ihren Sammlungen und ihrer ruhigen Atmosphäre außergewöhnlich großen Nutzen gezogen.

Ein besonderer Dank geht an meine Agentin Bridget Matzie für ihr tadelloses Timing und an den Rest des Teams von Aevitas Creative Management, weil sie mich gut vertreten haben, vor allem an Esmond Harmsworth für sein kritisches Auge und seinen klugen Rat, sowie an Chelsey Heller für ihre internationalen Erfahrungen und ihre organisatorische Kompetenz. Großen Dank schulde ich meinem US-Verleger, Celadon Books, weil sie auf mich gesetzt haben, und auch meinem Lektor Ryan Doherty, der mich mit seinen Geschichten ermutigte und beruhigte. »Willst du eine Geschichte hören?« Nun, ja.

Natürlich wäre dieses Buch nicht ohne das Privileg möglich gewesen, für mehrere angesehene Publikationen zu arbeiten, vor allem während der vielen Jahre, in denen ich für die *New York Times* geschrieben habe. Ich bin meinen Redakteuren dort dankbar, ehemaligen und aktuellen: Trish Hall, Scott Veale, Honor Jones, Michael Mason, Patrick Farrell, Roberta Zeff, Jim Kerstetter und Alexandra Jacobs. Sie setzten mich auf unzählige Aufgaben an, was im Wesentlichen eine Lizenz zum Zuhören war.

Anmerkungen

1 »Meeting President and Mrs. Coolidge«, America's Story from America's Library, Library of Congress, http://www.americaslibrary.gov/aa/keller/aa_keller_coolidge_1.html

2 Crossley Hastings Crossley und Crossley Hastings, *The Golden Sayings of Epictetus, with the Hymn of Cleanthes* (Urbana, IL: Project Gutenberg, 2006), 256, http://www.gutenberg.org/ebooks/871/ bzw. aus Google

3 Kate Murphy, »Oliver Sacks«, *New York Times,* 16. Juli 2011, https://www.nytimes.com/2011/07/17/opinion/sunday/17download.html

4 Oliver Sacks, »Face-Blind«, *New Yorker,* 30. August 2010, http://www.newyorker.com/magazine/2010/08/30/face-blind

5 Juliane Holt-Lunstad, Timothy B. Smith und J. Bradley Laytong, »Social Relationships and Mortality Risk: A Meta-Analytic Review«, *PLOS Medicine* 7, Nr. 7 (2010), https://do.org/10.1371/journal.pmed.1000316; Julianne Holt-Lunstad, Timothy B. Smith, Mark Baker, Tyler Harris und David Stephenson, »Loneliness and Social Isolation as Risk Factors for Mortality: A Meta-Analytic Review«, *Perspectives on Psychological Science* 10, Nr. 2 (2015), S. 227–237, https://doi.org/10.1177/1745691614568352; Amy Novotney, »Social Isolation: It Could Kill You«, *Monitor on Psychology,* 50, Nr. 5 (Mai 2019), https://www.apa.org/monitor/2019/05/ce-corner-isolation

6 »I am lonely will anyone speak to me«, Lounge, 14. Juli 2004, https://www.loungeforums.com/on-topic/i-am-lonely-will-anyone-speak-to-me-2420/; Oliver Burkeman, »Anybody There?«, *Guardian,* 29. August 2005, https://www.theguardian.com/technology/2005/aug/30/g2.onlinesupplement; Robert Andrews, »Misery Loves (Cyber) Company«, *Wired,* 30. Juni 2005, https://www.wired.com/2005/06/misery-loves-cyber-company; Tori Tefler, »›I Am Lonely, Will Anyone Speak to Me‹: Inside the Saddest Thread on the Internet, Ten Years Later«, *Salon,* 20. November 2014, https://www.

salon.com/2014/11/19/i_am_lonely_will_anyone_speak_to_me_inside_the_saddest_thread_on_the_internet_ten_years_later/

7 »New Cigna Study Reveals Loneliness at Epidemic Levels in America«, Newsroom, Cigna Corporation, 1. Mai 2018, https://www.cigna.com/newsroom/news-releases/2018/new-cigna-study-reveals-loneliness-at-epidemic-levels-in-america

8 Vivek Murthy, »The Loneliness Epidemic«, *Harvard Business Review,* 12. Oktober 2017, https://hbr.org/cover-story/2017/09/work-and-the-loneliness-epidemic

9 »Vital Signs: Trends in State Suicide Rates – United States, 1999–2016 and Circumstances Contributing to Suicide – 27 States, 2015«, Centers for Disease Control and Prevention, 8. Juni 2018, https://www.cdc.gov/mmwr/volumes/67/wr/mm6722a1.htm?s_cid=mm6722a1_w; Sabrina Tavernise, »U. S. Suicide Rate Surges to a 30-Year High«, *New York Times,* 22. April 2016, https://www.nytimes.com/2016/04/22/health/us-suiciderate-surges-to-a-30-year-high.html

10 »Life Expectancy«, Centers for Disease Control and Prevention, 26. Juli 2018, https://www.cdc.gov/nchs/data/nvsr/nvsr67/nvsr67 05.pdf; Anne Case und Angus Deaton, »Mortality and Morbidity in the 21st Century«, Brookings Papers on Economic Activity, https://www.brookings.edu/wp-content/uploads/2017/08/casetextsp17bpea.pdf

11 Ariel Stravynski und Richard Boyer, »Loneliness in Relation to Suicide Ideation and Parasuicide: A Population-Wide Study«, *Suicide and Life-Threatening Behavior* 31, Nr. 1 (2001), S. 32–40; Rachel Wurzman, »How isolation fuels opioid addiction«, TEDxMidAtlantic, 29. Oktober 2018, https://www.ted.com/talks/rachel wurzman how_ isolation_fuels_opioid_addiction/transcript?language=en; Andrew Solomon, »Suicide, a Crime of Loneliness«, *New Yorker,* 14. August 2014, https://www.newyorker.com/culture/cultural-comment/suicide-crime-loneliness

12 »Suicide: Key Facts«, World Health Organization, 14. August 2018, https://www.who. int/news-room/fact-sheets/detail/suicide; »Prevention of Suicidal Behaviours: A Task for All«, World Health Organization, https://www.who.int/mental_health/prevention/suicide/background/en/

13 Ceylan Yeginsu, »U. K. Appoints a Minster for Loneliness«, *New York Times,* 17. Januar 2018, https://www.nytimes.com/2018/01/17/world/europe/uk-britain-loneliness.html

14 »Jo Cox Commission on Loneliness«, Age UK, https://www.ageuk.org.uk/globalassets/age-uk/documents/reports-and-publications/reports-and-briefings/active-communities/rb dec17_ jocox commission finalreport.pdf
15 Family Romance, http://family-romance.com/;Roc Morin, »How to Hire Fake Friends and Family«, *Atlantic*, 7. November 2017, https://www.theatlantic.com/family/archive/2017/11/paying-for-fake-friends-and-family/545060/; Elif Batuman, »Japan's Rent-a-Family Industry«, *New Yorker*, 30. April 2018, https:// www.newyorker.com/magazine/2018/04/30/japans-rent-a-family-industry
16 »New Cigna Study Reveals Loneliness at Epidemic Levels in America«, Newsroom, Cigna Corporation, 1. Mai 2018, https://www.cigna.com/newsroom/news-releases/2018/new-cigna-study-reveals-loneliness-at-epidemic-levels-in-america; 2018 CIGNA U. S. Loneliness Index, https://www.multivu.com/players/English/8294451-cigna-us-loneliness-survey/docs/IndexReport_1524069371598-173525450.pdf
17 Gregory Plemmons, Matthew Hall, Stephanie Doupnik, James Gay, Charlotte Brown, Whitney Browning, Robert Casey et al., »Hospitalization for Suicide Ideation or Attempt: 2008–2015«, *Pediatrics* 141, Nr. 6 (2018), S. e20172426, https://doi.org/10.1542/peds.2017-2426
18 Jean M. Twenge, »Have Smartphones Destroyed a Generation?«, *Atlantic*, September 2017, https://www.theatlantic.com/magazine/archive/2017/09/has-the-smartphone-destroyed-a-generation/534198/; Jean Twenge und Heejung Park, »The Decline in Adult Activities Among US Adolescents, 1976–2016«, *Child Development* 90, Nr. 2 (2019), S. 638–654, https://doi.org/10.1111/cdev.12930; Jess Williams, »Are My Generation Really as Boring as Everyone Says?«, *New Statesman America*, September 19, 2014, https://www.newstatesman.com/comment/2014/09/kids-are-alright-0; Stephanie Hanes, Becoming an Adult: Why More Adolescents Now Say ›Don't Rush Me‹«, *Christian Science Monitor*, 14. Januar 2019, https://www.csmonitor.com/USA/Society/2019/0114/Becoming-an-adult-Why-more-adolescents-now-say-Don-t-rush-me; Tara Bahrampour, »Why Are Today's Teens Putting Off Sex, Driving, Dating and Drinking?«, *Chicago Tribune*, 19. September 2017, https://www.chicagotribune.com/lifestyles/parenting/ct-teens-not-drinking-20170919-story.html
19 Niko Männikkö, Heidi Ruotsalainen, Jouko Miettunen, Halley M.

Pontes und Maria Kääriäinen, »Problematic Gaming Behaviour and Health-Related Outcomes: A Systematic Review and Meta-Analysis«, *Journal of Health Psychology,* 1. Dezember 2017, https://doi.org/10.1177/1359105317740414

20 »Sorkinisms – A Supercut«, *YouTube video,* 7:21, posted by Kevin T. Porter, 25. Juni 2012, https://www.youtube.com/watch?v=S78RzZr3IwI

21 »The Ten-Year Lunch: The Wit and Legend of the Algonquin Round Table«, Vimeo video, 55:48, Regie: Aviva Slesin, Drehbuch: Peter Foges und Mary Jo Kaplan, ausgestrahlt 28. September 1987, auf PBS, https://vimeo.com/100320182

22 Carol Kort, *A to Z of American Women Writers* (New York: Facts on File, 2007), S. 245

23 Richard Meryman, *Mank: The Wit, World, and Life of Herman Mankiewicz* (New York: Morrow, 1978), S. 97

24 Aubrey Malone, *Writing Under the Influence: Alcohol and the Works of 13 American Authors* (Jefferson, NC: McFarland, 2017), S. 46–47

25 »Female MPs Shunning PMQs, Says John Bercow«, BBC, 17. April 2014, https://www.bbc.com/news/uk-politics-27062577

26 Dan Cassino, »How Today's Political Polling Works«, *Harvard Business Review,* 1. August 2016, https://hb.org/2016/08/how-todays-political-polling-works

27 Nicholas Confessore, Gabriel J.X. Dance, Richard Harris und Mark Hansen, »The Follower Factory«, *New York Times,* 27. Januar 2018, https://www.nytimes.com/interactive/2018/01/27/technology/social-media-bots.html; »A ›Dirty and Open Secret‹: Can Social Media Curb Fake Followers?«, *Knowledge@ Wharton* podcast, Wharton School of the University of Pennsylvania, 2. Februar 2018, http://knowledge.wharton.upenn.edu/article/twitter-and-the-bots/

28 Janet Burns, »How Many Social Media Users Are Real People?«, *Gizmodo,* 4. Juni 2018, https://gizmodo.com/how-many-social-media-users-are-real-people-1826447042; Onur Varol, Emilio Ferrara, Clayton A. Davis, Filippo Menczer und Alessandro Flammini, »Online Human-Bot Interactions: Detection, Estimation, and Characterization«, *International AAAI Conference on Web and Social Media (ICWSM),* 27. März 2017, https://arxiv.org/abs/1703.03107; Chengcheng Shao, Pik-Mai Hui, Lei Wang, Xinwen Jiang, Alessandro Flammini, Filippo Menczer und Giovanni Luca Ciampaglia, »Anatomy of an Online Misinformation Network«, *PLOS One* 13, Nr. 4 (2018), S. e0196087, https://doi.org/10.1371/journal.pone.0196087

29 Alessandro Bessi und Emilio Ferrara, »Social Bots Distort the 2016 U.S. Presidential Election Online Discussion«, *First Monday* 21, Nr. 11 (2016), http://dx.doi.org/10.5210/fm.v21i11.7090

30 Shea Bennet, »67 % of Taylor Swift's Twitter Followers are Bots, Says Study: An Audit of the Most Popular Musical Artists on Twitter Suggests They're Mostly Followed by Non-Human Profiles«, *Adweek*, 4. Februar 2015, https://www.adweek.com/digital/twitter-bots-problem/; »The World's Biggest Music Stars: Who's Faking It on Twitter?«, *Music Business Worldwide*, 31. Januar 2015, https://www.musicbusinessworldwide.com/katy-perry-justin-bieber-and-lady-gaga-whos-faking-it-on-twitter/

31 Trevor van Mierlo, »The 1 % Rule in Four Digital Health Social Networks: An Observational Study«, *Journal of Medical Internet Research* 16, Nr. 2 (2014), https://doi.org/10.2196/jmir.2966; Bradley Carron-Arthura, John A. Cunningham und Kathleen M. Griffith, »Describing the Distribution of Engagement in an Internet Support Group by Post Frequency: A Comparison of the 90-9-1 Principle and Zipf's Law«, *Internet Interventions* 1, Nr. 4 (2014), S. 165–168, https://doi.org/10.1016/j.invent.2014.09.003; Ling Jiang, Kristijan Mirkovski, Jeffrey D. Wall, Christian Wagner und Paul Benjamin Lowry, »Proposing the Core Contributor Withdrawal Theory (CCWT) to Understand Core Contributor Withdrawal from Online Peer-Production Communities«, *Internet Research* 28, Nr. 4 (2018), S. 988–1028, https://doi.org/10.1108/IntR-05-2017-0215

32 Bora Zivkovic, »Commenting Threads: Good, Bad, or Not At All«, *A Blog Around the Clock* (blog), *Scientific American*, 28. Januar 2013, https://blogs.scientificamerican.com/a-blog-around-the-clock/commenting-threads-good-bad-or-not-at-al/; Nate Cohn und Kevin Quealy, »The Democratic Electorate on Twitter Is Not the Actual Democratic Electorate«, *New York Times*, 9. April 2019, https://www.nytimes.com/interactive/2019/04/08/upshot/democratic-electorate-twitter-real-life.html

33 Tom Toro, »Behold, as I Guide Our Conversation to My Narrow Area of Expertise«, *New Yorker*, 2. März 2017, https://www.newyorker.com/cartoon/a20667

34 Mark Zuckerbergs Facebook-Seite, gepostet am 3. Januar 2017, https://www.facebook.com/zuck/posts/10103385178272401

35 Reid J. Epstein und Deepa Seetharaman, »Mark Zuckerberg Hits the Road to Meet Regular Folks – With a Few Conditions«, *Wall*

Street Journal, 12. Juli 2017, https://www.wsj.com/articles/mark-zuckerberg-hits-the-road-to-meet-regular-folkswith-a-few-conditions-1499873098

36 Lynn Cooper und Trey Buchanan, »Taking Aim at Good Targets: Inter-Rater Agreement of Listening Competency«, *International Journal of Listening* 17, Nr. 1 (2003), S. 88–114, https://doi.or/10.1108/IntR-05-2017-0215

37 Pascal Belin, Shirley Fecteau und Catherine Bedard, »Thinking the Voice: Neural Correlates of Voice Perception«, *Trends in Cognitive Sciences* 8, Nr. 3 (2004), S. 129–135, https://doi.org/10.1016/j.tics.2004.01.008; May Gratier und Gisèle Apter-Danon, »The Improvised Musicality of Belonging: Repetition and Variation in Mother-Infant Vocal Interaction«, in: *Communicative Musicality: Exploring the Basis of Human Companionship,* hg. von Stephen Malloch und Colwyn Trevarthen (New York: Oxford University Press, 2009), S. 301–327; Ana Fló, Perrine Brusini, Francesco Macagno, Marina Nespor, Jacques Mehler und Alissa L. Ferry, »Newborns Are Sensitive to Multiple Cues for Word Segmentation in Continuous Speech«, *Developmental Science* (2019), S. e12802, https://doi.org/10.1111/desc.12802

38 Viola Marx und Emese Nagy, »Fetal Behavioural Responses to Maternal Voice and Touch«, *PLOS One* 10, Nr. 6 (2015), S. eO129118, https://doi.org/10.1371/journal.pone.0129118; »Fetal Development: The 2nd Trimester«, Mayo Clinic, https://www.mayoclinic.org/healthy-lifestyle/pregnancy-week-by-week/in-depth/fetal-development/art-20046151

39 Eino Partanen, Teija Kujala, Risto Näätänen, Auli Liitola, Anke Sambeth und Minna Huotilainen, »Learning-Induced Neural Plasticity of Speech Processing Before Birth«, *PNAS* 110, Nr. 7 (2013), https://doi.org/10.1073/pnas.1302159110

40 James Hallenbeck, *Palliative Care Perspectives* (New York: Oxford University Press, 2003), S. 220

41 Anouk P. Netten, Carolien Rieffe, Stephanie C. P. M. Theunissen, Wim Soede, Evelien Dirks, Jeroen J. Briaire und Johan H. M. Frijns, »Low Empathy in Deaf and Hard of Hearing (Pre) Adolescents Compared to Normal Hearing Controls«, *PLOS One* 10, Nr. 4 (2015), S. e0124102, https://doi.org/10.1371/journal.pone.0124102

42 Diane Ackerman, *A Natural History of the Senses* (New York: Vintage Books, 1991), S. 191

43 A. Zadbood, J. Chen, Y.C. Leong, K.A. Norman und U. Hasson, »How We Transmit Memories to Other Brains: Constructing Shared Neural Representations Via Communication«, *Cerebral Cortex* 27, Nr. 10 (2017), S. 4988–5000, https://doi.org/10.1093/cercor/bhx202
44 Carolyn Parkinson, Adam M. Kleinbaum und Thalia Wheatley, »Similar Neural Responses Predict Friendship«, *Nature Communications* 9, Nr. 332 (2018), https://doi.org/10.1038/s41467-017-02722-7
45 Michael Lewis, *Aus der Welt. Grenzen der Entscheidung oder eine Freundschaft, die unser Denken verändert hat.* Campus Verlag, Frankfurt am Main 2016 [engl. Orig.: *The Undoing Project*, New York: W.W. Norton, 2016)
46 Ebd., S. 221
47 Ebd., S. 168
48 Inge Bretheron, »The Origins of Attachment Theory: John Bowlby and Mary Ainsworth«, *Developmental Psychology 28*, Nr. 5 (1992), S. 759–775, http://dx.doi.org/10.1037/0012-1649.28.5.759; Mary D. Salter Ainsworth, Mary C. Blehar, Everett Waters und Sally N. Wall, *Patterns of Attachment: A Psychological Study of the Strange Situation* (New York: Psychology Press, 2015); John Bowlby, *A Secure Base: Parent-Child Attachment and Healthy Human Development* (New York: Basic Books, 1988); Kent Hoffman, Glen Cooper, Bert Powell und Christine M. Benton, *Raising a Secure Child: How Circle of Security Parenting Can Help You Nurture Your Child's Attachment, Emotional Resilience, and Freedom to Explore* (New York: Guilford Press, 2017); Howard Steele und Miriam Steele, *Handbook of Attachment-Based Interventions* (New York: Guilford Press, 2017); Jude Cassidy, *Handbook of Attachment: Theory, Research, and Clinical applications,* 3. Auflage (New York: Guilford Press, 2018); Amir Levine und Rachel Heller, *Attached: The New Science of Adult Attachment and How It Can HelpYou Find – And Keep – Love* (New York: Tarcher Perigee, 2011)
49 Teresa Lind, Kristin Bernard, Emily Ross und Mary Dozier, »Intervention Effects on Negative Affect of CPS-Referred Children: Results of a Randomized Clinical Trial«, *Child Abuse & Neglect* 38, Nr. 9 (2014), S. 1459–1467, https://doi.org/10.1016/j.chiabu.2014.04.004; Anne P. Murphy, Howard Steele, Jordan Bate, Adella Nikitiades, Brooke Allman, Karen A. Bonuck, Paul Meissner und Miriam Steele, »Group Attachment-Based Intervention: Trauma-Informed Care for Families with Adverse Childhood Experiences«, *Family and Community Health* 38, Nr. 3 (2015), S. 268–279, https://doi.org/10.1097/

FCH.000000000000074; Kristin Bernard, Mary Dozier, Johanna Bick, Erin Lewis-Morrarty, Oliver Lindhiem und Elizabeth Carlson, »Enhancing Attachment Organization Among Maltreated Children: Results of a Randomized Clinical Trial«, *Child Development* 83, Nr. 2 (2012), S. 623–636, https://doi.org/10.1111/j.1467-8624.2011.01712.x

50 Lesley Caldwell und Helen Taylor Robinson (Hg.), *The Collected Works of D. W. Winnicott*, Bd. 6 (New York: Oxford University Press, 2017), S. 529

51 Amir Amedi, Gilad Jacobson, Talma Hendler, Rafael Malach und Ehud Zohary, »Convergence of Visual and Tactile Shape Processing in the Human Lateral Occipital Complex«, *Cerebral Cortex* 12, Nr. 11 (2002), S. 1202–1212, https://doi.org/10.1093/cercor/12.11.1202; Gary Chapman, *The 5 Love Languages* (Chicago, IL: Northfield Publishing, 1992), S. 107–118; Lisbeth Lipari, *Listening, Thinking, Being: Toward an Ethics of Attunement* (University Park, PA: Pennsylvania State University Press, 2014), S. 9

52 Charles R. Berger und Michael E. Roloff, (Hg.), *The International Encyclopedia of Interpersonal Communication* (Malden, MA: Wiley Blackwell, 2016), https://onlinelibrary.wiley.com/browse/book/10.1002/9781118540190/title?pageSize=20&startPage=&alphabetRange=l

53 Mark Knapp und John Daly (Hg.), *The SAGE Handbook of Interpersonal Communication*, 4. Auflage, (Thousand Oaks, CA: Sage, 2011), https://us.sagepub.com/en-us/nam/the-sage-handbook-of-interpersonal-communication/book234032

54 Debra Worthington und Graham Bodie, »Defining Listening: A Historical, Theoretical, and Pragmatic Assessment«, in: *The Sourcebook of Listening Research: Methodology and Measures*, hg. von Debra Worthington und Graham Bodie (New York: Wiley-Blackwell, 2017), S. 4

55 Mario Mikulincer, »Adult Attachment Style and Information Processing: Individual Differences in Curiosity and Cognitive Closure«, *Journal of Personality and Social Psychology* 72, Nr. 5 (1997), S. 1217–1230, http://dx.doi.org/10.1037/0022-3514.72. 5.1217

56 Studs Terkel, *Working: People Talk About What They Do All Day and How They Feel About What They Do* (New York: Ballantine, 1989)

57 *Studs Terkel: Listening to America*, directed by Eric Simonson (New York: HBO Documentary Films, 2009)

58 Studs Terkel, *Talking to Myself: A Memoir of My Times* (New York: Pantheon Books, 1977), S. 32

59 Monisha Pasupathi und Jacob Billitteri, »Being and Becoming Through Being Heard: Listener Effects on Stories and Selves«, *International Journal of Listening* 29, Nr. 2 (2015), S. 67–84, https://doi.org/10.1080/10904018.2015.1029363; Monisha Pasupathi, Lisa M. Stallworth und Kyle Murdoch, »How What We Tell Becomes What We Know: Listener Effects on Speakers' Long-Term Memory for Events«, *Discourse Processes* 26, Nr. 1 (1998), S. 1–25, https://doi.org/10.1080/01638539809545035; Monisha Pasupathi und B. Rich, »Inattentive Listening Undermines Self-Verification in Personal Storytelling«, *Journal of Personality* 73, Nr. 4 (2005), https://doi.org/10.1111/j.1467-6494.2005.00338.x

60 Dale Carnegie, *Wie man Freunde gewinnt*, Rascher-Verlag, Zürich 1949, S. 94

61 Robert D. McFadden, »Ingvar Kamprad, Founder of IKEA and Creator of a Global Empire, Dies at 91«, *New York Times*, 28. Januar 2018, https://www.nytimes.com/2018/01/28/obituaries/ingvar-kamprad-dies.html

62 Richard Heller, »The Billionaire Next Door«, *Forbes*, 7. August 2000, https://www.forbes.com/global/2000/0807/0315036a.html#c9f65ef4b69d

63 Todd B. Kashdan, Ryne A. Sherman, Jessica Yarbro und David C. Funder, »How Are Curious People Viewed and How Do They Behave in Social Situations? From the Perspectives of Self, Friends, Parents, and Unacquainted Observers«, *Journal of Personality* 81, Nr. 2 (2012), https://doi.org/10.1111/j.1467-6494.2012.00796.x

64 Nicholas Epley und Juliana Schroeder, »Mistakenly Seeking Solitude«, *Journal of Experimental Psychology* 143, Nr. 5 (2014), S. 1980–1999, http://dx.doi.org/10.1037/a0037323

65 Colin G. DeYoung, »The Neuromodulator of Exploration: A Unifying Theory of the Role of Dopamine in Personality«, *Frontiers in Human Neuroscience* 7, Nr. 762 (2013), https://doi.org/10.3389/fnhum.2013.00762

66 Robert L. Grenier, *88 Days to Kandahar: A CIA Diary* (New York: Simon & Schuster, 2015), S. 175

67 Laurie Abraham, *The Husbands and Wives Club: A Year in the Life of a Couples Therapy Group* (New York: Touchstone, 2013)

68 Kenneth Savitsky, Boaz Keysar, Nicholas Epley, Travis Carter und

Ashley Swanson, »The Closeness-Communication Bias: Increased Egocentrism Among Friends Versus Strangers«, *Journal of Experimental Social Psychology* 47, Nr. 1 (2011), S. 269–273, https://doi.org/10.1016/j.jesp.2010.09.005

69 André Maurois, *Memoirs 1885– 1967* (London: Bodley Head, 1970), S. 218

70 R. I. M. Dunbar, »Neocortex Size as a Constraint on Group Size in Primates«, *Journal of Human Evolution* 22, Nr. 6 (1992), S. 469–493, https://doi.org/10.1016/0047-2484(92)90081-J

71 Kate Murphy, »Do Your Friends Actually Like You?«, *New York Times,* 6. August 2016, https://www.nytimes.com/2016/08/07/opinion/sunday/do-your-friends-actually-like-you.html

72 Mario Luis Small, *Someone to Talk To* (New York: Oxford University Press, 2017)

73 Fjodor Dostojewski, *Aufzeichnungen aus dem Kellerloch,* übers. von Swetlana Geier, Reclam, Stuttgart 1984, S. 43 f.

74 Raymond Nickerson, »Confirmation Bias: A Ubiquitous Phenomenon in Many Guises«, *Review of General Psychology* 2, Nr. 2 (1998), S. 175–220, https://doi.org/10.1037/1089-2680.2.2.175

75 María Ruz, Anna Moser und Kristin Webster, »Social Expectations Bias Decision-Making in Uncertain Inter-Personal Situations«, *PLOS One* 6, Nr. 2 (2011), S. e15762, https://doi.org/10.1371/journal.pone.0015762; Elisha Y. Babad, »Expectancy Bias in Scoring as a Function of Ability and Ethnic Labels«, *Psychological Reports* 46, Nr. 2 (1980), S. 625–626, https://doi.org/10.2466/pr0.1980.46.2.625

76 Perry Hinton, »Implicit Stereotypes and the Predictive Brain: Cognition and Culture in ›Biased‹ Person Perception«, *Palgrave Communications* 3, Nr. 17086 (2017), https://doi.org/10.1057/palcomms.2017.86

77 David Hamilton und Tina Trolier, »Stereotypes and Stereotyping: An Overview of the Cognitive Approach«, in: *Prejudice, Discrimination, and Racism,* hg. von J. F. Dovidio und S. L. Gaertner (San Diego: Academic Press, 1986), S. 127–163

78 Brian L. Connelly, S. Trevis Certo und R. Duane Ireland, »Signaling Theory: A Review and Assessment«, *Journal of Management* 37, Nr. 1 (2010), S. 39–67, https://doi.org/10.1177/0149206310388419; Lee Cronk, »The Application of Animal Signaling Theory to Human Phenomena: Some Thoughts and Clarifications«, *Social Science In-*

formation 44, Nr. 4 (1. Dezember 2005), S. 603–620, https://doi.org/10.1177/0539018405058203

79 Jonah Berger und Chip Heath, »Who Drives Divergence? Identity Signaling, Outgroup Dissimilarity, and the Abandonment of Cultural Tastes«, *Journal of Personality and Social Psychology* 95, Nr. 3 (2008), S. 593–607, http://dx.doi.org/10.1037/0022-3514.95.3.593; Naomi Ellemers und S. Alexander Haslam, »Social Identity Theory«, in: *Handbook of Theories of Social Psychology,* Bd. 2, hg. von Paul Van Lange, Arie Kruglanski und Tory Higgins (Thousand Oaks, CA: Sage, 2012), S. 379–398; Henri Tajfel, »Social Identity and Intergroup Behaviour«, *Social Science Information* 13, Nr. 2 (1974), S. 65–93, https://doi.org/10.1177/053901847401300204

80 Rob Nelissen und Marijn Meijers, »Social Benefits of Luxury Brands as Costly Signals of Wealth and Status«, *Evolution and Human Behavior* 32, Nr. 5 (2011), S. 343–355

81 Allen Downey, »The U.S. Is Retreating from Religion«, *Observations* (blog), *Scientific American,* 20. Oktober 2017, https://blogs.scientificamerican.com/observations/the-u-s-is-retreating-from-religion/

82 Danah Boyd und Nicole Ellison, »Social Network Sites: Definition, History, and Scholarship«, *Journal of Computer-Mediated Communication* 13, Nr. 1 (2007), S. 210–230, https://doi.org/10.1111/j.1083-6101.2007.00393.x

83 Cliff Lampe, Nicole Ellison und Charles Steinfield, »A Familiar Face(book): Profile Elements as Signals in an Online Social Network«, *Proceedings of the SIGCHI Conference on Human Factors in Computing Systems,* San Jose, CA (2007), S. 435–444, https://doi.org/10.1145/1240624.1240695

84 Nicole Hong, »The New Dating No-No: Asking for a Last Name«, *Wall Street Journal,* 24. Januar 2018, https://www.wsj.com/articles/the-new-dating-no-no-asking-for-a-last-name-1516810482

85 T.S. Eliot, *The Love Song of J. Alfred Prufrock,* dt. von Klaus Günther Just, Suhrkamp, Frankfurt/Main 1951

86 Graham Bodie, Kaitlin Cannava und Andrea Vickery, »Supportive Communication and the Adequate Paraphrase«, *Communication Research Reports* 33, Nr. 2 (2016), S. 166–172, http://dx.doi.org/10.1080/08824096.2016.1154839

87 Carl Ransom Rogers, *Der neue Mensch,* übers. von Brigitte Stein, Klett-Cotta, Stuttgart 1987, S. 19

88 Fred Shapiro, *The Yale Book of Quotations* (New Haven, CT: Yale University Press, 2006), S. 537

89 *Bowling for Columbine*, Regie: Michael Moore (Beverly Hills, CA: United Artists 2002)

90 James Fox und Monica DeLateur, »Mass Shootings in America: Moving Beyond Newtown«, *Homicide Studies* 18, Nr. 1 (2014), S. 125–145, https://doi.org/10.1177/1088767913510297

91 Alex Yablon, »What Do Most Mass Shooters Have in Common? It's Not Politics, Violent Video Games or Occult Beliefs«, *Chicago Tribune*, 18. September 2017, https://www.chicagotribune.com/news/opinion/commentary/ct-perspec-mass-shootings-video-games-politics-0917-story.html

92 Steve Chawkins, »Dick Bass Dies at 85; Texas Oilman Was First to Scale ›Seven Summits‹«, *Los Angeles Times*, 29. Juli 2015, https://www.latimes.com/local/obituaries/la-me-0730-richard-bass-20150730-story.html; Roger Horchow und Sally Horchow, *The Art of Friendship* (New York: St. Martin's Press, 2005), S. 33

93 Ralph Nichols und Leonard Stevens, *Are You Listening?* (New York: McGraw Hill, 1957), S. 82

94 Ralph Nichols und Leonard Stevens, »Listening to People«, *Harvard Business Review*, September 1957, https://hbr.org/1957/09/listening-to-people; Clella Jaffe, *Public Speaking: Concepts and Skills for a Diverse Society* (Boston: Wadsworth Publishing, 2012), S. 58; Teri Kwal Gamble und Michael W. Gamble, *Interpersonal Communication: Building Connections Together* (Thousand Oaks, CA: Sage, 2014), S. 106

95 Frederico Azevedo, Ludmila Carvalho, Lea T. Grinberg, José Marcelo Farfel, Renata Ferretti, Renata Leite, Wilson Jacob Filho, et al., »Equal Numbers of Neuronal and Nonneuronal Cells Make the Human Brain an Isometrically Scaled-Up Primate Brain«, *Journal of Comparative Neurology* 513, Nr. 5 (2009), S. 532–541, https://doi.org/10.1002/cne.21974

96 F. Scott Fitzgerald, *Zärtlich ist die Nacht*, dt. von Lutz-W. Wolff, Deutscher Taschenbuch Verlag, München 2011, S. 53 (Buch I, Kap. 6)

97 Alexander Penney, Victoria Miedema und Dwight Mazmanian, »Intelligence and Emotional Disorders: Is the Worrying and Ruminating Mind a More Intelligent Mind?«, *Personality and Individual Differences* 74 (2015), S. 90–93, https://doi.org/10.1016/j.paid.2014.10.005

98 Adam S. McHugh, »For Introverts, Listening Is an Act of Inward Hospitality«, *Introvert, Dear: For Introverts and Highly Sensitive People*

(blog), 13. Oktober 2017, https://introvertdear.com/news/listen-introverts-inner-world/

99 Nichols und Stevens, »Listening to People«

100 »Listening Legend Interview, Dr. Ralph Nichols«, *Listening Post*, Sommer 2003, https://www.listen.org/Legend-Interview

101 Nichols und Stevens, »Listening to People«

102 Heinz Kohut, *Self Psychology and the Humanities: Reflections on a New Psychoanalytic Approach*, hg. von Charles Strozier (New York: W.W. Norton, 1980)

103 *Annie Hall*, Regie: Woody Allen (Hollywood, CA: United Artists, 1977)

104 Jonas T. Kaplan, Sarah I. Gimbel und Sam Harris, »Neural Correlates of Maintaining One's Political Beliefs in the Face of Counterevidence«, *Scientific Reports* 6, Nr. 39589 (2016), https://doi.org/10.1038/srep39589

105 »Free Speech Advocate on the State of College Campuses«, Steve Inskeep interview with Greg Lukianoff, *Morning Edition*, NPR, 29. Mai 2017, https:// www.npr.org/2017/05/29/530555442/free-speech-advocate-on-the-state-of-college-campuses; Conor Friedersdorf, »Middlebury Reckons with a Protest Gone Wrong«, *Atlantic*, 6. März 2017, https://www.theatlantic.com/politics/archive/2017/03/middleburys-liberals-respond-to-an-protest-gone-wrong/518652/

106 John Villasenor, »Views Among College Students Regarding the First Amendment: Results from a New Survey«, *Fixgov* (blog) Brookings Institution, 18. September 2017, https://www.brookings.edu/blog/fixgov/2017/09/18/views-among-college-students-regarding-the-first-amendment-results-from-a-new-survey/

107 Richard Felton, »Ted Cruz: Democratic Candidates Are a ›Dangerous Socialist… and Bernie Sanders‹«, *The Guardian*, 19. September 2015, https://www.theguardian.com/us-news/2015/sep/19/ted-cruz-hillary-clinton-mackinac-republican-leadership-conference

108 Charles Gibson, »Restoring Comity to Congress«, Harvard University Shorenstein Center Discussion Paper Series, Januar 2011, https://shorensteincenter.org/wp-content/uploads/2012/03/d60gibson.pdf

109 Olivia Newman, *Liberalism in Practice: The Psychology and Pedagogy of Public Reason* (Cambridge, MA: MIT Press, 2015), S. 98

110 Martin Tolchin, »Social Security: Compromise at Long Last«, *The New York Times*, 20. Januar 1983, https:// www.nytimes.com/1983/01/20/us/social-security-compromise-at-long-last.html

111 John McCain, »It's Time Congress Returns to Regular Order«, *Washington Post,* 31. August 2017, https://www.washingtonpost.com/opinions/john-mccain-its-time-congress-returns-to-regular-order/2017/08/31/f62a3e0c-8cfb-11e7-8df5-c2e5cf46c1e2story.html

112 Avery Anapol, »Senator Using ›Talking Stick‹ Breaks Collins' Glass Elephant During Shutdown Talks«, *The Hill,* 22. Januar 2018, https://thehill.com/homenews/senate/370163-unnamed-senator-throws-talking-stick-breaks-collins-glass-elephant-during

113 »Conway: Press Secretary Gave ›Alternative Facts‹«, *Meet the Press,* NBC-Video, 3:39, 22. Januar 2017, https://www.nbcnews.com/meet-the-press/video/conway-press-secretary-gave-alternative-facts-860142147643

114 »Donald Trump: ›My Primary Consultant Is Myself‹«, YouTube-Video, 3:11, von MSNBC gepostet, 16. März 2016, https://www.youtube.com/watch?v=W7CBp8lQ6ro

115 »Partisanship and Political Animosity in 2016«, Pew Research Center, 22. Juni 2016, http://assets.pewresearch.org/wp-content/uploads/sites/5/2016/06/06-22-16-Partisanship-and-animosity-release.pdf

116 Jeremy Peters, »In a Divided Era, One Thing Seems to Unite: Political Anger«, *New York Times,* 17. August 2018, https://www.nytimes.com/2018/08/17/us/politics/political-fights.html

117 Oshin Vartanian und David R. Mandel (Hg.), *Neuroscience of Decision Making* (New York: Psychology Press, 2011), S. 89–93

118 Joseph LeDoux, *The Emotional Brain: The Mysterious Underpinnings of Emotional Life* (New York: Touchstone, 1998); Daniel Goleman, *Emotional Intelligence: Why It Can Matter More Than IQ* (New York: Bantam Books, 1995), S. 13–33

119 Matthew Scult, Annchen Knodt, Spenser Radtke, Bartholomew Brigidi und Ahmad R Hariri, »Prefrontal Executive Control Rescues Risk for Anxiety Associated with High Threat and Low Reward Brain Function«, *Cerebral Cortex* 29, Nr. 1 (2017), S. 70–76, https://doi.org/10.1093/cercor/bhx304

120 M. Justin Kim, Matthew Scult, Annchen Knodt, Spenser Radtke, Tracy d'Arbeloff, Bartholomew Brigidi und Ahmad R. Hariri, »A Link Between Childhood Adversity and Trait Anger Reflects Relative Activity of the Amygdala and Dorsolateral Prefrontal Cortex«, *Biological Psychiatry: Cognitive Neuroscience and Neuroimaging* 3, Nr. 7 (2018), S. 644–649, https://doi.org/10.1016/j.bpsc.2018.03.006

121 Thomas A. Avino, Nicole Barger, Martha V. Vargas, Erin L. Carlson, David G. Amaral, Melissa D. Bauman und Cynthia M. Schumann, »Neuron Numbers Increase in the Human Amygdala from Birth to Adulthood, but Not in Autism«, *Proceedings of the National Academy of Sciences* 115, Nr. 14 (2018), S. 3710–3715, https://doi.org/10.1073/pnas.1801912115

122 Austin Prickett, »Police: Fight Over Star Wars and Star Trek Led to Assault«, KOKH Fox25, 6. Juli 2017, https://okcfox.com/news/local/police-fight-over-star-wars-and-star-trek-led-to-assault

123 Carl R. Rogers, *Entwicklung der Persönlichkeit. Psychotherapie aus der Sicht eines Therapeuten,* Ernst Klett Verlag, Stuttgart 1961, S. 41

124 John Keats, *Gedichte und Briefe,* a. d. Engl. und hg. von H. W. Häusermann, Manesse, Zürich 1950, S. 271 [Brief vom 21. Dez. 1817]

125 Jesse G. Delia, Ruth Anne Clark und David E. Switzer, »Cognitive Complexity and Impression Formation in Informal Social Interaction«, *Speech Monographs,* 41, Nr. 4 (1974), S. 299–308, https://doi.org/10.1080/03637757409375854; Claudia L. Hale und Jesse G. Delia, »Cognitive Complexity and Social Perspective-taking«, *Communication Monographs,* 43, Nr. 3 (1976), S. 195–203, https://doi.org/10.1080/03637757609375932; Michael J. Beatty und Steven K. Payne, »Listening Comprehension as a Function of Cognitive Complexity: A Research Note«, *Communication Monographs,* 51, no. 1 (1984), S. 85–89, https://doi.org/10.1080/03637758409390186

126 B. R. Burleson und J. J. Rack, »Constructivism: Explaining Individual Differences in Communication Skill«, in: *Engaging Theories in Interpersonal Communication,* Hg. L. A. Baxter und D. O. Braithwaite (Thousand Oaks, CA: Sage, 2008), S. 51–63

127 Walter Isaacson, *Steve Jobs* (New York: Simon & Schuster, 2011), S. 317

128 Kim Scott, *Radical Candor* (New York: St. Martin's Press, 2017), S. 80

129 Robert K. Merton, »The Focused Interview and Focus Groups: Continuities and Discontinuities«, *Public Opinion Quarterly* 51 (1987), S. 550–566, http://citeseerx.ist.psu.edu/viewdoc/download?doi=10.1.1.890.112&rep=rep1&type=pdf

130 Peter Simonson, »Merton's Sociology of Rhetoric«, in: *Robert K. Merton: Sociology of Science and Sociology as Science,* ed. Craig Calhoun (New York: Columbia University Press, 2017), S. 214–252

131 Liza Featherstone, *Divining Desire: Focus Groups and the Culture of Consultation* (New York: OR Books, 2017), S. 15–16

132 Ernest Dichter, *The Strategy of Desire* (New York: Routledge, 2017); Dinitia Smith, »When Flour Power Invaded the Kitchen«, *The New York Times,* 14. April 2004, https://www.nytimes.com/2004/04/14/dining/when-flour-power-invaded-the-kitchen.html

133 Will Leitch, »Group Thinker«, *New York Magazine,* 21. Juni 2004, https://nymag.com/nymetro/shopping/features/9299/

134 Jon Berry, »Marketers Reach Out to Blacks«, *Chicago Tribune,* 12. Mai 1991, https://www.chicagotribune.com/news/ct-xpm-1991-05-12-9102110986-story.html

135 »Army's First Black Helicopter Pilot Honored at George Washington University«, *GW Today,* 4. November 2014, https://gwtoday.gwu.edu/army%E2%80%99s-first-black-helicopter-pilot-honored-george-washington-university; »Joining a Segregated Army«, Joseph Henry Hairston interview, Digital Collections of the National WWII Museum, 2015, https://www.ww2online.org/view/joseph-hairston

136 »P&G's Billion-Dollar Brands: Trusted, Valued, Recognized«, Procter & Gamble, https:// www.pg.com/enUS/downloads/media/Fact Sheets BB FA.pdf; John Colapinto, »Famous Names: Does It Matter What a Product Is Called?«, *The New Yorker,* 3. Oktober 2011, https://www.newyorker.com/magazine/2011/10/03/famous-names

137 Matthew Salganik, *Bit by Bit: Social Research in the Digital Age* (Princeton, NJ: Princeton University Press, 2017)

138 »Darwin Correspondence Project«, University of Cambridge, https://www.darwinproject.ac.uk/people/about-darwin/what-darwin-read/darwin-s-reading-notebooks

139 Greg Linden, Brent Smith und Jeremy York, »Amazon.com Recommendations Item-to-Item Collaborative Filtering«, *IEEE Internet Computing,* Januar–Februar 2003, https://www.cs.umd.edu/~samir/498/Amazon-Recommendations.pdf

140 Charles Duhigg, »What Google Learned from Its Quest to Build the Perfect Team«, *The New York Times,* 25. Februar 2016, https://www.nytimes.com/2016/02/28/magazine/what-google-learned-from-its-quest-to-build-the-perfect-team.html

141 »Guide: Understand Team Effectiveness«, *re: Work,* https://rework.withgoogle.com/guides/understanding-team-effectiveness/steps/introduction/

142 David Deming, »The Growing Importance of Social Skills in the Labor Market«, *Quarterly Journal of Economics* 132, Nr. 4 (2017), S. 1593–1640, https://doi.org/10.1093/qje/qjx022

143 Rob Cross, Reb Rebele und Adam Grant, »Collaborative Overload«, *Harvard Business Review*, Januar–Februar 2016, S. 74–79, https://hbr.org/2016/01/collaborative-overload

144 »Current and Former Clients«, Business Improv, http://business-improv.com/clientspartners/

145 Nelle Morton, *The Journey Is Home* (Boston, MA: Beacon Press, 1985), S. 209

146 T. Bradford Bitterly, Alison Brooks und Maurice Schweitzer, »Risky Business: When Humor Increases and Decreases Status«, *Journal of Personality and Social Psychology* 112, Nr. 3 (2017), S. 431–455, https://doi.org/10.1037/pspi0000079

147 E. De Koning und R. L. Weiss, »The Relational Humor Inventory: Functions of Humor in Close Relationships«, *American Journal of Family Therapy* 30, Nr. 1 (2002), S. 1–18, https://doi.org/10.1080/019261802753455615

148 John C. Meyer, *Understanding Humor Through Communication: Why Be Funny, Anyway* (Lanham, MD: Lexington Books, 2015), S. 81–87

149 Nathan Miczo, Joshua Averbeck und Theresa Mariani, »Affiliative and Aggressive Humor, Attachment Dimensions, and Interaction Goals«, *Communication Studies* 60, Nr. 5 (2009), S. 443–459, https://doi.org/10.1080/10510970903260301; Meyer, *Understanding Humor Through Communication*, S. 88–89

150 Katherine Hampsten, »How Miscommunication Happens (and How to Avoid It)«, TED-Ed animation, https://ed.ted.com/lessons/how-to-avoid-miscommunication-katherine-hampsten#review

151 John A. Daly, Anita L. Vangelisti und Suzanne M. Daughton, »The Nature and Correlates of Conversational Sensitivity«, *Human Communication Research* 14, Nr. 2 (1987), S. 167–202, https://doi.org/10.1111/j.1468-2958.1987.tb00126.x

152 Don W. Stacks und Mary Ann Murphy, »Conversational Sensitivity: Further Validation and Extension«, *Communication Reports* 6, Nr. 1 (1993), S. 18–24, https://doi.org/10.1080/08934219309367557

153 Herbert Simon, »What Is An Explanation of Behavior?«, *Psychological Science* 3, Nr. 3 (1992), S. 150–161, https://doi.org/10.1111/j.1467-9280.1992.tb00017.x

154 Stacks und Murphy, »Conversational Sensitivity«

155 »How Many Words Are There in English?«, *Merriam-Webster*, https://www.merriam-webster.com/help/faq-how-many-english-words

156 Cyril Connolly, *The Unquiet Grave: A Word Cycle by Palinurus* (New York: Persea Books, 2005), S. 93

157 Walt Whitman, *The Portable Walt Whitman,* Hg. Michael Warner (New York: Penguin Books, 2004), S. 557

158 Bert Vaux, Harvard Dialect Survey, 2003, http://dialect.redlog.net/. good sex; Sara McClelland, »Intimate Justice: Sexual Satisfaction in Young Adults« (Ph. D. dissertation, City University of New York, 2009), https://doi.org/10.1111/j.1751-9004.2010.00293.x

159 »The Only Surviving Recording of Virginia Woolf«, BBC, 28. März 2016, http://www.bbc.com/culture/story/20160324-the-only-surviving-recording-of-virginia-woolf

160 Konrad Koerner, »The Sapir-Whorf Hypothesis: A Preliminary History and a Bibliographical Essay«, *AnthroSource,* Dezember 1992, https://doi.org/10.1525/jlin.1992.2.2.173

161 Emanuel Bylund und Panos Athanasopoulos, »The Whorfian Time Warp: Representing Duration Through the Language Hourglass«, *Journal of Experimental Psychology* 146, Nr. 7 (2017) S. 911–916, https://doi.org/10.1037/xge0000314

162 Jennifer R. Salibury und Guo-Ming Chen, »An examination of the relationship between conversation sensitivity and listening styles«, *Intercultural Communication Studies,* 16, Nr. 1 (2007), S. 251–262; Daly et al., »The Nature and Correlates of Conversational Sensitivity«; Stacks und Murphy, »Conversational Sensitivity«

163 Theodor Reik, *Listening with the Third Ear* (New York: Farrar, Straus and Giroux, 1948) [dt.: *Hören mit dem dritten Ohr. Die innere Erfahrung eines Psychoanalytikers,* Hoffmann und Campe Verlag, Hamburg 1976]

164 »Robert Caro on the Fall of New York, and Glenn Close on Complicated Characters«, *New Yorker Radio Hour,* WNYC, 4. Mai 2018, https://www.newyorker.com/podcast/the-new-yorker-radio-hour/robert-caro-on-the-fall-of-new-york-and-glenn-close-on–complicated-characters

165 Maria Konnikova, *The Confidence Game* (New York: Viking, 2016)

166 Robert D. McFadden, »Mel Weinberg, 93, the F. B. I.'s Lure in the Abscam Sting, Dies«, *The New York Times,* 6. Juni 2018, https://www.nytimes.com/2018/06/06/obituaries/mel-weinberg-dead-abscam-informant.html

167 »ABSCAM«, *FBI,* https://www.fbi.gov/history/famous-cases/abscam

168 Leslie Maitland, »At the Heart of the Abscam Debate«, *The New York*

Times Magazine, 25. Juli 1982, https://www.nytimes.com/1982/07/25/magazine/at-the-heart-of-the-abscam-debate.html

169 Sasan Baleghizadeh und Amir Hossein Rahimi, »The Relationship Among Listening Performance, Metacognitive Strategy Use and Motivation from a Self-determination Theory Perspective«, *Theory and Practice in Language Studies* 1, Nr. 1 (2011), S. 61–67, https://doi.org/10.4304/tpls.1.1.61-67; Jeremy Biesanz und Lauren Human, »The Cost of Forming More Accurate Impressions: Accuracy-Motivated Perceivers See the Personality of Others More Distinctively but Less Normatively Than Perceivers Without an Explicit Goal«, *Psychological Science* 21, Nr. 4 (2009), S. 589–594, https://doi.org/10.1177/0956797610364121; James Hilton und John Darley, »The Effects of Interaction Goals on Person Perception«, Hg. Mark P. Zanna, *Advances in Experimental Social Psychology* 24 (1991), S. 235–268; Daly et al., »The Nature and Correlates of Conversational Sensitivity«

170 »Study Suggests Medical Errors Now Third Leading Cause of Death in the U. S.«, Johns Hopkins Medicine, 3. Mai 2016, https://www.hopkinsmedicine.org/news/media/releases/study_suggests_medical_errors_now_third_leading_cause_of_death_in_the_us

171 Laura Silvestri, »The Heuristic Value of Misunderstanding«, *Civilisations*, 65, Nr. 1 (2016), S. 107–126, https://www.cairn.info/revue-civilisations-2016-1-page-107.htm; Amy Lee, Rhiannon D. Williams, Marta A. Shaw und Yiyun Jie, »First-Year Students' Perspectives on Intercultural Learning«, *Teaching in Higher Education* 19, Nr. 5 (2014), S. 543–554; Lipari, *Listening, Thinking, Being*, S. 8

172 Paul Maher Jr. und Michael Dorr (Hg.), *Miles on Miles: Interviews and Encounters with Miles Davis* (Chicago: Lawrence Hill Books, 2009), S. 70

173 Jane Lidstone, Elizabeth Meins und Charles Fernyhough, »Individual Differences in Children's Private Speech: Consistency Across Tasks, Timepoints, and Contexts«, *Cognitive Development* 26, Nr. 3 (2011), S. 203–213, https://doi.org/10.1016/j.cogdev.2011.02.002

174 Charles Fernyhough, *The Voices Within* (New York: Basic Books, 2016), S. 74 [dt.: *Selbstgespräche*, übers. von Theresia Übelhör, Komplett-Media, München 2018]

175 Tuija Aro, Anna-Maija Poikkeus, Marja-Leena Laakso, Asko Tolvanen und Timo Ahonen, »Associations Between Private Speech, Behavioral Self-Regulation, and Cognitive Abilities«, *International Journal of Behavioral Development* 39, Nr. 6 (2014), S. 508–518, https://doi.

org/10.1177/0165025414556094; Ben Alderson-Day und Charles Fernyhough, »Inner Speech: Development, Cognitive Functions, Phenomenology, and Neurobiology«, *Psychological Bulletin* 141, Nr. 5 (2015), S. 931–965, http://dx.doi.org/10.1037/bul0000021

176 Douglas Behrend, Karl Rosengren und Marion Perlmutter, »The Relation Between Private Speech and Parental Interactive Style«, in: *Private Speech: From Social Interaction to Self-Regulation,* hg. von Rafael Diaz und Laura Berk (Hillsdale, NJ: Lawrence Erlbaum Associates, 1992), S. 85–100

177 Laura Berk und Ruth Garvin, »Development of Private Speech Among Low-Income Appalachian Children«, *Developmental Psychology* 20, Nr. 2 (1984), S. 271–286, http://dx.doi.org/10.1037/0012-1649.20.2.271

178 Laura Berk, »Development of Private Speech Among Preschool Children«, *Early Child Development and Care* 24, Nr. 1–2 (1986), S. 113–136, https://doi.org/10.1080/0300443860240107

179 Xing Tian, Nai Ding, Xiangbin Teng, Fan Bai und David Poeppel, »Imagined Speech Influences Perceived Loudness of Sound«, *Nature Human Behavior* 2, Nr. 3 (2018), S. 225–234, https://doi.org/10.1038/s41562-018-0305-8

180 Marianne Abramson und Stephen D. Goldinger, »What the Reader's Eye Tells the Mind's Ear: Silent Reading Activates Inner Speech«, *Perception & Psychophysics* 59, Nr. 7 (1997), S. 1059–1068, https://doi.org/10.3758/BF03205520

181 Jessica Alexander und Lynne Nygaard, »Reading Voices and Hearing Text: Talker-Specific Auditory Imagery in Reading«, *Journal of Experimental Psychology: Human Perception and Performance* 34, Nr. 2 (2008), S. 446–459, http://dx.doi.org/10.1037/0096-1523.34.2.446

182 Bo Yao, Pascal Belin und Christophe Scheepers, »Silent Reading of Direct versus Indirect Speech Activates Voiceselective Areas in the Auditory Cortex«, *Journal of Cognitive Neuroscience* 23, Nr. 10 (October 2011), S. 3146–3152, https://doi.org/10.1162/jocna00022

183 Ben Alderson-Day, Marco Bernini und Charles Fernyhough, »Uncharted Features and Dynamics of Reading: Voices, Characters, and Crossing of Experiences«, *Consciousness and Cognition* 49 (2017), S. 98–109, https://doi.org/10.1016/j.concog.2017.01.003

184 Rob Couteau, »The Romance of Places: An Interview with Ray Bradbury«, in: *Conversations with Ray Bradbury,* hg. von Steven L. Aggelis (Jackson: University Press of Mississippi, 2004), S. 122

185 Timothy Wilson, David Reinhard, Erin C. Westgate, Daniel T. Gilbert, Nicole Ellerbeck, Cheryl Hahn und Casey L. Brown, »Just Think: The Challenges of the Disengaged Mind«, *Science* 345, Nr. 6 (2014), S. 75–77, https://doi.org/10.1126/science.1250830

186 James Gleick, *Richard Feynman. Leben und Werk des genialen Physikers*, übers. von Doris Gerstner und Shaukat Khan, Droemer Knaur, München 1993, S. 325

187 Richard Feynman, *Es ist so einfach: Vom Vergnügen, Dinge zu entdecken*, Piper, München 2003, S. 146.

188 Dick Leonard, *The Great Rivalry: Gladstone and Disraeli* (London: I. B. Tauris, 2013), S. 202–203; »Stanley Weintraub: Disraeli: A Biography«, *C-SPAN Video, 58:56*, 6. Februar 1994, https://www.c-span.org/video/?54339-1/disraeli-biography

189 »Angels in the Marble?«, *Economist*, 6. September 2001, https://www.economist.com/united-states/2001/09/06/angels-in-the-marble

190 Charles Derber, *The Pursuit of Attention* (New York: Oxford University Press, 2000)

191 Howard Becker, *Outsiders: Studies in the Sociology of Deviance* (New York: Free Press, 2018) [dt. *Außenseiter. Zur Soziologie abweichenden Verhaltens*, Springer Fachmedien, Wiesbaden 2014]

192 Adam Gopnik, »The Outside Game«, *The New Yorker*, 5. Januar 2015, https://www.newyorker.com/magazine/2015/01/12/outside-game

193 Leonardo Christov-Moore, Elizabeth Simpson, Gino Coudé, Kristina Grigaityte, Marco Iacobonia und Pier Ferrari, »Empathy: Gender Effects in Brain and Behavior«, *Neuroscience & Biobehavioral Reviews* 46, Nr. 4 (2014), S. 604–627, https://doi.org/10.1016/j.neubiorev.2014.09.001

194 David Geary, »Sexual Selection and Human Vulnerability«, in: *Evolution of Vulnerability* (San Diego: Academic Press, 2015), S. 11–39, https://doi.org/10.1016/B978-0-12-801562-9.09996-8; Debra Worthington und Margaret Fitch-Hauser, *Listening: Processes, Functions and Competency* (New York: Routledge, 2016), S. 32–34; Deborah Tannen, *You Just Don't Understand: Women and Men in Conversation* (New York: HarperCollins, 1990)

195 Tara Chaplin und Amelia Aldao, »Gender Differences in Emotion Expression in Children: A Meta-Analytic Review«, *Psychological Bulletin* 139, Nr. 4 (2013), S. 735–765, https://doi.org/10.1037/a0030737

196 Agneta Fischer, *Gender and Emotion: Social Psychological Perspectives* (Cambridge: Cambridge University Press, 2000)

197 Simon Baron-Cohen, Sarah Cassidy, Bonnie Auyeung, Carrie Allison, Maryam Achoukhi, Sarah Robertson, Alexa Pohl, et al., »Attenuation of Typical Sex Differences in 800 Adults with Autism vs. 3,900 Controls«, *PLOS One* 9, Nr. 7 (2014), https://doi.org/10.1371/journal.pone.0102251

198 Mélanie Aeschlimann, Jean-François Knebel, Micah M. Murray und Stephanie Clarke, »Emotional Pre-Eminence of Human Vocalizations«, *Brain Topography* 20, Nr. 4 (2008), S. 239–248, https://doi.org/10.1007/s10548-008-0051-8

199 Andrew G. Miner, Theresa M. Glomb und Charles Hulin, »Experience Sampling Mood and Its Correlates at Work«, *Journal of Occupational and Organizational Psychology* 78 (2005), S. 171–193, https://doi.org/10.1348/096317905X40105

200 Kyle Benson, »The Magic Relationship Ratio, According to Science«, Gottman Institute, 4. Oktober 2017, https://www.gottman.com/blog/the-magic-relationship-ratio-according-science/

201 Kelsey Crowe und Emily McDowell, *There Is No Good Card for This: What To Do and Say When Life is Scary, Awful and Unfair to People You Love* (New York: HarperOne, 2017)

202 »Clearness Committees – What They Are and What They Do«, Friends General Conference, https://www.fgcquaker.org/resources/clearness-committees-what-they-are-and-what-they-do

203 Bethany Rittle-Johnson, Megan Saylor und Kathryn E. Swygert, »Learning from Explaining: Does It Matter If Mom Is Listening?«, *Journal of Experimental Child Psychology* 100, Nr. 3 (2008), S. 215–224, https://doi.org/10.1016/j.jecp.2007.10.002

204 Robert M. Krauss, »The Role of the Listener: Addressee Influences on Message Formulation«, *Journal of Language and Social Psychology* 6, Nr. 2 (1987), S. 81–98, https://doi.org/10.1177/0261927X8700600201; Kate Loewenthal, »The Development of Codes in Public and Private Language«, *Psychonomic Science* 8, Nr. 10 (1967), S. 449–450, https://doi.org/10.3758/BF03332285

205 *Great Conversations* »About Us«, Great Conversations, https://www.greatconversations.com/about-us/

206 Arthur Aron, Edward Melinat, Elaine Aron, Robert Vallone und Reness Bator, »The Experiental Generation of Interpersonal Closeness: A Procedure and Some Preliminary Findings«, *Personality and Social Psychology Bulletin* 23, Nr. 4 (1997), S. 363–377, https://doi.org/10.1177/0146167297234003

207 Mandy Len Catron, »To Fall in Love with Anyone, Do This«, *The New York Times,* 9. Januar 2015, https://www.nytimes.com/2015/01/11/fashion/modern-love-to-fall-in-love-with-anyone-do-this.html

208 Michael Lewis, »How Tom Wolfe Became … Tom Wolfe«, *Vanity Fair,* 8. Oktober 2015, https://www.vanityfair.com/culture/2015/10/how-tom-wolfe-became-tom-wolfe; John McPhee, »Omission«, *The New Yorker,* 7. September 2015, https://www.newyorker.com/magazine/2015/09/14/omission; Neely Tucker, »How Richard Price Does It: New York Dialogue, Only Better«, *The Washington Post,* 1. März 2015, https://www.washingtonpost.com/lifestyle/style/how-richard-price-does-it-new-york-dialogue-only-better/2015/03/01/11ad2f04-bdec-11e4-bdfa-b8e8f594e6ee_story.html

209 Elizabeth Strout, *Das Leben natürlich,* Luchterhand, München 2013, S. 196

210 »Elizabeth Strout, ›Anything Is Possible‹«, YouTube Video, 55:04, gepostet von Politics and Prose, 9. Mai 2017, https://www.youtube.com/watch?v=YgDv12z4nQ&feature=youtu.be

211 »Elephants Can Hear the Sound of Approaching Clouds«, BBC, 11. Dezember 2015, http://www.bbc.com/earth/story/20151115-elephants-can-hear-the-sound-of-approaching-clouds

212 Lizabeth M. Romanski und Joseph E. LeDoux, »Bilateral Destruction of Neocortical and Perirhinal Projection Targets of the Acoustic Thalamus Does Not Disrupt Auditory Fear Conditioning«, *Neuroscience Letters* 142, Nr. 2 (1992), S. 228–232, https://doi.org/10.1016/0304-3940(92)90379-L; »Auditory Cortex«, *Wikipedia,* zuletzt abgerufen 30. März 2019 um 16:00 UTC, https://en.wikipedia.org/wiki/Auditory_cortex

213 Judy Duchan, »Carl Wernicke 1848–1905«, History of Speech-Language Pathology, University at Buffalo–SUNY, http://www.acsu.buffalo.edu/~duchan/new_history/hist19c/subpages/wernicke.html; Gertrude H. Eggert, *Wernicke's Works on Aphasia: A Sourcebook and Review: Early Sources in Aphasia and Related Disorders,* Bd. 1 (Den Haag: Mouton Publishers, 1977)

214 C. Tang, L. S. Hamilton und E. F. Chang, »Intonational Speech Prosody Encoding in the Human Auditory Cortex«, *Science* 357, Nr. 6353 (2017), S. 797–801, https://doi.org/10.1126/science.aam8577

215 Dana Strait, Nina Kraus, Erika Skoe und Richard Ashley, »Musical Experience and Neural Efficiency-Effects of Training on Subcortical Processing of Vocal Expressions of Emotion«, *European Journal of*

Neuroscience 29 (2009), S. 661–668, https://doi.org/10.1111/j.1460-9568.2009.06617.x

216 Chao-Yang Lee und Tsun-Hui Hung, »Identification of Mandarin Tones by English-Speaking Musicians and Nonmusicians«, *The Journal of the Acoustical Society of America* 124, Nr. 3235 (2008), https://doi.org/10.1121/1.2990713; Céline Marie, Franco Delogu, Giulia Lampis, Marta Olivetti Belardinelli und Mireille Besson, »Influence of Musical Expertise on Segmental and Tonal Processing in Mandarin Chinese«, *Journal of Cognitive Neuroscience* 23, Nr. 10 (2011), S. 2701–2715

217 Yaara Yeshurun, Stephen Swanson, Erez Simony, Janice Chen, Christina Lazaridi, Christopher J. Honey und Uri Hasson, »Same Story, Different Story: The Neural Representation of Interpretive Frameworks«, *Psychological Science* 28, Nr. 3 (2017), S. 307–319, https://doi.org/10.1177/0956797616682029

218 J. D. Salinger, »Pretty Mouth and Green My Eyes«, *The New Yorker*, 6. Juli 1951, https://www.newyorker.com/magazine/1951/07/14/pretty-mouth-and-green-my-eyes

219 M. P. Bryden, »An Overview of the Dichotic Listening Procedure and Its Relation to Cerebral Organization«, in: *Handbook of Dichotic Listening: Theory, Methods and Research*, Hg. K. Hugdahl (Oxford, UK: John Wiley & Sons, 1988), S. 1–43; Gina Geffen, »The Development of the Right Ear Advantage in Dichotic Listening with Focused Attention«, *Cortex* 14, Nr. 2 (1978), S. 169–177, https://doi.org/10.1016/S0010-9452(78)80042-2

220 Abdulrahman D. Alzahrani und Marwan A. Almuhammadi, »Left Ear Advantages in Detecting Emotional Tones Using Dichotic Listening Task in an Arabic Sample«, *Laterality: Asymmetries of Body, Brain and Cognition* 18, Nr. 6 (2013), S. 730–747, https://doi.org/10.1080/1357650X.2012.762373; Teow-Chong Sim und Carolyn Martinez, »Emotion words are remembered better in the left ear«, *Laterality: Asymmetries of Body, Brain and Cognition* 10, Nr. 2 (2005), S. 149–159, https://doi.org/10.1080/13576500342000365

221 Lise Van der Haegen, René Westerhausen, Kenneth Hugdahl und Marc Brysbaert, »Speech Dominance Is a Better Predictor of Functional Brain Asymmetry Than Handedness: A Combined fMRI Word Generation and Behavioral Dichotic Listening Study«, *Neuropsychologia* 51, Nr. 1 (2013), S. 91–97, https://doi.org/10.1016/j.neuropsychologia.2012.11.002

222 James Jerger, »The Remarkable History of Right-Ear Advantage«, *Hearing Review* 25, Nr. 1 (2018): 12–16, http://www.hearingreview.com/2017/12/remarkable-history-right-ear-advantage/

223 Daniele Marzoli und Luca Tommasi, »Side Biases in Humans (Homo sapiens): Three Ecological Studies on Hemispheric Asymmetries«, *Naturwissenschaften* 96, Nr. 9 (2009), S. 1099–1106, https://doi.org/10.1007/s00114-009-0571-4

224 Seth Horowitz, *The Universal Sense: How Hearing Shapes the Mind* (New York: Bloomsbury, 2012), S. 14

225 John Carey und Nivee Arnin, »Evolutionary Changes in the Cochlea and Labyrinth: Solving the Problem of Sound Transmission to the Balance Organs of the Inner Ear«, *Anatomical Record Part A: Discoveries in Molecular, Cellular, and Evolutionary Biology* 288A, Nr. 4 (2006), https://doi.org/10.1002/ar.a.20306

226 Horowitz, *Universal Sense,* S. 75

227 Cassie Shortsleeve, »Why It Feels So Damn Good to Stick a Q-tip in Your Ear«, *Men's Health,* 7. März 2017, https://www.menshealth.com/health/a19542654/why-sticking-qtips-in-ear-feels-so-good/

228 »Having an EARGASM by Cleaning Your Ears with a Q-tip«, Facebook, https://www.facebook.com/Having-an-EARGASM-by-cleaning-your-ears-with-a-Q-tip-270935093839/

229 Chonnettia Jones und Ping Chen, »Chapter Eight Primary Cilia in Planar Cell Polarity Regulation of the Inner Ear«, *Current Topics in Developmental Biology* 85 (2008), S. 197–224, https://doi.org/10.1016/S0070-2153(08)00808-9; William Yost, *Fundamentals of Hearing,* 5. Auflage (Burlington, MA: Academic Press, 2001), S. 73–95

230 Trevor Mcgill und Harold F. Schuknecht, »Human Cochlear Changes in Noise Induced Hearing Loss«, *Laryngoscope* 86, Nr. 9 (1976), https://doi.org/10.1288/00005537-197609000-00001

231 »Decibel Exposure Time Guidelines«, Dangerous Decibels, http://dangerousdecibels.org/education/information-center/decibel-exposure-time-guidelines/; »Occupational Noise Exposure Revised Criteria 1998«, Centers for Disease Control and Prevention, National Institute for Occupational Safety and Health, https://www.cdc.gov/niosh/docs/98-126/ pdfs/98-126.pdf?id=10.26616/NIOSHPUB98126

232 »1.1 Billion People at Risk of Hearing Loss«, 27. Februar 2015, World Health Organization, https://www.who.int/mediacentre/news/releases/2015/ear-care/en/

233 »Statistics and Facts About Hearing Loss«, Center for Hearing and Communication, http://chchearing.org/facts-about-hearing-loss/

234 »12 Myths About Hearing Loss«, AARP, https://www.aarp.org/health/conditions-treatments/info-2016/hearing-loss-myths-information-kb.html

235 »Worker Hearing Loss«, Centers for Disease Control and Prevention, https://www.cdc.gov/features/worker-hearing-loss/index.html

236 A. R. Powers, C. Mathys und P. R. Corlett, »Pavlovian Conditioning-Induced Hallucinations Result from Overweighting of Perceptual Priors«, *Science* 357, Nr. 6351 (2017), S. 596–600, https://doi.org/10.1126/science.aan3458; C. E. Seashore, »Measurements of Illusions and Hallucinations in Normal Life«, *Studies from the Yale Psychological Laboratory* 3 (1895); D. G. Ellson, »Hallucinations Produced by Sensory Conditioning«, *Journal of Experimental Psychology* 28, Nr. 1 (1941), S. 1–20, http://dx.doi.org/10.1037/h0054167; H. V. Helmholz, *Treatise on Physiological Optics*, Bd. 3 (New York: Dover, 1962); »Researchers Explore What Happens When People Hear Voices That Others Don't«, *Yale News*, 10. August 2017, https://news.yale.edu/2017/08/10/researchers-explore-what-happens-when-people-hear-voices-others-dont

237 Oliver Sacks, »Mishearings«, *The New York Times*, 5. Juni 2015, https://www.nytimes.com/2015/06/07/opinion/oliver-sacks-mishearings.html

238 Sylvia Wright, »The Death of Lady Mondegreen«, in: *Get Away from Me with Those Christmas Gifts* (New York: Mc-Graw Hill, 1957)

239 Kaisa Tippana, »What Is the McGurk Effect?«, *Frontiers in Psychology* 5, Nr. 725 (2014), https://doi.org/10.3389/fpsyg.2014. 00725; siehe auch: »Try The McGurk Effect! – Horizon: Is Seeing Believing?«, YouTube Video, 3:25, gepostet von BBC, 10. November 2010, https://www.youtube.com/watch?v=G-lN8vWm3m0

240 Andrea Ciorba, Chiara Bianchini, Stefano Pelucchi und Antonio Pastore, »The Impact of Hearing Loss on the Quality of Life of Elderly Adults«, *Clinical Interventions in Aging* 7 (2017), S. 159–163, https://doi.org/10.2147/CIA.S26059; »Hearing Loss Impact«, Cleveland Clinic, https://my.clevelandclinic.org/health/diseases/17052-hearing-loss-impact; Mary Kaland und Kate Salvatore, »The Psychology of Hearing Loss«, *ASHA Leader*, 1. März 2002, https://doi.org/10.1044/leader.FTR1.07052002.4

241 »Make Listening Safe«, World Health Organization, https://www.

who.int/pbd/deafness/activities/1706_PBD_ leaftlet_A4_English_lowres_for_web170215.pdf

242 Daniel F. McCarter, Angela Courtney, Susan M Pollart, »Cerumen Impaction«, *American Family Physician* 75, Nr. 10 (2007), S. 1523–1528

243 Ruth Campbell, »The Processing of Audio-Visual Speech: Empirical and Neural Bases«, *Philosophical Transactions of the Royal Society B* 363, Nr. 1493 (2008), S. 1001–1010, https://doi.org/10.1098/rstb.2007. 2155

244 Paul Johns, *Clinical Neuroscience* (London: Churchill Livingston, 2014), S. 27–47

245 Horst M. Müller, »Neurobiological Aspects of Meaning Constitution During Language Processing«, in: *Situated Communication*, Hg. Gert Rickheit und Ipke Wachsmuth (New York: Mouton de Gruyter, 2006), S. 243; David Owen, »High-Tech Hope for the Hard of Hearing«, *The New Yorker*, 27. März 2017, https://www.newyorker.com/magazine/2017/04/03/high-tech-hope-for-the-hard-of-hearing

246 Albert Mehrabian, *Silent Messages: Implicit Communication of Emotions and Attitudes* (Belmont, CA: Wadsworth Publishing, 1981), S. 75–80; Dilip Sundaram und Cynthia Webster, »The Role of Nonverbal Communication in Service Encounters«, *Journal of Services Marketing* 14, Nr. 5 (2000), S. 378–391, https://doi.org/10.1108/08876040010341008; Cynthia Barnum und Natasha Wolniansky, »Taking Cues from Body Language«, *Management Review* 78, Nr. 6 (1989), S. 59–61; Jon E. Grahe und Frank J. Bernieri, »The Importance of Nonverbal Cues in Judging Rapport«, *Journal of Nonverbal Behavior* 23, Nr. 4 (1999), S. 253–269, https://doi.org/10.1023/A:1021698725361

247 Sigmund Freud, *Bruchstück einer Hysterie-Analyse* [1905/1901] in: Freud-Studienausgabe, Bd. VI, Hysterie und Angst, I. Der erste Traum, S. Fischer Verlag, Frankfurt 1971, S. 148

248 Irenäus Eibl-Eibesfeldt, *Love and Hate: A Natural History of Behavior Patterns (Foundations of Human Behavior)*, 1. Auflage (New York: Routledge, 2017); Charles Darwin, *The Expression of the Emotions in Man and Animals* (New York: Oxford University Press, 1998)

249 C. Fabian Benitez-Quiroz, Ronnie B. Wilbur und Aleix M. Martinez, »The Not Face: A Grammaticalization of Facial Expressions of Emotion«, *Cognition* 150 (2016), S. 77– 84, https://doi.org/10.1016/j.cognition.2016.02.004

250 Alice Schermerhorn, »Associations of Child Emotion Recognition with Interparental Conflict and Shy Child Temperament Traits«, *Journal of Social and Personal Relationships* (2018), https://doi.org/10.1177/0265407518762606

251 Kyung-Seu Cho und Jae-Moo Lee, »Influence of Smartphone Addiction Proneness of Young Children on Problematic Behaviors and Emotional Intelligence: Mediating Self-Assessment Effects of Parents Using Smartphones«, *Computers in Human Behavior* 66 (2017), S. 303-311, https://doi.org/10.1016/j.chb.2016.09.063; Elisabeth Engelberg und Lennart Sjöberg, »Internet Use, Social Skills, and Adjustment«, *Cyberpsychology & Behavior* 7, Nr. 1 (2004), S. 41–47, https://doi.org/10.1089/109493104322820101

252 Yalda T. Uhls, Minas Michikyan, Jordan Morris, Debra Garcia, Gary W. Small, Eleni Zgourou und Patricia M. Greenfield, »Five Days at Outdoor Education Camp Without Screens Improves Preteen-Skills with Nonverbal Emotion Cues«, *Computers in Human Behavior* 39 (2014), S. 387–392, https://doi.org/10.1016/j.chb.2014.05.036

253 Carlos Benitez-Quiroz, Ramprakash Srinivasan und Aleix M. Martinez, »Facial Color Is an Efficient Mechanism to Visually Transmit Emotion«, *Proceedings of the National Academy of Sciences* 115, Nr. 14 (2018), S. 3581–3586, https://doi.org/10.1073/pnas.1716084115

254 Mehrabian, *Silent Messages*, S. 75–80

255 Sascha Segan, »How to Make Your Cell Phone Calls Sound Better«, *PC Magazine*, 13. April 2018, https://www.pcmag.com/article/360357/how-to-make-your-cell-phone-calls-sound-better

256 Jon E. Grant und Samuel R. Chamberlain, »Expanding the Definition of Addiction: DSM-5 vs. ICD-11«, *CNS Spectrums* 21, Nr. 4 (2016), S. 300–303, https://doi.org/10.1017/S1092852916000183

257 Rebecca McMillan, Scott Barry Kaufman und Jerome L. Singer, »Ode to Positive Constructive Daydreaming«, *Frontiers in Psychology* 4 (2013), S. 626, https://doi.org/10.3389/fpsyg.2013.00626; Claire Zedelius und Jonathan Schooler, »The Richness of Inner Experience: Relating Styles of Daydreaming to Creative Processes«, *Frontiers in Psychology* 6 (2016), S. 2063, https://doi.org/10.3389/fpsyg.2015.02063; Christopher R. Long und James R. Averill, »Solitude: An Exploration of Benefits of Being Alone«, *Journal for the Theory of Social Behaviour* 33, Nr. 1 (2003), S. 21–44, https://doi.org/10.1111/1468-5914.00204; Samantha Boardman, »Why Doing Nothing Is So Scary – And So Important«, *The Wall Street Jour-*

nal, 20. Juni 2016, https://blogs.wsj.com/experts/2016/06/20/why-doing-nothing-is-so-scary-and-so-important/

258 Ingrid Wickelgren, »Delivered in a Daydream: 7 Great Achievements That Arose from a Wandering Mind«, *Scientific American,* 17. Februar 2011, https://www.scientificamerican.com/article/achievements-of-wandering-minds/

259 Maria Popova, »The Art of Constructive Daydreaming«, *Brainpickings,* 9. Oktober 2013, https://www.brainpickings.org/2013/10/09/mind-wandering-and-creativity/

260 »Microsoft Attention Spans Research Report«, Scribd, https://www.scribd.com/document/265348695/Microsoft-Attention-Spans-Research-Report

261 Simon Maybin, »Busting the Attention Span Myth«, *BBC World Service,* 10. März 2017, https://www.bbc.com/news/health-38896790

262 Shawn Lim, »›We Have to Focus on the Data‹: Adobe on the Industry's Short Attention Span«, *The Drum,* 8. März 2019, https://www.thedrum.com/news/2019/03/08/we-have-focus-the-data-adobe-the-industrys-short-attention-span; Milana Saric, »How Brands Can Still Win Over Customers as Attention Spans Decrease on Social«, *AdWeek,* 21. November 2017, https://www.adweek.com/brand-marketing/how-brands-can-still-win-over-customers-as-attention-spans-decrease-on-social/; Michelle Castillo, »Millennials Only Have a 5-Second Attention Span for Ads, Says comScore CEO«, *CNBC,* 21. Juli 2017, https://www.cnbc.com/2017/07/21/comscore-ceo-millennials-need-5-to-6-second-ads-to-hold-attention.html

263 Chartbeat proprietary data

264 Louise Ridley, »People Swap Devices 21 Times an Hour, Says OMD«, *Campaign,* 3. Januar 2014, https://www.campaignlive.co.uk/article/people-swap-devices-21-times-hour-says-omd/1225960?src_site=brandrepublic

265 Tim Wu, *The Attention Merchants: The Epic Scramble to Get Inside Our Heads* (New York: Alfred A. Knopf, 2016); Nir Eyal, *Hooked: How to Build Habit-Forming Products,* Hg. Ryan Hoover (New York: Portfolio/Penguin, 2014); Henry Farrell, »It's No Accident Facebook Is So Addictive«, *The Washington Post,* 6. August 2018, https://www.washingtonpost.com/news/monkey-cage/wp/2018/08/06/its-no-accident-that-facebook-is-so-addictive/; »Why Can't We Put Down Our Smartphones 60 Minutes?«, 7. April 2017, https://www.cbsnews.com/news/why-cant-we-put-down-our-smartphones-60-minutes/

266 Kate Murphy, »The Ad-Blocking Wars«, *The New York Times*, 20. Februar 2016, https://www.nytimes.com/2016/02/21/opinion/sunday/the-ad-blocking-wars.html; George P. Slefo, »Six Leading Exchanges Sign Transparency Pact, But Fraud Concerns Remain«, *AdAge*, 18. Oktober 2018, https://adage.com/article/digital/exchanges-sign-letter-invite-fraudsters/315308

267 Debra Worthington und Margaret Fitch-Hauser, *Listening: Processes, Functions and Competency* (New York: Routledge, 2016), S. 4–5

268 Megan Garber, »The Rise of ›Speed-Listening‹«, *Atlantic*, 24. Juni 2015, https://www.theatlantic.com/technology/archive/2015/06/the-rise-of-speed-listening/396740/

269 Judi Brownell, *Listening: Attitudes, Principles, and Skills* (New York: Routledge, 2018), S. 90

270 Andrew Przybylski und Netta Weinstein, »Can You Connect with Me Now? How the Presence of Mobile Communication Technology Influences Face-to-Face Conversation Quality«, *Journal of Social and Personal Relationships* 30, Nr. 3 (2013), S. 237–246, https://doi.org/10.1177/0265407512453827

271 Amy Novotney, »Smartphone = Not-So-Smart Parenting?«, *American Psychology Association* 47, Nr. 2 (2016), https://www.apa.org/monitor/2016/02/smartphone

272 »Noise Level in Restaurants«, National Institute on Deafness and Other Communication Disorders, 22. Juli 2016, https://www.noisyplanet.nidcd.nih.gov/have-you-heard/noise-levels-restaurants; Tiffany Hsu, »Noisy Restaurants: Taking the Din Out of Dinner«, *Los Angeles Times*, 8. Juni 2012, https://www.latimes.com/food/la-xpm-2012-jun-08-la-fi-restaurant-noise-20120504-story.html; Jill Lightner, »Yup, Seattle's Restaurants Have Gotten Noisier: How to Reverse This Trend? We're All Ears«, *Seattle Times*, 26. Februar 2019, https://www.seattletimes.com/life/food-drink/your-suspicions-are-right-seattle-restaurants-are-getting-noisier-how-to-reverse-this-trend-were-all-ears/; Julia Beliuz, »Why Restaurants Became So Loud – And How to Fight Back«, *Vox*, 27. Juli 2018, https://www.vox.com/2018/4/18/17168504/restaurants-noise-levels-loud-decibels; Kate Wagner, »How Restaurants Got So Loud«, *The Atlantic*, 27. November 2018, https://www.theatlantic.com/technology/archive/2018/11/how-restaurants-got-so-loud/576715/; Jonathan Kauffman, »Are San Francisco Restaurants Too Loud? A New App Helps Diners Navigate the Noise«, *San Francisco Chronicle*, 21. De-

zember 2018, https://www.sfchronicle.com/restaurants/article/sf-restaurants-quictest-lord-app-soundprintwhich-134759280php

273 »Zagat Releases 2018 Dining Trends Survey«, *Zagat* (blog), 8. Januar 2018, https://zagat.googleblog.com/2018/01/zagat-releases-2018-dining-trends-survey.html

274 Nanette Stroebele und John M. De Castro, »Effect of Ambience on Food Intake and Food Choice«, *Nutrition* 20, Nr. 9 (2004), S. 821–838, https://doi.org/10.1016/j.nut.2004.05.012; Thomas Roballey, Colleen McGreevy, Richard R. Rongo, Michelle L. Schwantes, Peter J. Steger, Marie Wininger und Elizabeth Gardner, »The Effect of Music on Eating Behavior«, *Bulletin of the Psychonomic Society* 23, Nr. 3 (1985), S. 221–222, https://doi.org/10.3758/BF03329832; Dipayan Biswas, Kaisa Lund und Courtney Szocs, »Sounds Like a Healthy Retail Atmospheric Strategy: Effects of Ambient Music and Background Noise on Food Sales«, *Journal of the Academy of Marketing Science* 47, Nr. 1 (2019), S. 37–55, https://doi.org/10.1007/s11747-018-0583-8

275 Richard Yalch und Eric Spangenberg, »Effects of Store Music on Shopping Behavior«, *Journal of Consumer Marketing* 7, Nr. 2 (1990), S. 55–63, https://doi.org/10.1108/EUM0000000002577; Emily Anthes, »Outside In: It's So Loud, I Can't Hear My Budget!«, *Psychology Today,* 9. Juni 2016, https://www.psychologytoday.com/us/articles/201009/outside-in-its-so-loud-i-cant-hear-my-budget; Charlotte Kemp, »Why are High Street shops so NOISY? As M&S Bans Muzak, Our Test Shows Other Stores Are Nearly as Deafening as Nightclubs«, *Daily Mail,* 2. Juni 2016, https://www.dailymail.co.uk/femail/article-3620719/Why-High-Street-shops-NOISY-M-S-bans-Muzak-test-shows-stores-nearly-deafening-nightclubs.html; Richard F. Yalch und Eric Spangenberg, »Using Store Music for Retail Zoning: A Field Experiment«, in: *NA – Advances in Consumer Research,* Bd. *20,* Hg. Leigh McAlister und Michael L. Rothschild (Provo, UT: Association for Consumer Research: 1993), S. 632–636

276 Dominique Lamy, Liad Mudrik und Leon Y. Deouell, »Unconscious Auditory Information Can Prime Visual Word Processing: A Process-Dissociation Procedure Study«, *Consciousness and Cognition* 17, Nr. 3 (2008), S. 688–698, https://doi.org/10.1016/j.concog.2007.11.001; Christine Rosen, »The Myth of Multitasking«, *New Atlantis* 20 (2008), S. 105–110; Loukia Loukopoulos, R. Key Dismukes und Immanuel Barshi, *The Multitasking Myth: Handling Complexity in Real-World Operations* (New London: Routledge, 2016)

277 Daniel Kahneman, *Thinking Fast and Slow* (New York: Farrar, Straus and Giroux, 2011), S. 23

278 Sharon Fruh, Jayne A. Fulkerson, Madhuri S. Mulekar, Lee Ann J. Kendrick und Clista Clanton, »The Surprising Benefits of the Family Meal«, *Journal for Nurse Practitioners* 7, Nr. 1 (2011), S. 18–22, https://doi.org/10.1016/j.nurpra.2010.04.017; Megan Harrison, Mark L. Norris, Nicole Obeid, Maeghan Fu, Hannah Weinstangel und Margaret Sampson, »Systematic Review of the Effects of Family Meal Frequency on Psychosocial Outcomes in Youth«, *Canadian Family Physician* 61, Nr. 2 (2015), S. e96–e106; https://www.cfp.ca/content/61/2/e96; Barbara Fiese und Marlene Schwartz, »Reclaiming the Family Table: Mealtimes and Child Health and Wellbeing«, *Social Policy Report* 22, Nr. 4 (2008), https://doi.org/10.1002/j.2379-3988.1008.tb00057.x

279 Eudora Welty und Ronald Sharp (Hg.), *Norton Book of Friendship* (New York: W.W. Norton, 1991)

280 »Dallas Police Chief Holds a News Conference«, CNN, 11. Juli 2016, http://transcripts.cnn.com/TRANSCRIPTS/1607/11/ath.02.html; »David Brown Press Conference on July 11, 2016«, YouTube Video, 49:16, gepostet von »brimi925«, 13. Juli 2016, https://www.youtube.com/watch?v=p_uYQIMpIn4

281 »›Called to Rise‹: Dallas Police Chief on Overcoming Racial Division«, *All Things Considered,* NPR, 6. Juni 2017, https://www.npr.org/2017/06/06/531787065/called-to-rise-dallas-police-chief-on-overcoming-racial-division

282 Stephen Levinson und Francisco Torreira, »Timing in Turn-Taking and Its Implications for Processing Models of Language«, *Frontiers in Psychology* 6 (2015), S. 731, https://doi.org/10.3389/fpsyg.2015.00731

283 Jan Peter De Ruiter, Holger Mitterer und Nick J. Enfield, »Projecting the End of a Speaker's Turn: A Cognitive Cornerstone of Conversation«, *Language* 82, Nr. 3 (2006), S. 515–535, https://doi.org/10.1353/lan.2006.0130; Carina Riest, Annett B. Jorschick und Jan P. de Ruiter, »Anticipation in Turn-Taking: Mechanisms and Information Sources«, *Frontiers in Psychology* 6 (2015), S. 89, https://doi.org/10.3389/fpsyg.2015.00089

284 Takie Sugiyama Lebra, »The Cultural Significance of Silence in Japanese Communication«, *Multilingua: Journal of Cross-Cultural and Interlanguage Communication* 6, Nr. 4 (1987), S. 343–358, https://doi.org/10.1515/mult.1987.6.4.343

285 Haru Yamada, »Yappari, as I Thought: Listener Talk in Japanese Communication«, *Global Advances in Business Communication* 4, Nr. 1 (2015), S. 3, https://commons.emich.edu/gabc/vol4/iss1/3

286 Sachiko Ohtaki, Toshio Ohtaki und Michael D. Fetters, »Doctor-Patient Communication: A Comparison of the USA and Japan«, *Family Practice* 20, Nr. 3 (2003), S. 276–282, https://doi.org/10.1093/fampra/cmg308

287 Larry Samovar, Edwin R. McDaniel, Richard E. Porter und Carolyn Sexton Roy, *Communication Between Cultures* (Ontario, Canada: Nelson Education, 2015), S. 334

288 Diana Petkova, »Beyond Silence: A Cross-Cultural Comparison Between Finnish ›Quietude‹ and Japanese ›Tranquility‹«, *Eastern Academic Journal* 4 (2015), S. 1–14, https://www.academia.edu/19764499/Beyond_Silence_A_Cross-Cultural_Comparison_between_Finnish_Quietude_and_Japanese_Tranquility; Donal Carbaugh, Michael Berry und Marjatta Nurmikari-Berry, »Coding Personhood Through Cultural Terms and Practices: Silence and Quietude as a Finnish ›Natural Way of Being‹«, *Journal of Language and Social Psychology* 25, Nr. 3 (2006), S. 203–220, https://doi.org/10.1177/0261927X06289422

289 Namkje Koudenburg, Tom Postmes und Ernestine H. Gordijn, »Conversational Flow Promotes Solidarity«, *PLOS One* 8, Nr. 11 (2013), S. e78363, https://doi.org/10.1371/journal.pone.0078363

290 Namkje Koudenburg, Tom Postmes und Ernestine H. Gordijn, »Beyond Content of Conversation: The Role of Conversational Form in the Emergence and Regulation of Social Structure«, *Personality and Social Psychology Review* 21, Nr. 1 (2017), S. 50–71, https://doi.org/10.1177/1088868315626022; Felcia Roberts, Alexander L. Francis und Melanie Morgan, »The Interaction of Inter-Turn Silence with Prosodic Cues in Listener Perceptions of ›Trouble‹ in Conversation«, *Speech Communication* 48, Nr. 9 (2006), S. 1079–1093, https://doi.org/10.1016/j.specom.2006.02.001

291 Namkje Koudenburg, Tom Postmes und Ernestine H. Gordijn, »Resounding Silences: Subtle Norm Regulation in Everyday Interactions«, *Social Psychology Quarterly* 76, Nr. 3 (2013), S. 224–241, https://doi.org/10.1177/0190272513496794

292 Kim Scott, *Radical Candor* (New York: St. Martin's Press, 2017), S. 83

293 Namkje Koudenburg, Tom Postmes und Ernestine H. Gordijn, »Disrupting the Flow: How Brief Silences in Group Conversations Affect

Social Needs«, *Journal of Experimental Social Psychology* 47, Nr. 2 (2011), S. 512–515, https://doi.org/10.1016/j.jesp.2010.12.006

294 »Gustav Mahler himself in the Netherlands (1903, 1904, 1906, 1909 and 1910)«, Mahler Foundation Archive, https://mahlerfoundation.info/index.php/plaatsen/241-netherlands/amsterdam/1511-gustav-mahler-himself-in-amsterdam

295 Theodor Reik, *Listening with the Third Ear* (New York: Farrar, Straus and Giroux, 1948), S. 121–127

296 R. Murray Schafer, *Ear Cleaning: Notes for an Experimental Music Course* (Toronto, Canada: Clark & Cruickshank, 1967)

297 Robin Dunbar, »Gossip in Evolutionary Perspective«, *Review of General Psychology* 8, Nr. 2 (2004), S. 100–110, https://doi.org/10.1037/1089-2680.8.2.100; Nicholas Emler, »Gossip, Reputation, and Social Adaptation«, in: *Good Gossip,* Hg. R. F. Goodman und A. Ben-Ze'ev (Lawrence, KS: University Press of Kansas, 1994), S. 117–138; Viatcheslav Wlassoff, »This Is Your Brain on Gossip«, PsychCentral, 11. Juli 2018, https://psychcentral.com/blog/this-is-your-brain-on-gossip/; Freda-Marie Hartung, Constanze Krohn und Marie Pirschtat, »Better Than Its Reputation? Gossip and the Reasons Why We and Individuals with ›Dark‹ Personalities Talk About Others«, *Frontiers in Psychology* 10 (2019), S. 1162, https://doi.org/10.3389/fpsyg.2019.01162

298 Eyal Eckhaus und Batia Ben-Hador, »Gossip and Gender Differences: A Content Analysis Approach«, *Journal of Gender Studies* 28, Nr. 1 (2019), S. 97–108, https://doi.org/10.1080/09589236.2017.1411789

299 Jan Engelmann, Esther Herrmann und Michael Tomasello, »Preschoolers Affect Others' Reputations Through Prosocial Gossip«, *British Journal of Developmental Psychology* 34, Nr. 3 (2016), S. 447–460, https://doi.org/10.1111/bjdp.12143

300 Marianne Jaeger, Anne A. Skleder, Bruce Rind und Ralph L. Rosnow, »Gossip, Gossipers, Gossipees«, in: *Good Gossip,* Hg. R. F. Goodman und A. Ben-Ze'ev (Lawrence, KS: University Press of Kansas, 1994); Jordan Litman und Mark V. Pezzo, »Individual Differences in Attitudes Towards Gossip«, *Personality and Individual Differences* 38, Nr. 4 (2005), S. 963–980, https://doi.org/10.1016/j.paid.2004.09.003; Francis McAndrew, Emily K. Bell und Contitta Maria Garcia, »Who Do We Tell and Whom Do We Tell On? Gossip as a Strategy for Status Enhancement«, *Journal of Applied Social Psychology* 37, Nr. 7 (2007), S. 1562–1577, https://doi.org/10.1111/j.1559-1816.2007.00227.x

301 Elena Martinescu, Onne Janssen und Bernard A. Nijstad, »Tell Me

the Gossip: The Self-Evaluative Function of Receiving Gossip About Others«, *Personality and Social Psychology Bulletin* 40, Nr. 12 (2014), S. 1668–1680, https://doi.org/10.1177/0146167214554916

302 Roy Baumeister, Liqing Zhang und Kathleen D. Vohs, »Gossip as Cultural Learning«, *Review of General Psychology* 8, Nr. 2 (2004), S. 111–121, https://doi.org/10.1037/1089-2680.8.2.111

303 Matthew Feinberg, Robb Willer und Michael Schultz, »Gossip and Ostracism Promote Cooperation in Groups«, *Psychological Science* 25, Nr. 3 (2014), S. 656–664, https://doi.org/10.1177/0956797613510184

304 Miguel Fonseca und Kim Peters, »Will Any Gossip Do? Gossip Does Not Need to Be Perfectly Accurate to Promote Trust«, *Games and Economic Behavior* 107 (2018), S. 253–281, https://doi.org/10.1016/j.geb.2017.09.015

305 Baumeister et al., »Gossip as Cultural Learning«

306 Robin Dunbar, Anna Marriott und Neil Duncan, »Human Conversational Behavior«, *Human Nature* 8, Nr. 3 (1997), S. 231–246, https://doi.org/10.1007/BF02912493

307 Robin Dunbar, *Grooming, Gossip, and the Evolution of Language* (Cambridge, MA: Harvard University Press, 1998)

308 Robin Dunbar und Daniel Nettle, »Size and Structure of Freely Forming Conversational Groups«, *Human Nature* 6, Nr. 1 (1995), S. 67–78, https://doi.org/10.1007/BF02734136

309 Frederico Boffa und Stefano Castriota, »The Economics of Gossip and Collective Reputation«, *The Oxford Handbook of Gossip and Reputation* (2019), S. 401, https://www.doi.org/10.1093/oxfordhb/9780190494087.013.21; Ronald Burt und Marc Knez, »Trust and Third-Party Gossip«, in: *Trust in Organizations: Frontiers of Theory and Research*, Hg. Roderick Kramer und Tom Tyler (Thousand Oaks, CA: Sage,1996), S. 68–89; Ronald Burt, »Bandwidth and Echo: Trust, Information, and Gossip in Social Networks«, in: *Networks and Markets: Contributions from Economics and Sociology*, Hg. A. Casella und J. E. Rauch (New York: Russell Sage Foundation, 2001), S. 30–34; Charlotte De Backer und Michael Gurven, »Whispering Down the Lane: The Economics of Vicarious Information Transfer«, *Adaptive Behavior* 14, Nr. 3 (2006), S. 249–264, https://doi.org/10.1177/105971230601400303

310 Peter Blau, *Exchange and Power in Social Life* (New York: Routledge, 2017)

311 Bettina Bergo, »Emmanuel Levinas«, *Stanford Encyclopedia of Philosophy,* Herbst 2017, Hg. Edward N. Zalta, https://plato.stanford.edu/archives/fall2017/entries/levinas/
312 Michael Tomasello, *A Natural History of Human Morality* (Cambridge, MA: Harvard University Press, 2016)
313 Pascal Bruckner, *The Temptation of Innocence: Living in the Age of Entitlement* (New York: Algora Publishing, 2000), S. 19.
314 Deborah Solomon, »The Science of Second-Guessing«, *The New York Times,* 12. Dezember 2004, https://www.nytimes.com/2004/12/12/magazine/the-science-of-secondguessing.html
315 Mike Morrison, Kai Epstude und Neal J. Roese, »Life Regrets and the Need to Belong«, *Social Psychological and Personality Science* 3, Nr. 6 (2012), S. 675–681, https://doi.org/10.1177/1948550611435137
316 Amy Summerville, »The Rush of Regret: A Longitudinal Analysis of Naturalistic Regrets«, *Social Psychological and Personality Science* 2, Nr. 6 (2011), S. 627–634, https://doi.org/10.1177/1948550611405072
317 Susan Shimanoff, »Commonly Named Emotions in Everyday Conversations«, *Perceptual and Motor Skills* 58, Nr. 2 (1984), S. 514, http://dx.doi.org/10.2466/pms.1984.58.2.514; Susan Shimanoff, »Expressing Emotions in Words: Verbal Patterns of Interaction«, *Journal of Communication* 35, Nr. 3 (1985), http://dx.doi.org/10.1111/j.1460-2466.1985.tb02445.x
318 Kate Murphy, »The Fake Laugh«, *The New York Times,* 20. Oktober 2016, https://www.nytimes.com/2016/10/23/opinion/sunday/the-science-of-the-fake-laugh.html
319 George Eliot, *Middlemarch,* Anaconda-Verlag, Köln 2010, S. 280
320 H. Paul Grice, *Studies in the Way of Words* (Cambridge, MA: Harvard University Press, 1991); H. Paul Grice, »Logic and Conversation«, in: *Speech Acts,* Hg. P. Cole und J. L. Morgan (New York: Academic Press, 1975), S. 41–58
321 Geoffrey Leech, *Principles of Pragmatics* (New York: Routledge, 2016); Penelope Brown und Stephen C. Levinson, *Politeness: Some Universals in Language Usage,* Bd. 4 (Cambridge, UK: Cambridge University Press, 1987)
322 Kate Murphy, »Why Tech Support Is (Purposely) Unbearable«, *The New York Times,* 3. Juli 2016, https://www.nytimes.com/2016/07/04/technology/why-tech-support-is-purposely-unbearable.html
323 Ralph Waldo Emerson, *The Collected Works of Ralph Waldo Emerson: Society and Solitude* (Cambridge, MA: Belknap Press, 2007), S. 150

324 Thomas Fuchs und Hanne De Jaegher, »Enactive Intersubjectivity: Participatory Sense-Making and Mutual Incorporation«, *Phenomenology and the Cognitive Sciences* 8, Nr. 4 (2009), S. 465–486, https://doi.org/10.1007/s11097-009-9136-4; Alex Pentland, »Social Dynamics: Signals and Behavior«, in: *Proceedings of the Third International Conference on Developmenta Learning (ICDL'04)*, Salk Institute, San Diego, UCSD Institute for Neural Computation (2004), S. 263–267

325 Robert Zajonc, »Feeling and Thinking: Preferences Need No Inferences«, *American Psychologist* 35, Nr. 2 (1980), S. 151, http://dx.doi.org/10.1037/0003-066X.35.2.151

326 Alexander Nehamas, *On Friendship* (New York: Basic Books, 2016) [dt.: *Über Freundschaft*, dtv, München 2017]

327 Amy Bloom, *Das Mädchen im Pelzmantel*. Roman. Übers. von Adelheid Dormagen und Karin Kersten, Hoffmann und Campe, Hamburg 1998, S. 271

328 Sandra Petronio und Wesley T. Durham, »Communication Privacy Management Theory Significance for Interpersonal Communication«, in: *Engaging Theories in Interpersonal Communication: Multiple Perspectives*, Hg. Dawn Braithwaite und Paul Schrodt (Thousand Oaks, CA: Sage, 2014), S. 335–347; Sandra Petronio und Jennifer Reierson, »Regulating the Privacy of Confidentiality: Grasping the Complexities Through Communication Privacy Management Theory«, in: *Uncertainty, Information Management, and Disclosure Decisions: Theories and Applications*, Hg. T. A. Afifi und W. A. Afifi (New York: Routledge, 2009), S. 365–383; Lindsey Susan Aloia, »The Emotional, Behavioral, and Cognitive Experience of Boundary Turbulence«, *Communication Studies* 69, Nr. 2 (2018), S. 180–195, https://doi.org/10.1080/10510974.2018.1426617

329 Tara Collins und Omri Gillath, »Attachment, Breakup Strategies, and Associated Outcomes: The Effects of Security Enhancement on the Selection of Breakup Strategies«, *Journal of Research in Personality* 46, Nr. 2 (2012), S. 210–222, https://doi.org/10.1016/j.jrp.2012.01.008

330 Jean Piaget, *Language and Thought of the Child: Selected Works*, übers. von Marjorie und Ruth Gabain (New York: Routledge, 2002), S. 1–30

331 Henry David Thoreau, »Life Without Principle«, American Studies Collection, University of Virginia, http://xroads.virginia.edu/~hyper2/thoreau/life.html

Register